高等院校物流专业"互联网+"创新规划教材

仓储管理与库存控制

主　编　甘卫华
副主编　高晓亮　王浩伦
　　　　尹春建　李春芝

内容简介

本书共 11 章，从仓储管理决策、仓储作业实务和库存控制三个角度介绍仓储管理的理论和方法。第 1 章在阐述仓储管理的基本概念和理论基础后，回顾了仓储的发展历史，重点对电商仓储、制造业仓储等重点发展的新型仓储进行了分析，指出了仓储管理的内容和意义。第 2～8 章围绕仓储管理的七大决策（选址决策、产权决策、模式决策、面积决策、布局决策、设备决策和安全决策）进行了详细的讲解。第 9 章阐述了仓储作业活动的实务。第 10～11 章揭示了库存的利弊、种类及控制的目标，并阐述了现代库存管理的方法。本书提供了大量不同类型鲜活的案例、丰富的资料，以及形式多样的习题，以供读者阅读、训练或操作使用。

本书可作为高等院校物流管理、物流工程、企业管理、电子商务及其相关专业本科生的教材，也可供企业管理人员和物流企业的业务人员学习与参考。

图书在版编目 (CIP) 数据

仓储管理与库存控制 / 甘卫华主编. —北京：北京大学出版社，2023.4
高等院校物流专业"互联网 +"创新规划教材
ISBN 978-7-301-31203-2

Ⅰ. ①仓… Ⅱ. ①甘… Ⅲ. ①仓库管理—高等学校—教材 Ⅳ. ① F253

中国版本图书馆 CIP 数据核字（2020）第 022761 号

书　　名	仓储管理与库存控制 CANGCHU GUANLI YU KUCUN KONGZHI
著作责任者	甘卫华　主编
责任编辑	王显超　郑　双
数字编辑	金常伟
标准书号	ISBN 978-7-301-31203-2
出版发行	北京大学出版社
地　　址	北京市海淀区成府路 205 号　100871
网　　址	http://www.pup.cn　新浪微博：@ 北京大学出版社
电子邮箱	编辑部 pup6@pup.cn　总编室 zpup@pup.cn
电　　话	邮购部 010-62752015　发行部 010-62750672　编辑部 010-62750667
印 刷 者	河北文福旺印刷有限公司
经 销 者	新华书店
	787 毫米 ×1092 毫米　16 开本　13.75 印张　336 千字 2023 年 4 月第 1 版　2023 年 4 月第 1 次印刷
定　　价	39.00 元

未经许可，不得以任何方式复制或抄袭本书之部分或全部内容。
版权所有，侵权必究
举报电话：010-62752024　电子邮箱：fd@pup.cn
图书如有印装质量问题，请与出版部联系，电话：010-62756370

前　言

仓储管理是一个充满学问与前景的行业，仓储管理所有的运作环节可以概括为 5 个字：收、发、盘、存、异。仓储活动是社会大生产的重要组成部分，并且仓储活动本身也是生产活动的一部分。仓储管理具有经济性、技术性、综合性的特点，在现代化的仓储管理中，仓储作业的机械化、仓储管理的信息化已是发展趋势。仓储企业为了自身的发展，正在不断更新迭代。仓储的行业属性很高，不同的货物品类对于仓储管理有着不同的要求。仓储管理与库存控制是物流系统的关键环节，在物流管理与工程类专业人才培养计划中占有核心地位。因此，掌握仓储管理与库存控制知识，有助于提高生产的效率和效益，有利于实现仓储的现代化、智能化。"十四五"时期，我国物流业将进一步向补短板、重质量、提质增效方向发展，高水平的仓储与库存管理对构建高质量流通体系的重要支撑作用将更加凸显。加快发展物联网，建设高效顺畅的流通体系，降低物流成本，这也是在党的二十大报告中所提到的。

本书是在 2006 年出版的、我和其他老师共同编写的教材《仓储与配送管理》的基础上革故鼎新而来的，通过十几年教学经验的积累，在富媒体环境下，我们重新编写了这本教材。本书围绕仓储管理的七大决策（选址决策、产权决策、模式决策、面积决策、布局决策、设备决策、安全决策）和仓储作业活动、库存控制的模式与方法进行阐述，全书共分 11 章，其中第 1 章至第 9 章为仓储管理，第 10 章和第 11 章为库存控制。

本书由甘卫华教授担任主编并进行统稿，具体编写分工为：甘卫华编写了第 1 章、第 2 章、第 3 章，李春芝编写了第 4 章、第 5 章，高晓亮编写了第 6 章、第 7 章，王浩伦编写了第 8 章、第 11 章，尹春建编写了第 9 章、第 10 章。苏雷、李大媛、程序、吴思琪、刘郑等研究生参与了资料收集及整理工作。编者对上述研究生的工作表示感谢！

本书的出版得到教育部人文社会科学研究青年基金项目：面向循环供应链的制造企业供应商细分研究，以及江西省社会科学规划重点课题：供给侧结构性改革背景下物流平台的纵向整合策略研究等项目的支持，在此表示衷心感谢！同时，编者在编写本书的过程中参考了许多论著和资料，特向这些作者表示由衷的感谢！

由于编者水平有限，书中难免有不足之处，因而，编者诚恳地希望各位读者提出宝贵意见！联系方式：weihuagan@163.com。

编　者

2022 年 7 月

【资源索引】

目 录

第1章 绪论 ································ 1
  1.1 仓库的基本知识 ·················· 2
    1.1.1 仓库的由来 ················ 2
    1.1.2 仓库的定义 ················ 3
    1.1.3 仓库的类型 ················ 3
  1.2 仓储的基本知识 ·················· 6
    1.2.1 仓储的概念 ················ 6
    1.2.2 仓储的功能 ················ 6
  1.3 我国仓储业的发展阶段 ············ 7
  1.4 仓储业的未来发展方向 ············ 8
  1.5 新型仓储的特点 ·················· 9
    1.5.1 电商仓储与传统仓储的区别 ···· 9
    1.5.2 制造业仓储与物流业仓储的
           区别 ························ 10
  1.6 仓储管理的内涵与意义 ············ 10
    1.6.1 仓储管理的内涵 ············ 10
    1.6.2 仓储管理的意义 ············ 11
  1.7 仓储管理的七大决策 ·············· 12
  本章小结 ···························· 12
  本章练习 ···························· 13

第2章 仓储管理的选址决策 ············ 19
  2.1 选址决策的意义 ·················· 20
  2.2 仓库选址的影响因素 ·············· 21
  2.3 仓库选址的原则和流程 ············ 22
    2.3.1 仓库选址的原则 ············ 22
    2.3.2 仓库选址的流程 ············ 23
  2.4 仓库选址的定性方法 ·············· 24
    2.4.1 优缺点比较法 ·············· 24
    2.4.2 德尔菲法 ·················· 24
    2.4.3 加权因素分析法 ············ 25
  2.5 仓储选址的定量方法 ·············· 27
    2.5.1 重心法 ···················· 27

    2.5.2 层次分析法 ················ 29
  本章小结 ···························· 33
  本章练习 ···························· 33

第3章 仓储管理的产权决策 ············ 38
  3.1 产权 ···························· 39
    3.1.1 产权的属性 ················ 39
    3.1.2 产权的功能 ················ 39
    3.1.3 仓储产权的类型 ············ 40
  3.2 影响仓储产权规划的因素 ·········· 40
  3.3 租用仓库与自建仓库的
       优势和劣势分析 ·················· 42
    3.3.1 租用仓库的优势和劣势 ······ 42
    3.3.2 自建仓库的优势和劣势 ······ 42
    3.3.3 自建仓库与租用仓库的
           成本比较 ···················· 43
  3.4 租用仓库的租期选择 ·············· 44
  本章小结 ···························· 45
  本章练习 ···························· 45

第4章 仓储管理的模式决策 ············ 47
  4.1 仓储管理模式及其影响因素 ········ 48
    4.1.1 仓储管理模式的两种类型 ···· 48
    4.1.2 影响仓储管理模式的因素 ···· 49
  4.2 集中仓储与分散仓储 ·············· 50
    4.2.1 集中仓储 ·················· 50
    4.2.2 分散仓储 ·················· 53
    4.2.3 两种仓储方式的比较 ········ 53
    4.2.4 整合仓库 ·················· 53
  本章小结 ···························· 55
  本章练习 ···························· 55

第5章 仓储管理的面积决策 ············ 58
  5.1 仓库面积概述 ···················· 59
  5.2 仓库面积的计算 ·················· 60

5.2.1 直接计算法确定面积 …… 60
5.2.2 荷重法确定面积 …… 62
5.2.3 比较类推法确定面积 …… 62
5.2.4 各功能区面积的确定 …… 63
5.3 库房的主要结构和设计 …… 64
5.3.1 库房的主要结构 …… 64
5.3.2 库房的长、宽、高参数的确定 …… 68
本章小结 …… 70
本章练习 …… 70

第6章 仓储管理的布局决策 …… 74

6.1 仓储布局与设计的目的和原则 …… 75
6.1.1 仓储布局与设计的目的 …… 75
6.1.2 仓储布局与设计的原则 …… 75
6.2 仓储布局的形式 …… 76
6.2.1 I 型仓储布局设计 …… 76
6.2.2 L 型仓储布局设计 …… 76
6.2.3 U 型仓储布局设计 …… 77
6.3 仓储布局规划层次 …… 77
6.3.1 仓储总平布置的具体内容 …… 77
6.3.2 仓储单体布置的具体内容 …… 79
6.3.3 仓储立体布置的具体内容 …… 80
本章小结 …… 84
本章练习 …… 85

第7章 仓储管理的设备决策 …… 94

7.1 仓储设备概述 …… 95
7.2 存储设备 …… 96
7.2.1 集装单元存储设备 …… 96
7.2.2 集装单元拣取设备 …… 99
7.2.3 集装单元容器 …… 102
7.2.4 小件型物品存储和拣取 …… 105
7.3 输送设备 …… 108
7.4 搬运车辆 …… 111
7.4.1 手推车 …… 111
7.4.2 托盘搬运车 …… 111
7.4.3 固定平台搬运车 …… 112
7.4.4 叉车 …… 113
7.5 起重机械 …… 113

7.5.1 轻小型起重设备 …… 113
7.5.2 桥架式起重机 …… 113
7.5.3 臂架式起重机 …… 115
7.5.4 堆垛起重机 …… 115
7.6 自动物料搬运设备及系统 …… 116
7.6.1 自动导引车 …… 116
7.6.2 搬运机器人 …… 116
7.7 自动识别与数据采集设备 …… 117
7.7.1 条码扫描器 …… 117
7.7.2 移动数据采集器 …… 117
7.7.3 条码打印机 …… 118
7.7.4 射频识别技术 …… 118
本章小结 …… 119
本章练习 …… 119

第8章 仓储管理的安全决策 …… 123

8.1 仓储安全概述 …… 124
8.2 消防安全管理 …… 125
8.2.1 燃烧知识 …… 125
8.2.2 仓库防火与灭火 …… 125
8.3 危险品仓库管理 …… 128
8.3.1 危险品管理基本原理 …… 128
8.3.2 爆炸性物品的安全储存管理 …… 130
8.3.3 氧化剂的安全储存管理 …… 131
8.3.4 压缩气体和液化气体的安全储存管理 …… 132
8.3.5 自燃物品的安全储存管理 …… 133
8.3.6 遇水燃烧物品的安全储存管理 …… 133
8.3.7 易燃液体的安全储存管理 …… 134
8.3.8 易燃固体的安全储存管理 …… 135
8.3.9 毒害性物品的安全储存管理 …… 136
8.3.10 腐蚀性物品的安全储存管理 …… 137
8.3.11 放射性物品的安全储存方法 …… 138
8.4 安全评价的方法 …… 139
本章小结 …… 142
本章练习 …… 142

第 9 章　仓储基本作业 ·········· 145

9.1　仓储作业管理概述 ············ 147
  9.1.1　仓储作业组织的目标和管理的要求 ············ 147
  9.1.2　仓储作业管理的主要内容及作业流程 ············ 147
9.2　入库验收 ························· 148
  9.2.1　入库验收作业的意义 ···· 148
  9.2.2　入库验收作业的内容 ···· 148
  9.2.3　入库验收作业的程序 ···· 149
  9.2.4　物料入库验收的方法 ···· 149
  9.2.5　验收中发现问题的处理 ···· 150
9.3　货位分配与上架作业 ·········· 150
  9.3.1　货位分配 ······················ 150
  9.3.2　储位管理的基本原则 ···· 153
  9.3.3　货位选择 ······················ 153
9.4　拣选作业 ························· 156
  9.4.1　拣选作业的功能、流程、要求及原则 ············ 156
  9.4.2　拣选单位与行走方式 ···· 159
  9.4.3　拣选策略 ······················ 163
  9.4.4　拣选信息 ······················ 167
  9.4.5　拣选作业效率分析 ········ 169
  9.4.6　拣选方法 ······················ 170
  9.4.7　拣选批量问题 ··············· 171
  9.4.8　最短路径 ······················ 172
  9.4.9　拣选路径问题——TSP 问题 ············ 173
9.5　发放作业 ························· 178
9.6　仓储管理系统 ···················· 183

本章小结 ································· 186
本章练习 ································· 186

第 10 章　库存概述 ·········· 188

10.1　对库存的基本认识 ············ 189
10.2　库存的内涵及产生 ············ 190
10.3　库存的利弊 ························ 191
  10.3.1　库存的作用 ··············· 191
  10.3.2　库存的弊端 ··············· 192
10.4　库存的种类与库存控制的目标 ············ 193
  10.4.1　库存的种类 ··············· 193
  10.4.2　库存控制的目标 ········ 194
10.5　库存成本的构成 ················ 194

本章小结 ································· 195
本章练习 ································· 196

第 11 章　现代库存管理的方法 ·········· 197

11.1　重点控制法 ························ 198
11.2　准时制库存管理方法 ········ 199
11.3　供应商管理库存 ················ 199
  11.3.1　VMI 产生的背景 ······· 199
  11.3.2　采用 VMI 的必要性 ···· 200
  11.3.3　现行 VMI 运作模式 ···· 201
  11.3.4　VMI 实施存在的问题 ···· 204
  11.3.5　VMI 的发展方向 ······· 205
11.4　联合库存管理 ···················· 206
11.5　合作计划、预测与补给策略 ············ 206

本章小结 ································· 208
本章练习 ································· 208

参考文献 ·········· 211

第1章 绪　　论

【学习目标】

　　掌握仓库、仓储、储存、仓储管理等基本概念；理解仓储在物流系统中的地位和作用；能识别仓库的类型；能运用仓储管理的功能理论分析并判断仓储管理的未来发展趋势。

【关键术语】

- 仓库（Warehouse）
- 仓储（Warehousing）
- 储存（Storing）
- 仓储管理（Warehousing Management）

导入案例

仓储系统改善　助力美的集团持续稳定发展

创建于1968年的美的集团,是一家以家电业为主,涉足房产、物流等领域的大型综合性现代化企业集团,是中国最具规模的家电生产基地和出口基地之一。其营销网络遍布全国各地,并在美国、德国、日本、韩国、加拿大、俄罗斯等国家设有分支机构。

美的集团拥有美的、威灵等十余个品牌,除顺德总部外,还在广州、中山、芜湖、武汉、淮安、昆明、长沙、合肥、重庆、苏州等地建有十大生产基地。美的集团主要产品有家用空调、商用空调、大型中央空调、风扇、电饭煲、冰箱、微波炉、饮水机、洗衣机、电暖器、洗碗机、电磁炉、热水器、灶具、消毒柜、电火锅、电烤箱、吸尘器、小型日用电器等大小家电和压缩机、电机、磁控管、变压器、漆包线等家电配套产品,拥有中国最大、最完整的空调产业链和微波炉产业链,以及最大、最完整的小家电产品和厨房用具产业集群。

美的在持续稳定发展的过程中,也遇到了一些来自仓储方面的问题:仓储资源布局不合理,如旺季仓储资源严重缺乏;现有的仓储资源过于分散,仓库空间利用率低,仓储资源整合利用难度大;旺季物流设备资源配置不足,电瓶托盘叉车偏少,影响了配送速度及搬运量;电梯输送能力不足,造成大量的人力和物料排队等待的浪费。

为了改善仓储系统,提高仓储管理水平,美的集团着手对信息系统进行改造,上线了仓储管理系统(Warehousing Management System,WMS),整合了仓库资源,购买了相关仓储设备,调整了作业计划,提高了资源利用率。

启发思考:
(1) 在制造业企业,仓储能发挥哪些功能?
(2) 美的集团遇到的仓储问题,其他企业也会遇到吗?
(3) 与生产环节相比,仓储有何特点?

1.1　仓库的基本知识

1.1.1　仓库的由来

自从剩余产品出现以后,人类社会就产生了储存。原始社会末期,当某个人、某个部落获得的食物自给有余时,会把多余的食品储藏起来,这样就产生了专门储存食物的场所和条件。于是,窖穴就出现了。窖穴是我国发现最早的仓库雏形——在西安半坡村的仰韶遗址发现了许多储存食物和用具的窖穴,多密集分布在居住区内。如图1.1所示为安阳殷墟窖穴。

在古籍中常看到"仓廪""窦窖""邸阁"这样的词语。其中,仓廪中的"仓"是专门藏谷的场所,"廪"是专门藏米的场所。"窦窖"是指储藏物品的地下室,椭圆形的叫"窦",方形的叫"窖"。"邸阁"是用来存放粮食的地方。古代把存放兵器的地方叫"库",后人把"仓"和"库"结合使用,把储存和保管物品的建筑物或场所统称为"仓库"。

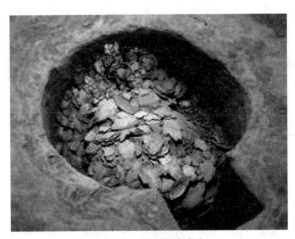

图1.1 安阳殷墟窖穴

积谷防饥

"积谷防饥"是中国古代的一句警世名言,其字面意思是将丰年剩余的粮食储存起来以防歉年之虞。

很久以前,有一位家庭主妇,每天煮饭的时候总是从锅里抓出来一把米放在特备的米缸中,有人讥笑她这种行为,但她不以为意。过了不久,发生了灾荒,地里粮食严重歉收,很多人家没粮食了。但这位妇人家由于有一个特备的米缸,得以熬过饥荒。

1.1.2 仓库的定义

仓库(Warehouse)是指"一种用于储存商品或货物的建筑物或空间(A Structure or Room for the Storage of Merchandise or Commodities)"。——《韦氏大词典》(*Merriam-Webster*)

仓库是"产品存放的地点。主要的仓储业务包括产品的接收、仓储、发运和订单拣选(Storage place for products. Principal warehouse activities include receipt of product, storage, shipment, and order picking)"。——美国供应链与物流术语词汇(Supply Chain and Logistics Terms and Glossary)

传统仓库一般用于货物储存保管,现代物流意义上的仓库是从事存储、包装、分拣、流通加工和配送等物流作业活动的地点。

【1-1 拓展视频】

1.1.3 仓库的类型

仓库是物流系统的基础设施,国家对仓库划分了通用等级标准(GB/T 21072—2021),分别为一星、二星、三星、四星和五星,其中五星为最高等级。

按其使用范围、保管物品的种类结构、保管条件等,仓库可划分为不同的类型,见表1-1。

【1-2 拓展知识】

表1-1 仓库的分类

分类方法	种类名称及说明
按使用范围分	自有仓库：附属于企业、机关和团体，其建设、存储物品的管理及出/入库等业务均处于本单位管理责任范围内的仓库
	营业仓库：按照仓库业管理条例取得营业许可，保管他人物品的仓库。它是社会化的一种仓库，面向社会，以营利为目的，与自有仓库相比，营业仓库的使用效率较高
	公用仓库：国家或公共团体建设的为公共事业配套服务的仓库，如国家储备库、机场仓库、铁路仓库、港口仓库等
	保税仓库：根据有关法律和进口贸易的规定取得许可，专门保管暂时未纳税的进出口货物的仓库。这类仓库由海关统一进行监督管理
	储备仓库：国家设置的为防止战争和应对自然灾害及其他意外事故而储备各类物资的仓库
按保管物品的种类结构分	专业仓库：用于存放一种或某一大类物品的仓库
	综合仓库：用于存放多种不同属性物品的仓库
按保管条件分	普通仓库：常温保管、自然通风、无特殊功能的仓库，可用于存放无特殊保管要求的物品
	冷藏仓库：具有良好的隔热性能以保持较低温度的仓库（图1.2），专门用来储存冷藏冷冻物品（保鲜0℃，冷藏-18℃，冷冻-25℃，速冻-30℃）
	恒温仓库：能调节温度并能保持某一温度或湿度的仓库
	特种仓库：用于存放易燃、易爆、有毒、有腐蚀性或有辐射性物品的仓库（图1.3）
	气调仓库：用于存放要求控制库内氧气和二氧化碳浓度物品的仓库
按仓库建筑形态分	平房仓库：单层建筑物，高度不超过6m，造价低，适合人工操作
	多层仓库：两层或两层以上，适合在土地紧缺的地方建设，可以扩大使用面积
	高层货架仓库：即立体仓库，可以保管10层以上的货物托盘，在操作中，使用计算机控制，由堆码机与吊机自动运转，可以实现自动化
	罐式仓库：主要储存石油、天然气和液体化工产品等（图1.4）
按库内形态分	地面型仓库：一般指单层地面库，多使用非货架的保管设备
	货架型仓库：采用多层货架保管的仓库（图1.5）
	自动化立体仓库：由计算机管理控制的机械化、自动化设备来完成作业的仓库（图1.6）
按仓库所处的位置分	港口仓库：储存水路运输货物的仓库，一般仓库地址在港口附近，以便进行船舶的装卸作业
	车站仓库：储存铁路运输货物的仓库，通常在火车货运站附近
	汽车中转仓库：卡车货物运输的中转地点建设的仓库，可以为卡车运输提供便利的条件
	工厂仓库：工厂内部物资保管设施的总称
按建筑材料分	钢筋混凝土仓库
	钢制仓库
	砖石仓库

续表

分类方法	种类名称及说明
按仓库结构特点分	库房(封闭式仓库)：凡有顶盖、封墙、门窗，并有通风孔道的用以储存物料的房屋
	料棚(半封闭式仓库)：有顶盖，能防雨雪的存放物料的棚子，一般只适宜存放怕雨雪，但对温度变化影响不大的物料，分移动式和固定式两种
	料场(露天式仓库)：经过适当处理，上部没有任何建筑的存放物料的场地
按仓库职能分	口岸仓库：大多集中在沿海港口城市，主要储存待运出口和进口待分拨的商品
	中转仓库：大多设在商品生产集中的地区和港口之间，以收储转运的商品
	流通加工仓库：将加工业务与仓储业务相结合，其主要职责是根据市场需要，对商品进行选择、分类、整理、更换等流通加工活动
按存储商品的性能及技术设备分	通用仓库：存储没有特殊要求的工业品和农用品的仓库
	专用仓库：专门用于存放某一类商品的仓库，以确保该类商品的质量安全，因而要相应地增加一些设施，如密封、防虫、防霉、防火及监测等方面的设备和器材
	特种仓库：主要用于存放化工产品、危险品、易腐蚀品、石油及药品等。这类仓库主要有冷藏库、保温库、危险品仓库等
按物流目的分	配送中心型仓库：具有发货、配送和流通加工功能的仓库
	存储中心型仓库：以储存为主要功能的仓库

图1.2 冷藏仓库

图1.3 特种仓库

图1.4 罐式仓库

图1.5 货架型仓库

图1.6 自动化立体仓库

1.2 仓储的基本知识

1.2.1 仓储的概念

仓储是指通过仓库对物品进行储存和保管。《物流术语》（GB/T 18354—2021）中给仓储（Warehousing）下的定义是"利用仓库及相关设施设备进行物品的入库、储存、出库的活动"。

与仓储相关联的概念是储存，《物流术语》（GB/T 18354—2021）中给储存（Storing）下的定义是"贮藏、保护、管理物品"。

1.2.2 仓储的功能

仓储和运输是整个物流过程中的两个关键环节，被人们称为"物流的支柱"。物流的两大基本职能是创造物品的时间价值和空间价值，时间价值是由物流的仓储功能来完成的，空间价值是由物流的运输功能来完成的。仓储的功能包括储存和保管功能、调节供需的功能、检验功能、调节货物运输的功能、流通配送加工的功能、信息传递功能、产品生命周期的支持功能等。

1. 储存和保管功能

仓库应具有一定的空间，用于储存物品，并根据储存物品的特性配备相应的设备，以保持储存物品的完好性。例如，储存挥发性溶剂的仓库，必须设有通风设备，以防止空气中挥发性物质含量过高而引起爆炸。

2. 调节供需的功能

现代化大生产的形式多种多样，从生产和消费的连续性来看，每种产品都有不同的特点，有些产品的生产是均衡的，而消费是不均衡的，有些产品的生产是不均衡的，而消费是均衡的。要使生产和消费协调起来，就需要仓库来发挥"蓄水池"的调节作用。

3. 检验功能

为保证物料数量和质量的准确无误，分清责任，维护各方面的利益，必须对商品及有关事项进行严格的检验，而仓储为组织检验提供了场地和条件。

4. 调节货物运输的功能

各种运输工具的运输能力是不一样的。船舶的运输能力很大，海运船一般是万吨级，内河船舶也有几百吨至几千吨的。火车的运输能力相对较小，每节车皮能装运30～60吨，一列火车的运量最多几千吨。汽车的运输能力更小，一般每辆车装4～40吨。这种运输能力的差异，也是通过仓库进行调节和衔接的。

5. 流通配送加工的功能

现代仓库的功能处于由保管型向流通枢纽型转变的过程之中，即仓库由储存、保管货物的场所向流通、销售的流通枢纽转变。仓库不仅要有储存、保管货物的设备，还要增加分拣、配套、包装、流通加工、信息处理等设施。

6. 信息传递功能

以上功能的改变，提升了仓库对信息传递的要求。在处理仓库活动有关的各项事务时，需要依靠计算机和互联网，通过电子数据交换（Electronic Data Interchange，EDI）和条形码技术来提高仓储物品信息的传输速度，及时准确地了解仓储信息。

7. 产品生命周期的支持功能

现代物流包括了产品从"生"到"死"的整个生产、流通和服务的过程，因此仓储系统对产品生命周期提供了支持。

1.3 我国仓储业的发展阶段

我国仓储业的发展可分为3个阶段，分别是古代仓储业、近代仓储业和现代仓储业。

1. 古代仓储业

我国古代商业仓库是随着社会分工和专业化生产的发展而逐渐形成和扩大的。我国古代的邸店，可以说是商业仓库的最初形式，但由于受当时商品经济的局限，它既具有商品寄存性质，又具有旅店性质。随着社会分工的进一步发展和交换的不断扩大，专门储存商品的塌房从邸店中分离出来，成为带有企业性质的商业仓库。

邸店和牙子

邸店：商客带着货物住进邸店后，邸店主人与牙子为商客做中间人，将货物卖出，再购买货物。这样邸店就发展成了客商交易的场所，具有仓库、旅店、商店的性质。

牙子：旧时居于买卖人双方之间，从中撮合，以获取佣金的人，又叫牙郎、牙侩（kuài）。

2. 近代仓储业

伴随我国近代工业及商业的产生和发展，我国近代仓储业也逐步发展起来。我国近代仓储业起源于商品流通领域。我国近代的商业性仓库也称"堆栈"，是指堆存和保管物品的场地及设备。堆栈业与交通运输业、工商业的发展状况，与商品交换的深度和广度关系极为密切，在我国，工商业发展较快的地区的堆栈业较为发达。如1929年上海的大小仓库已有40多家，库房总容量达90万吨。散装货品、堆场货栈、私营管理是当时的仓储特点。

【1-3 拓展知识】

3. 现代仓储业

中华人民共和国成立后，仓储业得到非常大的发展。特别是20世纪80年代后期，我国经济快速发展，并且融入经济全球化的洪流中。我国仓储业正向着标准化、专业化、信息化、绿色化的方向发展。

1.4 仓储业的未来发展方向

【1-4 拓展视频】

随着电子商务的迅猛发展及"互联网+物流"的广泛应用，货物的流通量越来越大，对仓库的仓储能力也形成了极大的考验。

1. 智能仓储

智能仓储（Intelligent Warehousing）采用无线射频识别（Radio Frequency Identification，RFID）、条码技术和语音、视频等感知技术对仓储货物进行识别、定位、分拣、计量和监管。智能物流是我国物联网重点发展的领域之一，智能仓储系统是一个信息化、自动化和智能化的智能自动执行系统。

通过应用北斗卫星导航系统（BeiDou Navigation Satellite System，BDS）、高分功能（三高）和北斗功能（四精）为仓储物流活动提供高精度、高可靠性的定位、导航、授时服务，通过服务器直连存储（Direct-Attached Storage，DAS）、网络连接存储（Network Attached Storage，NAS）、存储局域网（Storage Area Network，SAN）等网络信息存储技术为仓储物流活动提供支持。

智能仓储市场增长迅速，未来几年市场规模将达千亿元。智能仓储设备的应用使人与仓储设备之间的交互更加便捷，减少人为操作错误，提高工作人员的操作准确率，在智能优化算法和智能控制技术的基础上，通过对仓储设备和人力、物力的合理调配，能够有效降低能耗，节约成本，合理保持和控制企业库存。

智能仓储的研究和应用可以显著降低仓储成本，可以节约70%以上的土地成本和80%以上的劳动力成本，是"互联网+物流"的重要价值体现。正如党的二十大报告中所强调的，加快发展物联网，建设高效顺畅的流通体系，降低物流成本。

2. 绿色仓储

绿色仓储（Green Warehousing）是指以环境污染小、货物损失少、运输成本低等为特征的仓储。绿色仓储的实施途径包括合理选择仓库位置、进行科学仓储布局、优化库存等。

绿色仓储的特点表现在选址合理，运输成本节约；布局科学，仓储面积利用最大化；尽可能采用节能环保技术及设备等几个方面。

绿色仓储设施在全寿命周期内,能最大限度地节约资源(节能、节地、节水、节材)和减少污染,最大限度地应用绿色新能源,为仓储物流行业提供高效、适用、安全的设施设备。正如党的二十大报告中所强调的,我们要加快发展方式绿色转型,实施全面节约战,发展绿色低碳产业,倡导绿色消费,推动形成绿色低碳的生产方式和生活方式。

【拓展视频】

1.5 新型仓储的特点

1.5.1 电商仓储与传统仓储的区别

随着互联网技术的广泛应用,电子商务迅猛发展,电商仓储迅速崛起,电商仓储与传统仓储的区别见表 1-2。

表 1-2 电商仓储与传统仓储的区别

比较项目	电商仓储	传统仓储
波动性	日常波动性大,活动时增长可达 10 倍以上,高峰不规律	高峰按周/月/季,有规律,高峰增长 3 倍以下
数量级	1~50000 张订单/日	100~1000 张订单/日
订单结构	零售级别,1~20PC/SKU,打包要求高	批发级别,整箱或多件/SKU,打包要求低
仓库	周转	存储
空间设计	较大操作空间	较大存储空间
采光要求	高	低
存储设备	以轻型货架为主,加间隔	堆垛或重型货架
周转设备	笼车、笼筐	叉车、托盘车
其他设备	流水线、拣货车、高速/条码打印机、扫描设备、称重设备、监控设备	较少
整体设计	复杂	简单
操作	复杂	简单
入库上架	多 SKU,按件清点,多需加条码或标签	少 SKU,按箱清点
订单处理	1~2 波次/小时	1~2 波次/天
拣货逻辑	1 次拣、2 次拣、多种混合	1 次拣
流水线	复核打包称重贴单	较少
系统及流程	改造多且频繁,快速响应,与平台、商家、配送商对接	改造少,只与甲方 ERP 对接
人力资源	人力密集,80~100 单/人	较少
难点	多 SKU,合单、跨区操作	N/A

续表

比较项目	电商仓储	传统仓储
柔性	大	小
信息化程度	较高	较低
功能	功能多样化，集核查验收、分拣、配货、加贴标签、重新包装等功能于一体	功能单一，主要根据货主的委托对商品进行保管

1.5.2 制造业仓储与物流业仓储的区别

制造业是国民经济的支柱产业，有些制造业企业为了更好地控制物流，自设了物流部门，但又不同于外包第三方物流。制造业仓储与物流业仓储的区别见表1-3。

表1-3 制造业仓储与物流业仓储的区别

仓储类别	管理目标	管理核心	管理范围	控制要求
制造业仓储	在保证不影响生产的前提下维持最低的库存量，通过削减库存量来降低产品的生产成本	降低产品的生产成本	从原料采购到产品进入市场的整个过程的控制和管理，涉及范围广泛	强调对库存量的控制，库存量越小越符合制造业物料仓储管理的控制要求
物流业仓储	提高产品周转率，将产品尽快转化为可以利用的流动资金	提高产品的周转率	管理范围一般不包括采购这一环节	强调对物料周转的控制，物料周转越快，越能满足对物料的需求

1.6 仓储管理的内涵与意义

1.6.1 仓储管理的内涵

仓储管理（Warehousing Management）就是对仓库及仓库内的物资所进行的管理，是仓储机构为了充分利用所拥有的仓储资源提供高效的仓储服务所进行的计划、组织、控制和协调过程。具体来说，仓储管理包括仓储资源的获得、仓储商务管理、仓储流程管理、仓储作业管理、保管管理、安全管理等多种管理工作及相关的操作。仓储管理需对库存物品、仓库设施及其布局等进行规划、控制。

仓储管理的任务：合理规划仓储网络、合理选择仓储设施设备、严格控制进出商品质量、认真保管在库商品、保证仓库高效运作、降低仓库运营成本、确保仓库运行安全。仓储管理的内涵随着其在社会经济领域中的作用不断扩大而变化。现代仓储管理已从静态管理转变为动态管理，并发生了根本性的变化，对仓储管理的基础工作也提出了更高的要求。

仓储管理的特点如下。

(1) 经济性：仓储活动是社会大生产的重要组成部分，并且仓储活动本身也是生产活动的一部分。

(2) 技术性：在现代化的仓储管理中，仓储作业的机械化、仓储管理的信息化已是发展趋势。

(3) 综合性：物流作为跨行业、跨产业的服务，与各行各业紧密联系在一起。

如今，仓储管理从单纯意义上的对物料储存的管理，已转变成为物流过程中的中心环节，它的功能已不再是单纯的物料储存，而是兼具包装、分拣、整理、简单装配的多种辅助性功能。

1.6.2 仓储管理的意义

1. 仓储管理是保证社会再生产过程顺利进行的重要条件

正常的物料储备是保证在社会分工前提下社会再生产过程连续进行的必要条件，它是物流活动不可缺少的环节。特别是在现代化大生产条件下，经济活动的全球化、专业化程度的不断提高，面临的影响因素更加复杂，以现在的技术装备手段难以完全满足要求。同时，在国民经济中，还会经常出现不平衡现象，如各种自然灾害、国家安全等也只有依靠国家的储备来进行调剂和平衡。因此，搞好仓储管理，是保证社会再生产过程顺利进行的必要条件。从微观角度来看，它更是保证企业正常生产的前提条件。

2. 仓储管理是物流管理的有机组成部分

仓储管理在物流管理中占有特殊的地位，物流管理的各环节同仓储管理有着直接或间接的联系。仓储管理工作质量直接影响着物流管理工作的顺利进行。

3. 仓储管理是保持储存物料原有使用价值的重要手段

任何一种物料，当它处在储存时期，表面上物料是处于静止状态的，但从物理的和化学的角度来看，物料仍不断发生着变化。这种变化，因物料本身的性质、所处的条件及与外界的接触不同而有差异，变化结果除极少数外，大多对物料的使用价值都有损害作用。为保管好这些储存品，使它们不受或少受有害因素的影响，就必须进行科学的保管保养。从这个角度讲，物料的管理比资金的管理更难，也更有意义。

4. 仓储管理有利于加速资金周转，提高企业经济效益

由于仓储工作担负着物料流通中实物储存保管、装卸搬运、配送发运等任务，这些环节的快慢程度直接影响着物料的流通时间，因此要求仓储工作做到快进快出，以加快物料的周转速度。现代生产企业中，仓储是集中反映工厂各种物流活动状况的场所，其清晰准确的报表等信息记载，为企业的生产经营活动提供了便利的信息来源。

1.7 仓储管理的七大决策

仓储管理是一项综合性的管理活动，仓储系统由储存空间、货物、人员、设备、时间构成。其中，储存空间是对仓库内的保管空间的规划；货物是对储存物品依据其理化特征进行储存空间的摆放、管理和控制；人员是对仓管、搬运、理货/拣货、补货等人员的统一调配；设备是对搬运与输送设备、存储设备的购置与租赁；时间是货物存放的周期，并在这个过程中产生增值。因此，仓储管理的决策就围绕着仓储系统的构成要素而展开。通常，仓储管理涉及以下七大决策。

（1）仓储选址决策——到哪里选择仓库？
（2）仓储产权决策——采用自建仓储还是租用仓储？
（3）仓储模式决策——采用集中仓储还是分散仓储？
（4）仓储面积决策——摆放什么品种的货物？占用多大的面积？
（5）仓储布局决策——仓库内部应该如何规划？
（6）仓储设备决策——选择什么样的仓储设备？
（7）仓储安全决策——如何保证仓储工作的安全？

其中，仓储选址决策是仓储管理决策的基础和资源获取的先决条件；仓储产权决策是对仓库运作管理职权分配的确定，即运营模式的选择；仓储模式决策将影响仓库的数量和规模，也即仓库投建所需资源消耗量；仓储面积决策将决定仓库规模和仓储能力；仓储布局决策可以决定整个仓库的运作效率；仓储设备决策是仓储运作的支柱；仓储安全决策失误往往会造成巨大的人员伤亡和财产损失。第2章至第8章将围绕仓储管理的七大决策展开分析阐述。

本 章 小 结

本章为开篇——绪论，主要介绍仓储活动的基本概念，帮助读者打开学习仓储管理知识的大门。仓储管理是物流类专业的一门专业必修课。通过学习本章，读者能够认识到学习仓储管理的重要性，以及仓储管理这门课程在物流学科中的地位和作用。

本章主要介绍了仓库的定义和类型及仓储的概念和功能，回顾了仓储业的发展阶段，展望了仓储未来的发展方向，并重点对电商仓储、制造业仓储等重点发展的新型仓储进行了分析，接着阐述了仓储管理的内容和意义。最后，站在仓储管理人员的角度，尤其是物流经理的角度，对涉及的仓储管理的七大决策进行了梳理，为后面章节的一一讲解作了铺垫。

本章练习

一、选择题

1. 仓库按其职能可以分为（　　）。
   A. 流通加工仓库　　　B. 冷藏仓库　　　C. 中转仓库　　　D. 平房仓库
2. 易燃易爆商品一般存放在（　　）。
   A. 普通仓库　　　B. 专用仓库　　　C. 恒温仓库　　　D. 低温仓库
   E. 特种仓库
3. 通过仓储，可使商品在最有效的时间段发挥作用，创造商品的时间价值和（　　）。
   A. 使用价值　　　B. 空间价值　　　C. 剩余价值　　　D. 附加价值
4. 俗称"货场"的仓库类型是（　　）。
   A. 普通仓库　　　B. 露天式仓库　　　C. 半封闭式仓库　　　D. 封闭式仓库
5. 按使用范围，可以将仓库分为（　　）。
   A. 营业仓库　　　B. 自有仓库　　　C. 公用仓库　　　D. 出口监管仓库
   E. 保税仓库
6. 按照保管条件，可以将仓库分为（　　）。
   A. 普通仓库　　　B. 保湿仓库　　　C. 冷藏仓库　　　D. 恒温仓库
   E. 特种仓库
7. 按照建筑结构，可以将仓库分为（　　）。
   A. 平房仓库　　　B. 保温仓库　　　C. 楼房仓库　　　D. 罐式仓库
   E. 简易仓库
8. 按照库内形态，可以将仓库分为（　　）。
   A. 综合仓库　　　B. 专业仓库　　　C. 地面型仓库　　　D. 货架型仓库
   E. 自动化立体仓库
9. 下列不是仓库功能的是（　　）。
   A. 储存和保管　　　B. 产品增值　　　C. 调节货物运输　　　D. 调节供需
10. 保税仓库是经过海关批准，外国货物可以（　　）的场所。
    A. 生产加工　　　B. 连续长时间储存　　　C. 装卸搬运　　　D. 免关税

二、判断题

1. 按仓库功能分类，可分平房仓库、楼房仓库、高层货架仓库、罐式仓库和简易仓库。
   （　　）
2. 从现代物流系统的角度来看，仓库也是从事包装、分拣、流通加工等物流作业活动的物流节点设施。
   （　　）
3. 半封闭式仓库俗称"货棚"，该结构的仓库封闭性强，便于对库存物品进行维护保养，适宜存放保管条件要求比较高的物品。
   （　　）

4. 仓储管理的目标是使仓库空间利用与库存物品的处置成本之间实现平衡。（　　）

三、论述题

1. 仓库的功能在发生变化吗？仓库的功能与时代有关吗？
2. 为什么说物料的管理比资金的管理更为重要？
3. 电商仓储与传统仓储有什么不同？
4. 制造业仓储与物流业仓储的区别有哪些？

四、模拟实践题

假设你是一位打算创业的青年，想从仓储行业起步，你认为目前仓储行业的痛点是什么？仓储行业最需要改进的服务是什么？

案例讨论

亚马逊的仓储管理

总部位于西雅图的亚马逊公司（Amazon）创建于1995年，其所创造的网上零售帝国是无数中国电子商务创业者模仿的对象。作为世界级的在线零售店，亚马逊在全球遍布着80个大型运营中心，仅在美国就有50个。亚马逊的目标是能够随时为任何消费者存储任何物品。

位于美国亚利桑那州凤凰城（Phoenix）的亚马逊运营中心于2007年9月投入使用，2007年9月27日递送出其第一笔订单。凤凰城运营中心是亚马逊位于北美的最大运营中心，占地面积约为56 206m^2，其中传送带总长达9.6km，该运营中心每天可运送几十万个订单。凤凰城运营中心的中小件货品仓库如图1.7所示。

图1.7　凤凰城运营中心的中小件货品仓库

设立凤凰城运营中心的初衷是适应亚马逊的快速发展，通过扩大运营中心的分布来加快周边消费者收到货品的速度，进一步提升购物体验。亚马逊的仓储运作流程是：下订单→收货→上架存放→拣货→包装。

1. 下订单

先是亚马逊的采购人员下订单，当这个订单被系统接收后，供应商可以在终端经由一个特定网站进行送货预约，系统会给予以往客户订单的分布并对仓库的存储空间做出计算，最后决定供应商送到哪个库房。接收货品的地方就是亚马逊的库房码头(图 1.8)。

图 1.8　亚马逊的库房码头

2. 收货

库房码头是 24h 收货，员工在库房码头收货时，会打开货品的箱子对货品条码进行扫描，于是这些货品就进入亚马逊的系统里面，不过此时这些货品并未对外出售，而是等待上架。凤凰城库房的创新之处是：每个收货工作台上都有一个按钮，员工有任何收货疑问都可以按这个按钮，库房里会响起短促的铃声，10s 之内会有一位助理过来给员工解决问题。员工在库房码头收货的场景如图 1.9 所示。

图 1.9　员工在库房码头收货的场景

3. 上架存放

经过扫描后的货品被摆在蓝色的架子上等待上架，会有专门负责上架的员工把这些货品推走，进行第二次扫描并放在工作车上，随后这些货品会在数小时之内摆放在货架上，而从货品上架那一刻起，用户就能够在 amazon.com 上看见货品并且进行购买。上架存放的场景如图 1.10 所示。

图 1.10 上架存放的场景

亚马逊独有的上货特色是：随意摆放、人动货不动。负责上架的员工会根据行走的路线，以及货架上是否有空间，随意摆放并扫描至系统里。这样做的好处是缩短拣货的距离。

4. 拣货

亚马逊强大的系统，是能够根据随意摆放记录的位置及订单所需求的货品，进行最短拣货路径的计算。系统会将几张订单分配给一个员工，并优化出最佳路径。员工每拣完并扫描一件货品后，手持终端就会自动告诉他下一个要去的货架。拣货的场景如图1.11所示。

图 1.11 拣货的场景

在拣货的时候，系统会将订单分为两类：一类是单件货品订单；另一类是多个货品订单。这两类订单由两条不同的流水线进行包装，这样做的好处是更加节省时间。以单件货拣货为例（图1.12），拣货员根据系统给的订单和计算出的路线装满拣货车，并送到包装流水线上。包装台上的员工对货品进行扫描后，系统会根据商品录入时的大小、重量，自动挑选合适的包装盒，员工进行包装、贴条、贴订单信息，然后将货品放在一旁滚动的传送带上。

图1.12 单件货品拣货

5. 包装

不同的货品无序摆放在一辆拣货车上,这些货品的主人并不是一个人,如何进行分辨?在包装员面前有可以调节容量大小的不同货架,每扫描一件商品,系统就会自动辨识这个货品应该放在哪个货架上,这样一张订单的货品就能够统一在一起。然后,系统根据所有货品的长度和宽度,给出最合适的包装建议,随后,贴上订单后的货品被送上传送带,如图1.13所示。

图1.13 包装

这些上了传送带的货品开始向订单的主人靠近。但在此之前,亚马逊还有一道特殊的测重程序(图1.14)来衡量包裹是否和订单内容一致。

在传送带的中间,会有一台仪器对包裹上的订单信息进行扫描,并且在传送带上对重量进行评估,系统会对这些订单信息上的货品收货时的重量做累加,计算出是否和测量的重量一致,以推算内容是否有误。如果误差很大,则货品会在传送带的一个分岔口被自动剔出,等待员工的核查。那些没有问题的货品,则通过传送带来到快递区(图1.15),这里由分拣人员根据订单上不同的物流信息,将货品分类至不同的传送带上。

在传送带的尽头，不同快递公司的货车在等待着这些货品的到来，并在订单期望时间送到客户手中。

在仓库里还有两个区域，一个区域封存了许多机器设备，这些机器在新年、圣诞节等节日高峰会被启用（图1.16）。另一个区域（图1.17）则有秩序地堆放了一些畅销产品，这些产品出货量大、周转速度快，因此被单独放出来，如亚马逊推出的Kindle。

图1.14　测重程序

图1.15　快递区

图1.16　暂时封存以备节日使用的机器

图1.17　畅销产品区

亚马逊首席技术官（Chief Technology Officer，CTO）及副总裁沃纳·沃格思（Werner Vogels）指出，很多人认为亚马逊是一个互联网公司，但是在互联网的背后，有着非常庞大而复杂的系统。这些智能系统，让亚马逊的购物体验更为便利和贴心，也是亚马逊不断创新、优化升级的成果。

得益于亚马逊扁平化的管理，亚马逊每个员工都能够参与创新。例如，"收货"流程中提到的员工求助按钮就是员工在工作中的创新，这也是亚马逊在员工文化中提倡的，由下而上地进行各种各样的创新。

思考题：

1. 亚马逊物流中心的仓储活动包括哪些环节？
2. 你认为亚马逊是一家物流公司吗？为什么？
3. 亚马逊物流中心的仓储管理水平如何？依据是什么？

第 2 章 仓储管理的选址决策

【学习目标】

理解选址决策的意义和作用；了解仓库选址的影响因素；能运用定性选址方法和定量选址方法对仓库的选位定址。

【关键术语】
- 选址决策(Location Decision)
- 优缺点比较法
- 德尔菲法（Delphi Method）
- 加权因素分析法
- 重心法
- 层次分析法(Analytical Hierarchy Process，AHP)

导入案例

戴尔关闭美国工厂，新运营中心选址成都

在关闭位于北卡罗来纳州的温斯顿·塞勒姆的工厂差不多一年后，戴尔将新的制造和运营中心设到了中国。新中心位于成都，2011年起开始运营。除了生产以外，戴尔成都运营中心还将负责销售和客服，主要面向中国西南市场。这是戴尔继厦门运营中心之后在中国设立的第二家运营中心。戴尔的厦门运营中心包括两个计算机生产基地、一个企业服务指挥中心、一个戴尔国际服务中心。此外，戴尔还在上海设立了全球产品设计中心，这是戴尔在美国之外的最大的设计中心。

2009年10月，当戴尔宣布关闭北卡罗来纳州工厂，并将部分产能外包给墨西哥等国家后，关闭的北卡罗来纳工厂曾在当地引发了诉讼事件，因为有超过400人为此失去了工作。但戴尔公司推行得很坚决，这是它削减年度运营费用40亿美元的一部分。同时进入戴尔关闭工厂名单的还有位于得克萨斯州中部及田纳西州纳什维尔的另外两家组装工厂。戴尔急需降低生产和运营成本，但又不能丢掉市场份额，"与厦门相比，成都在劳动力成本等方面有着自己的优势"。时任戴尔大中华区总裁闵毅达说。此外，中国西部对计算机产品需求的年增长率将达到21%，是在经济发达地区、沿海城市之后，中国个人计算机（Personal Computer，PC）市场的另一个消费中心。而在戴尔之前，西南地区已经有人捷足先登。

2008年12月底，惠普公司宣布在重庆建立一个新的计算机生产基地，用于台式机和笔记本产品的生产。这个位于重庆市西永微电园的工厂是惠普公司在中国西部地区投资的第一家工厂，也成为当年重庆市最大的一笔招商项目。两家PC巨头都已经把中国视为最重要的海外市场，免不了将在中国西南市场开始新一轮的竞争。

启发思考：
（1）戴尔为什么要关闭美国工厂，并将新运营中心选址在中国成都？
（2）你认为戴尔有必要在中国开设两家运营中心吗？

2.1 选址决策的意义

物流具有网络性，货物在网络中的流动非常复杂，因此需要选择合适的节点作为枢纽，使物流网络更有效率，运输更加高效，从而降低物流成本。网络由两部分组成，一个是终端，另一个是枢纽。

设施选址（Facility Location）是确定在何处建厂或建立服务设施，运用科学的方法决定设施的地理位置，使之与企业或组织的整体经营运作系统有机结合，以便有效、经济地达到企业或组织的经营目的。

设施选址包括选位、定址。选位是指选择一个比较大的社会行政区域，如某个城市、乡镇等；而定址是指设施在该地区的实际坐落点。

选址决策（Location Decision）是确定所要分配的设施的数量、位置及分配方案，它不是企业的常态性工作，而是企业战略计划流程中一个不可分割的部分，属于长期战略范畴。选址会大大影响企业的成本，其中包括固定成本和可变成本，由此进一步影响到企业的利润。除

此之外，选址还会影响到人力资源的获取、科技支撑等其他因素。对于零售业、储运业、制造业、金融业、餐饮业、娱乐业等行业来说，位置的好坏更是成败的关键因素。一旦企业完成选址的决策，并已开展业务，许多成本就会沉淀为固定成本，难以削减也难以改变。我国的许多"三线"工厂，当时选址考虑的主要因素是备战，因此都选择在人口稀疏的山区，但从备战这一准则出发，选址是正确的。但在市场经济背景下，这样的选址在原材料、人力资源的获取，以及基础设施条件等方面都遇到了很大的困难，使企业的经营陷入了不利的境地。

科学选址的重要性体现在以下几个方面：①设施选址影响企业的运营成本、税收；②设施选址影响企业制定后续经营策略；③设施选址影响设施布置及投产后的服务质量。

仓库选址在整个仓储系统中占有非常重要的地位，属于现代物流战略管理的研究问题，尤其在全球化的背景下，生产和销售都可在全球范围内进行。仓储选址问题与企业未来息息相关，错误的选址将会导致成本过高、劳动力缺乏、配送产品供应不足甚至丧失竞争优势的后果。

2.2 仓库选址的影响因素

影响仓库选址的因素很多，可将这些因素分为与产品成本有直接关系的成本因素，以及与成本因素无关的非成本因素两大类。成本因素可以量化，可用货币来表示；非成本因素与成本无直接关系，但能间接影响产品成本和企业未来的发展。仓库选址时的成本因素和非成本因素见表 2-1，可作为仓库选址评价的指标。

表 2-1 仓库选址时的成本因素和非成本因素

成本因素	非成本因素
原料供应及成本	地区政府政策
动力、能源的供应及成本	政治环境
水资源及其供应	环境保护要求
劳动力成本	气候和地理环境
产品运至分销点成本	文化习俗
零配件从供应点运来的成本	城市规划和社区情况
建筑和土地成本	发展机会
税率、利率和保险	同一地区的竞争对手
资本市场和流动资金	地区的教育服务
各类服务及维修费用	供应、合作环境
……	……

从企业内外部进行考虑，仓库选址的因素包括内部因素和外部因素，具体见表2-2。

表2-2 仓库选址的内部因素和外部因素

内部因素	外部因素
产品数量、种类；订货周期、订单的频率、批量、季节波动	自然环境因素：气象条件、地质条件、水文条件
供应地和需求地客户的地理分布	经济环境因素：原材料供应和产品销售要求、交通运输条件要求、协作关系要求
仓储成本和费率；采购/制造成本	基础设施状况：公共交通设施、公共通信设施
运输成本和费率；运输批量、运输时间	社会环境因素：治安状况、人文环境、产业政策
顾客服务水平；在服务能力限制范围内设备和设施的可用性	其他因素

知识链接

传化公路物流港的选址标准

公路港的选址对公路港的运营至关重要，其关键包括经济圈、交通圈、机制3个核心条件。

传化公路物流港是一个以信息交易为核心、以公路运输为依托、以国内物流为基础的物流企业集群发展平台。2003年，传化萧山基地投入运营。此后，苏州传化物流基地、成都传化物流基地相继开业运营，宁波镇海物流商务信息港也完成建设。

传化公路物流港选址的标准有以下3个。①经济圈的优势：公路港要求区域经济特色和巨大的现实物流量，有现代物流基地支撑的需求。②交通圈的优势：公路港要求周围具有多式联运的交通枢纽和具备极强的道路运输交通枢纽。③机制的优势：公路港兼具公益性和市场服务性，社会效益要经济效益支撑，经济效益必须展现社会效益。公路港社会效益的发挥离不开政府的大力支持和妥善协调。同时如何整合资源，开发面向中小企业和社会车辆的众多服务产品并满足客户的需求，是离不开市场机制的作用。

【2-1 拓展视频】

2.3 仓库选址的原则和流程

2.3.1 仓库选址的原则

1. 适应性原则

仓库选址须与国家及省市的经济发展方针、政策相适应，与我国物流资源分布和需求分布相适应，与国民经济和社会发展相适应。

2. 协调性原则

仓库选址应在国家的物流网络大系统内来考虑，使设施设备在地域分布、物流作业生产力、技术水平等方面互相协调。

3. 经济性原则

仓库选址定在市区、近郊区或远郊区，其未来物流活动辅助设施的建设规模及建设费用，以及运费等物流费用是不同的，选址时应以总费用最低作为选址的经济性原则。

4. 战略性原则

仓库选址时应具有战略眼光：一是要考虑全局；二是要考虑长远。局部要服从全局，当前利益要服从长远利益，既要考虑当前的实际需要，又要考虑日后发展的可能。

【2-2 拓展知识】

2.3.2 仓库选址的流程

仓库选址流程从确定选址任务开始，列出仓库选址的影响因素和要求，然后提出预选地址。接着确定评价方法，对各个方案进行评价，如果满意，流程结束，形成最终选址报告。如果不满意，继续评价其他几个方案，直到满意为止。仓库选址的基本流程如图2.1所示。

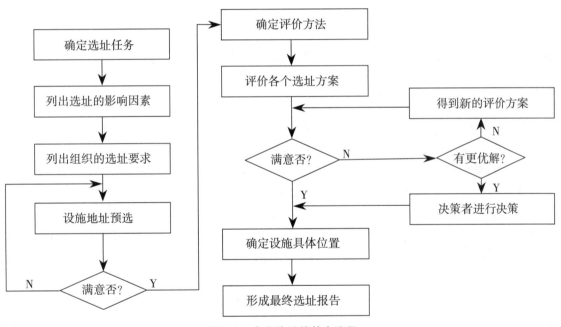

图2.1 仓库选址的基本流程

危险化学品仓库可以选址在居民区吗？

2015年8月12日，我国北方重要城市天津市发生了一起爆炸案，一处存放危险化学品的仓库爆炸，死伤众多。

爆炸案的责任单位是东疆保税港区瑞海国际物流有限公司（以下简称瑞海），该公司成立于2011年，是天津海事局指定危险货物监装场站和天津交通运输委员会港口危险货物作业许可单位。瑞海有一个存放危险化学品的仓库，周围不足1km的地方就是居民区。根据国家有关规定，存放危险化学品的仓库选址首先要看是否符合城市总体规划，以及该选址的用地性质是否能够存储这些物质。同时，选址还要经过一定的环境影响评价，而对于认定存储物质为危险品的仓库还要进行安全影响评价。尽管瑞海履行了各个程序，但这些评价的结论是否可靠？在 2013 年 5 月 24 日瑞海物流的环评公示显示："拟建项目涉及的物料大多为危险、易燃物料，在物料运输、贮存过程中，存在一定的环境风险。在采取有效的防范措施、制定相应的应急预案前提下，事故风险在可接受范围内。"结论是"在建设和运营过程中严格执行'三同时'制度，落实本环境影响评价中提出的各项环境保护措施和建议的前提下，环境制约因素可以得到克服，从环境保护角度论证，项目建设可行"。然而，很多住在周围的公众表示自己并没有参与这样的调查，而且表示自己肯定不会愿意家门口有一个危险化学品仓库。

【2-3 拓展视频】

根据天津市安全生产监督管理局 2015 年 5 月 23 日发布的《市安全监管局关于对天津市危险化学品经营许可证管理办法实施意见审批权限进行调整的通知》，从 2015 年 6 月 1 日开始，危险化学品经营许可审批权限进行调整，7 类企业的经营许可证将由天津市安全生产监督管理局负责审批和颁发，而不再是由所辖区县负责审批和颁发。

2.4 仓库选址的定性方法

在有关仓库选址数据不可得的情况下，可运用定性方法作出仓库选址方案的比较。仓库选址的定性方法主要有优缺点比较法、德尔菲法、加权因素分析法等。

2.4.1 优缺点比较法

优缺点比较法是一种最简单的选址方法，尤其适用于非经济因素的比较。当几个选址方案在费用和效益方面近似时，非经济因素可能成为考虑的关键。此时，可采用优缺点比较法对若干方案进行分析比较，最后得出各方案的结论：最优、较优、一般、较差、很差。

常见的非经济因素有：①区域位置；②面积及地形；③地势与坡度；④风向、日照；⑤地质条件，如土壤、地下水、耐压水；⑥土石方工程量；⑦厂址现在所有者、拆迁及赔偿情况；⑧铁路、公路交通情况；⑨与城市的距离；⑩供电、供水、排水。优缺点比较法主要是罗列出各方案的优缺点来进行比较，优缺点比较法样表见表 2-3。

表 2-3 优缺点比较法样表

项目名称	
方案号	
简要说明	
评价人	日期
优点	缺点

2.4.2 德尔菲法

德尔菲是古希腊地名。相传太阳神阿波罗（Apollo）在德尔菲杀死了一条巨蟒，成了德尔菲主人。阿波罗不仅年轻英俊，而且对未来有很强的预见能力。德尔菲有座阿波罗神殿，被当地民众奉为能预卜未来的神谕之地，于是人们就借用此名，作为这种方法的名字。

1964年，美国兰德（RAND）公司的赫尔默（Helmer）和戈登（Gordon）发表了长远预测研究报告，首次将德尔菲法用于技术预测中，此后德尔菲法便迅速地应用于美国和其他国家。德尔菲法本质上是一种反馈匿名函询法，其流程简图如图2.2所示。

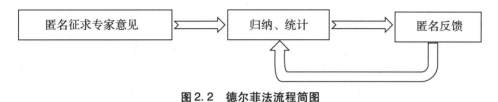

图2.2　德尔菲法流程简图

德尔菲法是一种利用函询形式的集体匿名思想交流过程，具有区别于其他专家预测方法的3个明显的特点：匿名性、多次反馈、小组的统计回答。

德尔菲法中的调查表与通常的调查表有所不同。通常的调查表只向被调查者提出问题，要求回答。而德尔菲法的调查表不仅提出问题，还兼有向被调查者提供信息的责任。它是专家们交流思想的工具。

在德尔菲法运用过程中，始终有两类人在活动：一是预测的组织者；二是被选出来的专家。德尔菲法的程序是以轮来说明的。在每一轮中，组织者与专家都有各自不同的任务。

第一轮：①由组织者发给专家的第一轮调查表是开放式的，只提出预测问题。请专家围绕预测主题提出预测事件。如果限制太多，会漏掉一些重要事件。②预测组织者要对专家填好的调查表进行汇总整理，归并同类事件，排除次要事件，用准确术语提出一张预测事件一览表，并作为第二轮调查表发给专家。

第二轮：①专家对第二轮调查表所列的事件进行评价。例如，说明事件发生的时间、叙述争论问题和事件或迟或早发生的理由。②预测组织者收到第二轮专家意见后，对专家意见统计处理，整理出第三张调查表。

第三轮：①把第三张调查表发下去后，请专家重审争论，给出自己新的评价。如果修正自己的观点，则请专家叙述为何改变，原来的理由错在哪里，或者说明哪里不完善。②专家的新评论和新争论返回到组织者手中后，组织者的工作与第二轮十分类似：统计中位数和上下四分点，总结专家观点，重点在争论双方的意见，形成第四张调查表。

第四轮：①请专家对第四张调查表再次评价和权衡，作出新的预测。是否要求作出新的论证与评价，取决于组织者的要求。②当第四张调查表返回后，组织者的任务与上一轮的任务相同：计算每个事件的中位数和上下四分点，归纳总结各种意见的理由及争论点。

德尔菲法的预测结果可用表格、直观图或文字叙述等形式表示。

2.4.3　加权因素分析法

加权因素分析法也是定性方法中使用最广泛的一种，因为它以简单易懂的模式将各种不同因素综合起来。加权因素分析法的优点是把提供的各项因素进行综合比较，是一种比较通用的方法。其缺点是往往带有评分人的主观性。

加权因素分析法的公式如下:

$$U = \sum_{i=1}^{n} w_i f_{ij} \qquad (2-1)$$

式中:U——方案的总分;

f_{ij}——第 i 个因素对方案 j 的评价等级分值;

w_i——第 i 个因素的权重系数。

加权因素分析法的具体步骤如下。

(1) 评价因素的确定。根据仓储选址的基本要求列出所要考虑的因素。

(2) 确定加权值。按照各因素的相对重要程度,规定相应的权数,对所有因素的打分设定一个共同的取值范围,一般是 1～10 或 1～100。

(3) 评价等级的确定。对每个备选方案进行审查,并按每个因素由优到劣地排出各个备选方案的排队等级数。对每一个备选地址,根据所有因素按设定范围打分。

(4) 评价结果。把每个因素中各方案的排队等级分数乘以该因素的权重,所得分数放在每个小方格的右下方,再把每个方案的分数相加,得出总分数,就表明了各个备选方案相互比较的优劣程度。将各个因素的得分与相应的权重相乘,并把所有因素的加权值相加,得到每一个备选地址的最终得分。

(5) 最佳方案的确定。选择得分高的方案为备选方案,选择具有最高总得分的地址为最佳的选址。

评价的结果可能出现的情况:①某个方案的结果突出,该方案就可以被认为是最佳方案;②如果两个方案的结果很接近,应当对这两个方案再进行评价;③发现方案有可能改进之处,应集中精力对该方案进行改进;④有可能同时将两个或更多的方案进行组合,形成新的方案,再进行评分。

例如,表 2-4 中,通过对候选方案 A 和方案 B 的 5 个因素进行比较,可以得出方案 A 的得分(82 分)高于方案 B 的得分(73 分),因此选择方案 A。

表 2-4 加权因素分析表

影响因素	权重	候选方案 A		候选方案 B	
		评分	得分	评分	得分
劳动条件	7	2	14	3	21
地理条件	5	4	20	2	10
气候条件	6	4	24	4	24
产品销售	2	4	8	5	10
资源供应	4	4	16	2	8
总计			82		73

2.5 仓储选址的定量方法

2.5.1 重心法

重心模型法，简称重心法，是仓库选址研究中常用的典型方法之一，适用于连续的、静态的、单一物流设施的选址决策。所谓重心法是将存在于物流系统中的若干个被服务点视为分布在一个平面上的许多个物体，每个点的服务需求量视为相应的物体重量，由各个物体求得的重心也即所要选择的仓库的最佳位置，借助计算物体重心的思想来解决仓储的选址问题。

重心法是一种布置单个设施的方法，这种方法考虑现有设施之间的距离和运输的货物量。重心法的思想是在确定的坐标中，各个原材料供应点坐标位置与其相应供应量运输费率之积的总和等于场所位置坐标与各供应点、供应量、运输费率之积的总和。使运输成本达到最小化是重心法选址的决策依据之一，因此在采用重心法进行选址时常做以下假设。

（1）运输费用作为仓库和被服务点之间运输产品所产生的物流成本的表现形式，并且忽略实际交通状况，服务期间所产生的运输费用只与被服务点和仓库之间的直线距离成正比关系。

（2）不管仓库选在何地，产生的建设费、土地使用费和库存成本等均不存在差异。

（3）保证内外部环境的相对静止，即不考虑仓库建设完成后未来可能发生的各项变化。

假设仓库 A 对应的位置坐标为 (a, b)，客户坐标 $P(x_i, y_i)$，$i=1, 2, \cdots, n$，仓库 A 与客户之间的距离 d_i 为

$$d_i = k \sqrt{(x_i - a)^2 + (y_i - b)^2} \qquad (2-2)$$

其中，k 为比例系数。

重心法的模型表达式为

$$C = \sum_{i=1}^{n} k r_i \omega_i \sqrt{(x_i - a)^2 + (y_i - b)^2} \qquad (2-3)$$

式中：r_i——仓库运送产品到客户 i 的单位运输费用；

ω_i——对客户 i 的服务量。

通过对式(2-3)求偏导，分别求出横坐标 a 的表达式和纵坐标 b 的表达式，最后借助迭代的思想求出仓库的最佳位置坐标。

重心法的数学模型如下：

设规划区域内有 n 个运输发生点和吸引点，各点的发生量和吸引量为 $W_j (j=1, 2, \cdots, n)$，坐标为 (x_j, y_j)。规划设置的仓库的坐标为 (x, y)，仓储系统的运输费率为 C_j。根据平面物体求重心的方法，仓库最佳位置的计算公式为

$$\begin{cases} x = \dfrac{\sum_{j=1}^{n} C_j W_j x_j}{\sum_{j=1}^{n} C_j W_j} \\ \\ y = \dfrac{\sum_{j=1}^{n} C_j W_j y_j}{\sum_{j=1}^{n} C_j W_j} \end{cases} \qquad (2-4)$$

重心法的特点是简单易操作,但它将纵向坐标和横向坐标视为独立的变量,与实际交通系统的情况存在较大差别,求出的解往往不够精确,只能作为仓库选址的初步参考。重心法是纯粹的数学解析方法,它求解采用的距离是平面上的几何距离,而实际的运输网络并非如此,往往会导致求出的所谓数学解没有实际意义,结果只能为下一步的分析提供粗略的初始解。它经常用于中间仓库或分销仓库的选择。

【例 2-1】假设需从四地将材料运往某城市。从上海运来钢材,从杭州运来铸铁,从舟山运来焦炭,从金华运来各种造型材料。四地与某城市的距离和每年的材料运量见表 2-5,四地重心法坐标如图 2.3 所示。

表 2-5 四地与某城市的距离和每年的材料运量

原材料供应地	P_1		P_2		P_3		P_4	
坐标	x_1	y_1	x_2	y_2	x_3	y_3	x_4	y_4
距城市的坐标距离(km)	20	70	60	60	20	20	50	20
年运输量(t)	2 000		1 200		1 000		2 500	

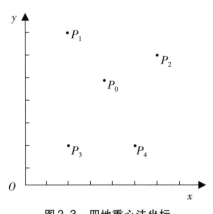

图 2.3 四地重心法坐标

据以上数据,可以求出该企业的最佳选址位置,即

$x_0 = (20 \times 2\,000 + 60 \times 1\,200 + 20 \times 1\,000 + 50 \times 2\,500)/(2\,000 + 1\,200 + 1\,000 + 2\,500) = 38.4$

$y_0 = (70 \times 2\,000 + 60 \times 1\,200 + 20 \times 1\,000 + 20 \times 2\,500)/(2\,000 + 1\,200 + 1\,000 + 2\,500) = 42.1$

因此,坐标(38.4,42.1)就是该仓库选址,不过按重心法求得的位置,还应考虑其他因素,综合分析来确定该位置是否合适。

采用重心法时,遇到多个仓库的选址问题就无能为力了,为解决这个问题,可引入系统聚类的方法，将"在一个区域中确定两个及以上配送中心的决策问题"转化为"在两个及以上区域中选择一个仓库的决策问题"。系统聚类可以采用最短距离求解的方法划分整个区域，得到多个与需要规划的仓库数量相等的子区域，然后利用重心法在每一个子区域中选择一个仓库。

2.5.2 层次分析法

美国运筹学家T. L. 萨蒂（T. L. Saaty）于20世纪70年代提出的层次分析法（AHP），是一种定性与定量相结合的决策分析方法。它是一种将决策者对复杂系统的决策思维过程模型化、数量化的过程。

运用这种方法，决策者通过将复杂问题分解为若干层次和若干因素，在各因素之间进行简单的比较和计算，就可以得出不同方案的权重，为最佳方案的选择提供依据。

层次分析法的基本思想是把复杂问题分解成各个组成元素，按支配关系将这些元素分组、分层，形成有序的递阶层次结构，构造一个各因素之间相互连接的层次结构模型。层次分析法首先把问题层次化，按问题性质和总目标将此问题分解成不同层次，构成一个多层次的分析结构模型，分为最低层（供决策的方案、措施等），相对于最高层（总目标）的相对重要性权值的确定或相对优劣次序的排序问题。这种方法适用于多准则、多目标的复杂问题的决策分析。

层次分析法的具体步骤如下。
(1) 明确问题。
(2) 递阶层次结构的建立。
(3) 建立两两比较的判断矩阵。
(4) 层次单排序。
(5) 层次综合排序。

图2.4给出了一个简单（准则层只有一层）的递阶层次结构示意图。

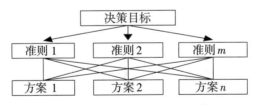

图2.4 递阶层次结构示意图

层次分析法的基本原理与步骤如下。

1. 构造判断矩阵

根据层次结构模型每层中各因素的相对重要性，给出判断数值列表，形成判断矩阵。判断矩阵表示针对上一层某因素而言，本层与之有关因素之间相对重要性的比较。若A层次中因素A_k与下层次B_1，B_2，…，B_n有联系，则判断矩阵B如图2.5所示。

b_{ij}是判断矩阵P的元素，表示对因素A_k而言，B_i对B_j相对重要性的数值。b_{ij}的取值由专家调查法确定，并用萨蒂提出的1～9标度法表示，判断矩阵元素1～9标度法定义见表2-6。

$$\begin{array}{c|cccc}
A_k & B_1 & B_2 & \cdots & B_n \\
\hline
B_1 & B_{11} & B_{12} & \cdots & b_n \\
B_2 & B_{12} & B_{22} & \cdots & b_{2n} \\
\vdots & \vdots & \vdots & \vdots & \vdots \\
B_n & B_{n1} & B_{n2} & \cdots & b_{nn}
\end{array}$$

图 2.5　判断矩阵

表 2-6　判断矩阵元素 1～9 标度法定义

标度	定义	标度	定义
1	i 因素与 j 因素同等重要	2，4，6，8	介于以上两种判断之间的状态的标度
3	i 因素比 j 因素略重要	9	i 因素比 j 因素绝对重要
5	i 因素比 j 因素重要	倒数	i 因素与 j 因素比较，结果为 $b_{ij}=\dfrac{1}{b_{ji}}$
7	i 因素比 j 因素重要得多		

2. 层次单排序，得到权重向量

根据判断矩阵，计算对上层某因素而言，本层次与之有联系的因素的权重值，即计算判断矩阵的最大特征值及对应的特征向量，将特征向量归一化就得到权重向量。具体计算参照以下步骤。

（1）若判断矩阵为 $n \times n$ 矩阵，则首先计算矩阵各行元素乘积的 n 次根：

$$\overline{W_i} = \sqrt[n]{M_i} \tag{2-5}$$

其中：

$$M_i = \prod_{j=1}^{n} b_{ij}$$

（2）将上述计算结果正交化：

$$W_i = \frac{\overline{W_i}}{\sum_{i=1}^{n} \overline{W_i}} \tag{2-6}$$

（3）对其进行一致性验证，若通过，则 $W_i = (W_1, W_2, \cdots, W_n)$，即为所求得的各个指标的权重。

3. 层次单排序一致性检验

为检验判断矩阵的一致性，需计算判断矩阵的最大特征根 λ_{max}：

$$\lambda_{max} = \sum_{i=1}^{n} \frac{(PW)_i}{n \overline{W_i}} \tag{2-7}$$

最大特征根为 λ_{max}，判断矩阵为 n 阶时，有一致性指标如下：

$$CI = \frac{\lambda_{max} - n}{n - 1} \tag{2-8}$$

式中：CI——层次单排序一致性检验指标；

n——判断矩阵的阶数；

λ_{max}——判断矩阵的最大特征值。

当判断矩阵的维数 n 较大时，需引入随机一致性指标 RI 进行修正，RI 数值列表见表 2-7。经修正的一致性指标用 CR 表示，即 CR = CI/RI。当 CR < 0.1 时，排序结果具有满意一致性，否则需调整判断矩阵的元素值。

表 2-7 RI 数值列表

维数	1	2	3	4	5	6	7	8	9
RI	0	0	0.58	0.90	1.12	1.24	1.32	1.41	1.45

4. 层次总排序

若上层 A 有 m 个因素，总排序权值为 a_1，a_2，$\cdots$，a_m，本层有 n 个因素，它们对于上一层第 j 个因素的单排序权值为 b_{1j}，b_{2j}，$\cdots$，b_{mj}，则此时因素的总排序权值为

$$B_i = \sum_{j=1}^{m} a_i b_{ij} \quad i = 1, 2, \cdots, n \tag{2-9}$$

5. 自下而上组合评价

假设评价是在各方案中进行的，则每个方案的量化评价值等于每个指标的量化值乘以其权重的和，即

$$S_k = \sum_{j=1}^{m} B_i x_{ik} \quad k = 1, 2, \cdots, l \tag{2-10}$$

式中：S_k——第 k 个方案的总评价值；

B_i——第 i 个指标的权重；

x_{ik}——第 i 个指标在第 k 方案中的取值；

l——参与评价方案的个数。

层次分析法的优点是能把其他方法难以量化的评价因素通过两两比较加以量化，把复杂的评价因素构成简化为一目了然的层次结构，能有效地确定多因素评价中各因素的相对重要程度。但运用层次分析法进行方案的总体评价时，缺乏一个统一、具体的指标量化方法，因而在实际应用中，人们大多只采用它进行指标权重的分析，然后用其他方法进行指标值的量化和归一化计算。

【例 2-2】某个地区准备修建一个大型的货运站场。现有 5 个被选点，用 $a_i(i=1, 2, 3, 4, 5)$ 表示。以运输费率、运输效率、环境、能源 4 个方面为决策准则，用 $C_j(j=1, 2, 3, 4)$ 表示。试选择一最佳地址，使得总体效益最高。

解：首先建立层次结构，如图 2.6 所示。

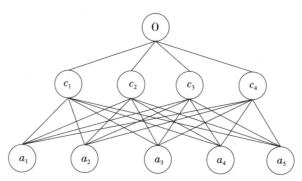

图 2.6 货运站场地址选择的层次结构图

然后,建立每个方案对准则层的判断矩阵如下:

$$c_1 \sim a_i \begin{bmatrix} 1 & \frac{1}{7} & \frac{1}{5} & \frac{1}{8} & 3 \\ 7 & 1 & 2 & \frac{2}{3} & 8 \\ 5 & \frac{1}{2} & 1 & \frac{1}{4} & 7 \\ 8 & 3 & 4 & 1 & 9 \\ \frac{1}{3} & \frac{1}{8} & \frac{1}{7} & \frac{1}{9} & 1 \end{bmatrix} \quad c_2 \sim a_i \begin{bmatrix} 1 & \frac{1}{9} & \frac{1}{5} & \frac{1}{2} & 1 \\ 9 & 1 & \frac{1}{3} & 7 & 9 \\ 5 & 3 & 1 & 5 & 5 \\ 2 & \frac{1}{7} & \frac{1}{5} & 1 & 2 \\ 1 & \frac{1}{9} & \frac{1}{5} & \frac{1}{2} & 1 \end{bmatrix}$$

$$c_3 \sim a_i \begin{bmatrix} 1 & \frac{1}{3} & \frac{1}{2} & 1 & 1 \\ 3 & 1 & 2 & 3 & 3 \\ 2 & \frac{1}{2} & 1 & 2 & 2 \\ 1 & \frac{1}{3} & \frac{1}{2} & 1 & 1 \\ 1 & \frac{1}{5} & \frac{1}{2} & 1 & 1 \end{bmatrix} \quad c_4 \sim a_i \begin{bmatrix} 1 & \frac{1}{5} & \frac{1}{7} & 2 & 5 \\ 5 & 1 & \frac{1}{2} & 6 & 8 \\ 7 & 5 & 1 & 7 & 9 \\ \frac{1}{2} & \frac{1}{6} & \frac{1}{7} & 1 & 4 \\ \frac{1}{5} & \frac{1}{8} & \frac{1}{9} & \frac{1}{4} & 1 \end{bmatrix}$$

经过计算,得各矩阵的权重系数分别为(含一致性判断):

$B1 = (0.064\,20 \quad 0.256\,0 \quad 0.172\,4 \quad 0.483\,8 \quad 0.031\,6)^T$

矩阵(1) $CI = 0.092\,9 \quad CI/RI = 0.082\,9 < 0.1$

$B2 = (0.005\,52 \quad 0.380\,30 \quad 0.423\,5 \quad 0.086\,0 \quad 0.055\,2)^T$

矩阵(2) $CI = 0.096\,2 \quad CI/RI = 0.085\,6 < 0.1$

$B3 = (0.123\,7 \quad 0.394\,6 \quad 0.234\,3 \quad 0.123\,7 \quad 0.123\,7)^T$

矩阵(3) $CI = 0.004\,1 \quad CI/RI = 0.002\,2 < 0.1$

$B4 = (0.097\,8 \quad 0.321\,1 \quad 0.482\,7 \quad 0.068\,1 \quad 0.030\,3)^T$

矩阵(4) $CI = 0.004\,1$。 $CI/RI = 0.067\,2 < 0.1$

从上面分析可知,上述矩阵的一致性是可以接受的,计算所得的权重系数是可以作为决策依据的。下面为准则层对总目标的判断矩阵,计算其权重系数。

$$O \sim c_i \begin{bmatrix} 1 & 1 & 5 & 7 \\ 1 & 1 & 5 & 7 \\ \frac{1}{5} & \frac{1}{5} & 1 & 3 \\ \frac{1}{7} & \frac{1}{7} & \frac{1}{3} & 1 \end{bmatrix}$$

$$B = [0.421 \quad 0.421 \quad 0.106 \quad 0.052]^T$$

$$CI = 0.024 \quad CI/RI = 0.026\ 7$$

表 2-8 为第三层方案经过第二层（准则层）对第一层（总目标）的权重系数值。

表 2-8 权重系数计算值

地址	c_1 0.421	c_2 0.421	c_3 0.106	c_4 0.052	权重系数
a_1	0.064 2	0.055 2	0.123 8	0.101 9	0.068 7
a_2	0.256 0	0.380 3	0.393 8	0.311 6	0.325 8
a_3	0.172 4	0.423 5	0.234 4	0.465 9	0.299 9
a_4	0.483 8	0.086 0	0.123 8	0.073 1	0.256 8
a_5	0.031 6	0.055 2	0.123 8	0.031 7	0.051 3

根据上表的权重系数得到各方案排序为：$a_2 \succ a_3 \succ a_4 \succ a_1 \succ a_5$，其中"$\succ$"表示"优于"的意思。

所以，a_2 为站场的首选地址。

此外，我们也可以利用 MATLAB 或者 YAAHP 等实用的软件进行求解。

本 章 小 结

本章为仓储管理决策的首要决策——选址决策，选址决策是仓储管理决策的基础性工作，是其他决策的决定性步骤。

本章主要介绍了仓库选址的意义和影响因素，描述了仓库选址的原则和流程，并重点对仓储选址的定性方法、定量方法做了分析，尤其是在现实生活中运用较多的加权因素分析法、重心法是需要重点掌握的方法。

本 章 练 习

一、填空题

1. 影响仓库选址的因素可以分为＿＿＿＿和＿＿＿＿两类。

2. 仓库选址的定性方法有_____。

二、选择题

1. 下列各因素中，不属于影响仓库选址的经济环境因素是（　　）。
   A. 原材料供应和产品销售要求　　　B. 交通运输条件要求
   C. 协作关系要求　　　　　　　　　D. 地质条件
2. 生鲜食品仓库应该选址在（　　）。
   A. 城市边缘对外交通运输干线附近　B. 接近服务对象的地段
   C. 远离城区处　　　　　　　　　　D. 城郊的独立地段
3. 仓库选址过程应遵守适应性原则、协调性原则、经济性原则和（　　）原则。
   A. 服务性　　　B. 战略性　　　C. 效率为先　　　D. 独立性
4. 在仓库选址方法中，（　　）是利用函询形式进行集体匿名思想交流的过程。
   A. 优缺点比较法　　B. 德尔菲法　　C. 期望值法　　D. 层次分析法
5. 重心法选址模型只计算（　　）。
   A. 土地成本　　B. 劳动力成本　　C. 资本成本　　D. 运输成本
6. 仓库选址决策中选址分析需要（　　）数据。
   A. 可变和固定成本　　B. 市场需求　　C. 运输费率　　D. 产品定义

三、判断题

1. 仓库选址对土壤承载力并没有什么要求。　　　　　　　　　　　　（　　）
2. 气象条件属于影响仓储选址的经济环境因素。　　　　　　　　　　（　　）
3. 转运型仓库一般选在城市边缘地区且交通便利的地段。　　　　　　（　　）
4. 设施选址属于企业的战略性问题。　　　　　　　　　　　　　　　（　　）
5. 重心法的局限性之一是以直线处理运输路线。　　　　　　　　　　（　　）

四、计算题

（1）某公司拟建一个仓库以服务其市内7个连锁店，各店的坐标及每日需求量表见表2-9。试问：①用重心法确定仓库应选址何处？②若①问求出地点不可用，公司只能将其中一个店改作仓库，那么选择哪一个店合适呢？请阐述你的理由。

表2-9　各店的坐标及每日需求量表

连锁店	A	B	C	D	E	F	G
坐标 X	20	6	9	30	26	2	10
坐标 Y	10	16	17	20	6	18	10
每日需求量	3	3	2	6	5	3	10

（2）某公司原有工厂A、B、C，现在准备新建一个工厂，向4个仓库E、F、G、H提供产品，现有X、Y两种选址方案。两个方案除了运输成本以外其他成本都相同。公司经营者考虑选择一个使成本最小的方案。有关各工厂与仓库的供需量，以及运输成本的有关数据分别见表2-10、表2-11。

表2-10　各工厂与仓库的供需量数据表

生产工厂	仓库				供应量
	E	F	G	H	
A	25	35	36	60	15
B	55	30	45	38	6
C	40	50	26	65	14
需求量	10	12	15	9	

表2-11　各工厂与仓库的运输成本数据表

选址方案	仓库				供应量
	E	F	G	H	
X	60	40	66	27	11
Y	50	60	56	32	11

（3）一温州皮鞋生产企业，在市内有3个工厂，主要生产原料将从一个新的仓库运去，而此时中心仓库位置还未确定。运至3个生产厂的原料数量和运费见表2-12。请确定新建仓库的位置。

表2-12　运至3个生产厂的原料数量和运费

地点	A	B	C
（x，y）	(3，5)	(6，2)	(4，1)
运费费率/(元/t·km)	0.5	0.4	0.4
日运量/(t)	20	10	25

案例讨论

联邦快递亚太转运中心的选址决策

联邦快递（Fedex）是一家国际性速递集团，提供隔夜快递、地面快递、重型货物运送、文件复印及物流服务。其集团为遍及全球的顾客和企业提供涵盖运输、电子商务和商业运作等一系列服务。

联邦快递是全球最具规模的快递运输公司，全球总部设于美国田纳西州孟菲斯，而加拿大及欧洲、亚洲、拉丁美洲等地区总部分别位于加拿大安大略省多伦多、比利时布鲁塞尔、中国香港、美国佛罗里达州迈阿密。

联邦快递在开拓亚太市场并考虑选址的时候，将中国的广州、香港、深圳、上海，以及菲律宾的大马尼拉作为候选，但是随着中国市场的不断成熟和壮大，夺取中国市场成为各大物流快递巨头的首要任务，联邦快递公司也把主要目光放在了中国市场上。由于联合包裹速递服务公司（UPS）在上海设置了其转运中心，所以联邦快递公司最后的备选方案就剩下了广州、香港、深圳这3座城市。

这3座城市的选择，联邦快递主要从地理位置、基础设施、人力资源等8个影响因素进行考量，每个因素设有A、B、C、D、E 5个等级类别，其中按照顺序分别代表不同的分数：4分、3分、2分、1分、0分。以下对8个主要影响因素进行对比分析和等级评分。

1. 地理位置

广州是广东省的政治、经济、科技、教育和文化中心,是中国的"南大门",是中国远洋航运的优良海港和珠江流域的进出口岸,也是铁路的交汇点和华南民用航空交通中心。

香港背靠内地,面朝南海,为交通的咽喉,并且有理想的海港。它是国际航运的主要通道,又是世界上最繁忙的港口之一。

深圳毗邻香港,东临大亚湾,西至珠江口,是最早开放的经济特区,凭借得天独厚的地理位置赢得了巨大的发展。

从作为亚洲中心及中国重要发展区域珠江三角洲的两者兼备性来看,广州无疑是最为出色的两者结合点,其地理位置可见一斑。因此,分别对其进行等级评分:广州为 A 级,香港为 B 级,深圳为 B 级。

2. 基础设施

广州的基础设施尤其是交通设施处于世界一流水平,完善的配套设备为物流业的发展提供了雄厚的物力支持。广州白云国际机场是国内规模最大、功能最先进、现代化程度最高的国际机场。广州还拥有华南地区的高速公路枢纽。

香港在海运能力方面比广州强,设备与管理更加先进有效。作为天然港口,香港是国际货运大港,其货物吞吐量在国际上的排名每年都上升。香港国际机场正发展成亚洲的客货运枢纽。

深圳拥有蛇口港和盐田港两大港口,其基础设施完善,配备了港口物流操作工具。深圳宝安国际机场是中国境内第一个实现海陆空联运的现代化国际空港,也是第一个采用过境运输方式的国际机场。不过在公路及铁路运输上优势不太明显,陆路运输网络缺乏足够的承载能力。

联邦快递作为航空快递业务的巨头,其交通方式以空运为主,因此这个因素的突出点就是航空的速度、成本、覆盖面。广州新白云国际机场虽是国际化的先进机场,但是相比香港的国际机场,还是略显不足。因此,分别对其进行等级评分:广州为 B 级,香港为 A 级,深圳为 A 级。

3. 人力资源

中国的物流目前主要处于人力操作阶段,因此大量的人力成本是物流成本的重要部分。培养高素质物流人才成为制约物流行业发展的瓶颈。广州物流行业人力资源充足,外来人员能够胜任比较劳累的物流操作员这一职位。在高素质的物流人才培养上,广州市共有大专以上院校 83 所,这些高等院校为广州培养了大量的优秀人才。

香港同样拥有香港理工大学等知名学府,每年向香港乃至全世界输送大量高素质人才。其开放式及创新式的教育培育出来的学生其综合素质较强,但香港的用人薪酬水平较高,因此制约了这种粗放型行业的发展。

深圳无论是在高素质的物流人才培养上,还是在用人的成本上都不理想。其中培训机构及院校缺乏、生活消费水平高是导致用人成本过高的重要原因。

物流成本可以分为固定成本和可变成本,而人工成本就是可变成本的最大组成部分,以最低成本化的原则,用人成本较低的地区就会具有比较优势,因此,分别对其进行等级评分:广州为 A 级,香港为 E 级,深圳为 D 级。

4. 政策扶持

为了更快更好地发展物流业,广州市出台了不少相关优惠政策和扶持策略。例如,放宽市场准入,物流产业向所有经济成分开放;调整用地政策,对企业以原划拨土地为条件引进资金和设备建设物流配送中心。

香港政府为充分推动物流行业的发展,也做了不少工作,包括成立物流发展督导委员会等。

深圳市政府为了加快物流行业发展,对物流业采取以下政策措施:优惠的土地和用电政策、支持物流发展立项和投资、加快电子口岸建设、实施外向带动策略、营造市场环境、拓宽人才引进渠道等。

国家"十一五"规划中明确了以物流产业作为我国的支柱产业，因此广州、香港、深圳这3个沿海地区对于物流行业的发展投入力度及重视程度十分充分，无差别可言。因此，分别对其进行等级评分：广州为A级，香港为A级，深圳为A级。

5. 市场条件

广州的物流市场发展潜力巨大，在竞争对手方面，虽然TNT公司、DHL公司、UPS公司等已先后在广州设立华南总部或者广东分公司，但并没有对其转运中心有很大的影响，广州本土的物流企业更是缺乏与联邦快递这样的跨国型物流企业竞争的实力。

香港国际机场作为全球最繁忙的国际货运机场，当时总货量为340万吨。但与此同时，香港国际机场却面临着一个瓶颈问题，其货运量已经是极度饱和了，根本满足不了联邦快递建立后所需要增加的货运量。

深圳的货物吞吐量同样达到饱和，并且深圳宝安国际机场难以满足未来空运机的主流——空中客车A380。

相反，广州新白云国际机场是中国首个按照中枢理念设计的机场。从绝对优势上来看，航空海港方面，广州的运量及运力都处于劣势，但是从战略性质原则的角度看，广州却是最具发展能力的。因此，分别对其进行等级评分：广州为B级，香港为C级，深圳为C级。

6. 供应商分布

联邦快递亚太转运中心属于转运型的物流中心，大多数经营的是倒装、装载或者短期存储的周转性商品。这种转运型的物流中心对于供应商的选择条件考虑得比较少，但是仍然要顾及其他类型的物流中心，因此，分别对其进行等级评分：广州为A级，香港为A级，深圳为A级。

7. 交通条件

香港、深圳在海运和空运上都有比广州优胜的地方，无论是在设备管理上还是在运载能力上都超出广州数倍，但是却缺乏完善的陆地运输网络，公路总长及铁路线路都小于广州。

即便如此，广州的交通道路却非常拥挤，道路压力比香港和深圳大很多，同时广州的道路收费问题一直是人们所关注的。在燃油和航班起飞成本上，香港的成本也较低。因此，分别对其进行等级评分：广州为C级，香港为A级，深圳为B级。

8. 发展潜力

广州市已经建设和发展广州现代物流信息平台、运输平台、物流园区和物流中心；大力发展信息化、自动化、网络化、智能化的第三方物流，形成现代物流圈。

香港侧重于简化验关手续，争取成为亚洲的储运中心，充分利用亚洲航空枢纽的优势，通过运输费用合理下调来保持竞争力。

深圳市在未来发展的规划上提出了"三步走"的发展规划。近期打好基础，中期快速发展，远期成熟完善，形成依托香港、连线国际的物流经营网络，形成中国内地最为完善的物流服务体系。因此，分别对其进行等级评分：广州为A级，香港为B级，深圳为B级。

通过以上8个因素的分析，你能确定联邦快递亚太转运中心的选址吗？

思考题：

1. 对于联邦快递这样的跨国公司，全球生产与物流网络包括哪些设施？各服务什么市场？
2. 影响联邦快递亚太转运中心选址决策的主要因素是什么？这些因素的权重一样吗？
3. 你认为哪座城市可以从3个候选地胜出？还有其他佐证方法吗？

第 3 章 仓储管理的产权决策

【学习目标】

掌握仓储产权的内涵;了解影响仓储产权规划的因素;学会计算公共仓储租赁期的抉择,能运用优缺点比较法、成本分析等方法比较自建仓库与租用仓库的优劣势,并作出选择。

【关键术语】

- 产权决策(Property Decision)
- 自有仓库(Private Warehouse)
- 合同仓库(Contract Warehouse)
- 公共仓库(Public Warehouse)

导入案例

京东物流体系已居上风

自建物流体系一直是京东制胜电子商务的核心优势，而京东最大的优势在于"撒网式"的规模和结构，通过多级物流中心延伸到用户最需要的地方。京东已拥有北京、上海、广州、成都、武汉、沈阳六大物流中心，有近 800 个配送站点和 300 个自提点，自营城市范围不断扩大，并且实现了 211 限时达、次日达和晚间配送。此外，京东在自营城市还开通自提点，采取自营、社区合作、校园合作、便利店合作等形式，满足不同的配送需求。

启发思考：
(1) 京东自建物流配送中心有什么益处？
(2) 京东在什么情况下外协建立物流中心？

3.1 产　权

3.1.1 产权的属性

产权是所有权人依法对自己的财产享有占有、使用、收益处分的权利，是经济所有制关系的法律表现形式。它包括财产的所有权、占有权、支配权、使用权、收益权和处置权。

产权的属性主要表现在 3 个方面：产权具有经济实体性、产权具有可分离性、产权流动具有独立性。

1. 产权具有经济实体性

在市场经济条件下，产权具有经济实体性。既然是经济实体，就必须具备以下 3 个特征。
(1) 必须有一定的财产作为参与社会再生产的前提。
(2) 必须直接参加社会再生产活动。
(3) 有自己独立的经济利益，并且参与社会营利性经济活动的主要目的是实现自己经济利益的最大化。

2. 产权具有可分离性

在市场经济中，财产的价值形态运动与使用价值形态运动的发展而分离。也就是说，这项财产权利在法定的最终归属上，并不一定为该实体所具有。

3. 产权流动具有独立性

这里讲的独立性是指产权一经确定，产权主体就要在合法范围内自主地运用并获得权利，且不受其干扰。

3.1.2 产权的功能

产权的功能包括激励功能、约束功能、资源配置功能、协调功能。

1. 产权的激励功能

产权归根结底是一种物质利益关系。任何产权主体对其产权的行使都是在收益最大化动机支配下的经济行为。

2. 产权的约束功能

产权的约束功能是指产权对产权主体在行使产权的经济活动中所施加的强制。

3. 产权的资源配置功能

产权的资源配置功能是指产权制度的安排本身所具有的调节或影响资源配置状况的作用。

4. 产权的协调功能

财产关系的明晰及其制度化是一切社会得以正常运行的基础。现代化市场经济条件下财产关系更加复杂和多样，这就要求社会对各种产权主体进行定位，以建立和规范财产主体行为的产权制度，从而协调人们的社会关系，保证社会秩序规范、有序地运行。

以法权形式体现所有制关系的科学合理的产权制度，是用来巩固和规范商品经济中财产关系，约束人的经济行为，维护商品经济秩序，保证商品经济顺利运行的法权工具。

3.1.3 仓储产权的类型

仓储产权规划是非常重要的仓储管理问题。通常，仓储产权分为两种：一种是自建；一种是租用。

自建仓库属于自有仓库(Private Warehouse)，即企业自己拥有并管理的仓库。

租用仓库也称合同仓库(Contract Warehouse)，是指在一定的时期内，按照一定的合同约束，使用仓库内一定的设备、空间和服务的仓库。租用仓库就是不建仓库，而是租用社会仓库，将自己的业务外包给第三方，可以自己操作管理仓储业务，也可以完全外包操作管理仓储业务。

实际操作过程中，同时拥有自建仓库和租用仓库是能够为企业带来很多的优势。

3.2 影响仓储产权规划的因素

无论是生产型企业还是非生产型企业，都需要仓储，但企业选择自建仓库还是租用仓库，需要考虑多个因素。

1. 行业性质

考虑企业所处行业是否有淡旺季。通常来讲，很多企业有淡旺季，甚至可以精确到某几天。以快递行业为例，在电商搞活动的时候，快递行业可谓异常火爆，每年"双十一"和"六一八"的电商狂欢购物节，经常出现仓储业务暴增从而突破仓储能力极限的情况(爆仓)。企业要想提升效率，只能满足仓库的最大需求。不过，企业一旦处于淡季，就会出现部分仓库闲置造成浪费，况且仓库前期需要投入大量的资金购买货架等一些存储设备。因此，自建仓库要考虑淡旺季的存储量之差，合理权衡。如果相差过大，可以选择自建一部分仓库，满足75%左右的货物存储，在仓库使用高峰期再租用一部分仓库。如果相差不大，可以选择自建能够满足企业最大仓储需求的仓库。

2. 企业产量

考虑企业所能形成的生产规模，以生产型企业来说，如果是推式生产的企业，订单较稳定、平均，生产有规律，日产量高，仓储成本较高，选择租用仓库除了租金、仓库管理成本外，还需要考虑高昂的运输成本，这时候考虑自建仓库就比较合乎情理，可以利用先进技术建设现代化周转仓库，来降低货物搬运和储存成本，发挥规模经济效应。如果是拉式生产的企业，日生产量小，订单量无法准确估量，可以考虑先租用仓库，待订单量稳定，再选择自建仓库。

3. 处置的灵活性

既然有人专门投资仓库用于出租，那么企业在有足够资金的情况下，可以考虑当仓库闲置的时候通过租赁的形式把仓库租给别人使用，增加收益。为充分利用自建仓库的价值，这时只需选择合适的仓储形式自建仓库即可。

4. 核心业务

如果公司的定位是仓储运输，仓储是核心业务，那么作为核心业务的主要基础设施，自有仓库是必需的。而且随着城市化进程的不断推进，地理位置好、设施设备先进的仓库将成为一种稀缺资源，因此自建仓库是有必要的。

5. 企业的规划或愿景

根据企业未来的发展目标，预测未来仓储需求，同时考虑现在自建仓库与将来自建仓库的成本及难易程度，决定是否需要自建仓库。

6. 企业对调拨存储货物的要求

如果企业对于存储货物的临时需求性不高，不需要使用固定的地点存储，不需要用固定的路线在比较短的时间内将货物运往指定地点，那么租用仓库可以满足需求。反之，如果对货物的调配柔性较高，那么使用自建仓库则可以更好地满足需求。

7. 资金的周转率

在企业的产量达到一定规模需要自建仓库时，还要考虑企业的周转资金。如果在短时间内缺少周转资金，企业只能暂时使用租用仓库或自建一部分仓库。

8. 市场密度

对于生产型企业，如果在某一地区的市场密度小，则使用租用仓库即可；如果市场密度大，就需要自建仓库。

总而言之，自建仓库和租用仓库各有利弊。自建仓库完全由企业掌控，方便灵活，只是当企业所处行业淡旺季落差很大，若企业规模一般，前期投入较大，又不可转租给他人使用时便显得得不偿失。而租用仓库不需要在前期投入大量资金，且不必在淡季负担任何存储费用，仓库地点可以随时更换，但仓库所有权不归企业，可能随时面临仓库所有者恶意涨价等风险。企业只需自身做足市场调查、前景分析等，选择既满足自身需求又经济可行的方式即可。

3.3 租用仓库与自建仓库的优势和劣势分析

3.3.1 租用仓库的优势和劣势

1. 租用仓库的优势

从财务的角度来看，租用仓库可以使企业避免仓库的资本投资风险和财务风险；租用仓库不要求企业对其设施和设备做任何投资，企业只需支付相对较少的租金即可得到仓储空间。但在一定租用期内，租用的仓储面积是一定的，不会随企业库存量的改变而改变。

租用仓库一般由出租方按照承租方的要求建造，或者承租方根据自己的要求寻找合适的仓库。承租方的费用比较简明，一般按期支付租用费用。而仓库的维护费用则由出租方负责。租用仓库的租金通常是根据企业在一定时期内租用的仓储空间来收取的。租用仓库的租金合约一般期限都很长，而企业租用的空间是由该期限内的最大储存需求决定的。当企业的库存没有达到最大值时，租金不会因为仓储空间没有被充分利用、存在空余而减少，因此租用仓库的租金不会随着库存水平变化而每天波动，它与库存水平无关，不属于库存持有成本。租用仓库的租金费用属于仓储成本，它会随市场供求情况发生变化，受市场上可供租用的仓储空间的供给量与需求量的制约。此外，如果企业停止租用，则租用仓库带来的所有费用都会消失。

2. 租用仓库的劣势

由于系统之间的不兼容性，很难进行有效的信息沟通，因此并不是总能获得专业化的服务，可能在需要的时候无法获得仓储空间。

3.3.2 自建仓库的优势和劣势

1. 自建仓库的优势

自建仓库的优势在于可以最大限度地控制仓储。由于企业对仓库拥有所有权，因此企业作为货主能够对仓储实施最大程度的控制，而且有助于与其他系统进行协调，储位管理更具灵活性。因为企业是仓库的所有者，所以可以按照企业要求和产品的特点对仓库进行设计和布局，仓储成本低。如果仓库得到长期的充分利用，可以降低单位货物的仓储成本，从某种意义上说这也是一种规模经济，最大限度地体现了企业实力。当企业将产品储存在自建仓库中时，会给客户一种企业长期持续经营的良好印象，客户会认为企业实力强，经营稳定，这有助于提高企业的竞争优势。

2. 自建仓库的劣势

自建仓库有其劣势。首先，企业资金投入多，长期占用一部分资金。不管企业对仓储空间的需求如何，仓库的容量是固定的，不能随着需求的增加或减少而扩大或减小。当企业对仓储空间的需求减少时，仍需承担仓库中未利用部分的成本；而当企业对仓储空间有额外需求时，仓库却无法满足。其次，仓库位置和结构的灵活性差。如果企业只能使用自建仓库，则会由于数量限制而失去战略性优化选址的灵活性。最后，若企业在仓库结构和服务上不能适应市场的规模、市场的位置和客户的偏好变化，企业将失去许多商机。

将租用仓库与自建仓库的优劣势比较可得到表 3-1。

表 3-1 租用仓库与自建仓库的优劣势比较

比较项目	租用仓库	自建仓库
优势	节约资产；满足高峰期对仓库空间需求增加的能力；减少风险；规模经济；灵活性；税收优势；详细了解存储成本和搬运成本	可控制；灵活性；更低的成本；更好地利用人力资源；税收收益；无形收益
劣势	由于系统之间的不兼容性，很难进行有效的信息沟通；并不是总能获得专业化的服务；可能在需要的时候无法获得仓储空间	资金投入多；人力、物力耗费多

扩展阅读

自建物流体系是全品类生生鲜电商的核心竞争力，但在布局时要从点到面逐步运营，避免被投资拖垮。

【3-1 拓展知识】

3.3.3 自建仓库与租用仓库的成本比较

自建仓库与租用仓库的成本比较如图 3.1 所示。

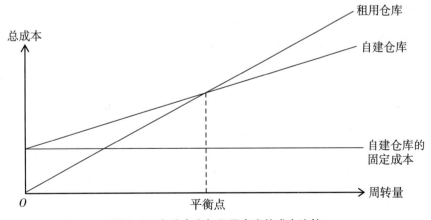

图 3.1 自建仓库与租用仓库的成本比较

另外，从目前我国的土地供应来看，物流用地虽然受到相关政府政策的支持，但是对政府的吸引力不够大，所以拿地难度不小，而且我国目前建设仓库的审批难。但自建仓库成本固定，而且土地能增值。

何时自建仓库为宜？

（1）一个便利店连锁公司在拥有20个店，面积达到4 000m² 时，可考虑自建仓库。
（2）一个超市连锁公司在拥有10个店，面积达到5 000m² 时，有建仓库的必要。

3.4 租用仓库的租期选择

时间是有效仓储最重要的因素。因此，最好的仓储运营计划必须缩短订单周期每一环节的时间。仓储租期的抉择也是一个问题，为了达到成本最小化目标，需要统筹考虑。通常租期越长，单位租金越低。

【例3-1】某厂今后3个月内需租用仓库堆放物资。已知各月所需仓库面积见表3-2。

表3-2 某厂各月所需仓库面积

月份	1	2	3
所需仓库面积/100m²	22	18	25

租用合同期限越长折扣越大。仓库租期及相关费用见表3-3。

表3-3 仓库租期及相关费用

合同租用期限/月	1	2	3
合同期内的总租费/(元/100m²)	2 800	4 500	6 000

租用仓库的合同每月初都可办理，因此该厂可根据需要，在任一个月初办理租用合同。每次办理时可以签订一份，也可同时签订若干份，总目标是使租借费用最小。

所以，解决方案如下。

在第一个月月初签订1 800m² 面积的为期3个月的合同，租金为6 000 × 18 = 108 000(元)，同时签订400m² 面积的为期1个月的合同，租金为2 800 × 4 = 11 200(元)。

第二个月不签订。

第三个月月初再补签订700m² 的合同，租金为2 800 × 7 = 19 600(元)。

租金合计：108 000 + 11 200 + 19 600 = 138 800(元)。

我们可以建立线性规划模型，利用运筹学软件求解仓库租期费用最小化问题。

知识链接

适合自建仓库与租用仓库的情形

使用自建仓库固定投资大,但对库存的控制能力比较强、专用性较好,因此适合商品性能较为独特,对仓储环境要求较高,且库存周转量大,需求较为稳定的情形。相反,如果对仓储环境的要求类同普通货物,而且库存周转量小,或者需求量波动剧烈,则更适合使用租用仓库,增强物流系统的灵活性。

本章小结

本章为仓储管理的产权决策,产权决策是对仓库运作管理职权分配的考量,即运营模式的选择。

本章主要介绍了产权的属性、功能和类型,描述了仓储产权规划的影响因素,并重点对租用仓库和自建仓库进行了分析、比较,并运用运筹学知识,通过数据计算,讲解了租用仓库租赁期的选择方法和步骤。

本章练习

一、选择题

1. 产权是所有权人依法对自己的财产享有占有、使用、(　　)的权利。
   A. 流通　　　　B. 租赁　　　　C. 收益处分　　D. 放弃
2. 产权的功能包括(　　)。
   A. 激励功能　　B. 约束功能　　C. 资源配置功能　D. 协调功能
3. 仓储产权分为(　　)两种。
   A. 自建仓库　　B. 公共仓库　　C. 楼房仓库　　D. 租用仓库
4. 自建仓库的优势在于可以更大程度地(　　)。
   A. 控制客户　　B. 控制成本　　C. 控制收益　　D. 控制仓储
5. 租用仓库的租金不会随着库存水平变化而每天波动,它与库存水平无关,不属于(　　)。
   A. 库存持有成本　B. 采购成本　　C. 人工成本　　D. 固定成本

二、判断题

1. 企业自己拥有并管理的仓库称为自建仓库。(　　)
2. 通常大规模的拉式生产企业倾向于租用仓库。(　　)
3. 自建仓库的固定成本属于沉没成本。(　　)

三、计算题

某工厂在今后 4 个月需租用仓库,该厂所需仓库面积、合同租用期限及租用费用见表 3-4。租借合同期越长享受的折扣优惠越大,租用仓库的合同每月都可办理,因此,该厂可根据需要在任何一个月的月初办理租用合同，且每次办理时可签订一份也可同时签订若干份，总目标是使租借费用最小。

表3-4　该厂所需仓库面积、合同租期及租用费用

月份	1	2	3	4
所需仓库面积/100m²	15	10	20	12
合同租用期限/月	1	2	3	4
合同期内租用费用/(元/100m²)	2 800	4 500	6 000	7 300

四、论述题

1. 仓储产权规划的原则是什么？
2. 仓储产权规划的影响因素是什么？

案例讨论

京东为什么自建仓储？

目前，在电商行业，京东无论是在仓储方面还是在物流配送方面都远远领先于其他企业，物流成为消费者选择在京东购物的重要因素之一。从2008年开始，京东在"货通全国，物畅其流"的目标牵引下，不断投入各方面资源"修炼内功"，从而逐渐实现了更快、更精准、更周到的用户体验。在强大物流的支撑下，用户的满意度不断提升，进一步巩固了京东在行业内的领军地位。

在阿里致力于扩大自己的物流联盟和完善自己的物流规划的时候，京东在勤勤恳恳地加大投入来完善"自建物流"模式。阿里在电商企业中全面领先的地位，一定程度上让京东在品牌知名度、信息技术、人才优势等方面没有太多的机会竞争，京东的选择就是剑走偏锋，全力发展物流服务，把物流做到极致，以此来作为它的核心竞争点。京东一直以来奉行的不惜重金建设自有物流的战略是助推京东在短时间内能够迅速做强做大的重要原因，在电商逐渐同质化发展的情况下，拥有良好的物流体系，能够使京东快速脱颖而出。

京东有超过3万人的员工规模，2009年自建仓库有230万平方米。2014年10月20日，京东宣布其位于上海的首个"亚洲一号"现代化物流中心（一期）在"双十一"大促前夕正式投入使用，此举标志着京东物流战略中又一重点举措落地。该物流中心位于上海嘉定，共分两期，规划的建筑面积为20万平方米。

京东集团创始人兼首席执行官刘强东表示："京东始终致力于降低成本、提升运营效率，为用户提供全流程的最佳购物体验。'亚洲一号'上海现代化物流中心投入运营后，随着产能的释放，预计将不断提升京东华东区的运营效率；同时，京东计划在不久的将来可以开放给第三方卖家使用，让卖家通过使用京东卓越的物流系统，改善其用户体验。京东将在物流领域持续创新、大胆探索，不断提升运营效率、对卖家的服务和用户体验。"高度自动化的上海"亚洲一号"的投入运行，标志着京东的仓储建设能力和运营能力有了质的提升，对日后将投入使用的广州"亚洲一号"、沈阳"亚洲一号"和武汉"亚洲一号"等奠定了基础。此外，京东在北京、成都、西安等多地的"亚洲一号"项目也在规划和建设筹备当中。

思考题：

1. 京东自建仓储的利弊分别是什么？
2. 京东快递物流的价格与四通一达相比，是高还是低？为什么？
3. 京东应如何把握仓库运作与运输的关系及网络规划？

第4章 仓储管理的模式决策

【学习目标】

了解仓储管理的两种模式,理解影响仓储管理模式的各种因素,掌握采取集中仓储或分散仓储的决策方法和适用范围。

【关键术语】

> 集中仓储(Centralized Warehousing)
> 分散仓储(Decentralized Warehousing)

导入案例

当当网从总仓走向分仓

当当网是全球领先的中文网上商城,目前面向全世界网上购物人群提供包括图书、音像、家居、化妆品、数码、饰品等数十种精品门类的商品,每天为成千上万的消费者提供安全、方便、快捷的服务。当当网的使命是坚持"更多选择、更多低价",让越来越多的网上购物顾客享购互联网。

1999年11月,当当网正式成立,它初期使用的是第三方物流模式。随着业务的发展,当当网开始自建仓库。但在配送环节上,当当网主要依靠的是第三方物流公司。相关资料显示,2007年,当当网的北京物流中心投入运营,占地面积为4万平方米;2010年,当当网官方宣布成立位于北京、上海、广州等城市的10个物流中心,总面积达18万平方米。当当网的物流配送模式主要有以下几种。

(1)集成配送。集成配送是在现有的大型分销中心建立具备电子配送能力的配送模式。实施这一配送方案的关键是将因特网的挑选和包装与零售商店的送货方式统一起来。

(2)专用配送。专用配送是建立或者收购一种专门用于电子商务贸易的配送能力的配送模式。

(3)外包配送。外包配送模式与其他模式相比能更快地建立起来,因此它对新的在线零售商有很强的吸引力。这种模式成功的关键是零售商对第三方提供商能力的信任和他们之间的电子商务战略联盟。

(4)快速响应配送。快速响应配送是一种"城市购物模式"。设计这种模式是为了在限定时间内处理费用高、时间紧急的送货服务。它是一种瞬间就能满足需求的模式。在这种模式下,所提供的产品的范围很广,并且必须将库存设在客户附近,所以这种模式只适用于人口稠密的地方。

启发思考:
(1)总结当当网的物流配送模式。
(2)总结当当网的配送中心与配送模式的相关性。

4.1 仓储管理模式及其影响因素

【4-1拓展知识】

4.1.1 仓储管理模式的两种类型

采用集中仓储(Centralized Warehousing)还是分散仓储(Decentralized Warehousing),是企业仓储管理的一项重要内容。

所谓集中仓储即总仓制(Blanket Warehouse),是指企业在总部建立专门的仓库,统一储存企业所需物品。

所谓分散仓储即分仓制(Branch Warehouse),是由企业下属各单位,如子公司、分厂、车间或分店管理的满足自身生产经营需要的仓储,是集团将权力下放的仓储活动。

通常只有单一市场的中小规模的企业只需一个仓库即总仓,而产品市场遍及全国各地的大规模企业要经过仔细分析和慎重考虑,才能作出是采取总仓制还是分仓制的选择。

4.1.2 影响仓储管理模式的因素

仓库数量对企业物流系统的各项成本都有重要影响。一般来说,随着系统的仓库数量的增加,运输成本和失销成本会减少,而存货成本和仓储成本将增加,其主要原因如下。

(1) 由于仓库数量的增加,企业可以进行原材料或产成品大批量运输,因此运输成本会下降。另外,在销售物流方面,仓库数量的增加使仓库更靠近客户和市场,因此减少了货物运输的里程,这不仅会降低运输成本,还由于能及时地满足客户需求而提高了客户服务水平,减少了失销机会,从而降低失销成本。

(2) 由于仓库数量的增加,总的存储空间也会相应地扩大,因此仓储成本会上升。

(3) 当仓库数量增加时,总存货量就会增加,相应的存货成本也会增加。随着仓库数量的增加,运输成本和失销成本迅速下降,使总成本下降。但是,当仓库数量增加到一定规模时,存货成本和仓储成本的增加额超过运输成本和失销成本的减少额,于是总成本开始上升。

通过例 4-1 可以看出集中仓储与分散仓储的效果。

【例 4-1】某企业生产甲、乙两种产品供应 A、B 市场,要求服务水平(不缺货)97%(查正态分布表,知 $Z=1.9$)。已知订货提前期为 $L=1$ 周,一次订货费 $K=100$ 元,单位产品库存持有成本 $H=0.3$ 元/周。过去 10 周的市场需求见表 4-1。

表 4-1 过去 10 周的市场需求

周次			1	2	3	4	5	6	7	8	9	10
市场需求	市场 A	甲产品	133	145	137	138	155	130	119	158	140	145
		乙产品	60	52	55	47	50	52	52	60	55	57
	市场 B	甲产品	143	132	139	136	122	144	114	151	127	142
		乙产品	45	50	52	55	59	48	50	45	47	49

试考虑这两个市场分别采取分散仓储和集中仓储两种情况的优劣。

对数据进行统计分析,针对分散仓储和集中仓储,计算每种产品的平均需求和标准差,见表 4-2。

表 4-2 每种产品的期望和标准差

市场	产品	平均需求 D	需求标准差 σ_D	变差百分数/%
市场 A(分散)	甲	140	11.56	8.3
	乙	54	4.22	7.8
市场 B(分散)	甲	135	11.3	8.4
	乙	50	4.4	8.8
总计(集中)	甲	275	18.68	6.8
总计(集中)	乙	104	2.83	2.7

计算经济订货批量 $Q^* = \sqrt{\dfrac{2DK}{H}}$，安全库存 $SS = Z\sqrt{L} \cdot \sigma_D$，平均库存 $= SS + Q/2$。

安全库存的大小，主要由顾客服务水平（或订货满足）来决定。所谓顾客服务水平，就是指对顾客需求情况的满足程度，用公式表示如下：

顾客服务水平（5%）= 1 - 年缺货次数/年订货次数

安全库存 =（预计最大消耗量 - 平均消耗量）× 采购提前期

或

安全库存 = 日平均消耗量 × 一定服务水平下的前置期标准差

两种模式下平均库存量的比较见表4-3。

表4-3 两种模式下平均库存量的比较

市场	产品	平均需求	经济订货批量	安全库存	平均库存
市场A 分散库存	甲	140	306	22	175
	乙	54	190	8	103
市场B 分散库存	甲	135	300	21	171
	乙	50	183	8	100
市场A、B 集中库存	甲	275	428	35	249
	乙	104	263	5	137

计算方法举例：

在市场A中，需求量根据10周累计值计算平均数，为140。所以，

甲产品的经济订货批量：$Q^* = \sqrt{\dfrac{2 \times 140 \times 100}{0.3}} \approx 305.5$，取整数值为306。

安全库存：$SS = 1.9 \times \sqrt{1} \times 11.56 = 21.964$，取整数值为22。

平均库存：$SS + \dfrac{Q}{2} = 22 + 306 \div 2 = 175$。

以此类推。

可见，风险共享可以减少需求变化的程度（风险吸收），集中仓储降低了安全库存和平均库存。

4.2 集中仓储与分散仓储

4.2.1 集中仓储

1. 集中仓储的特点

（1）量大，过程长，手续多。

(2) 集中度高,决策层次高。

(3) 专业性强,责任性大。

2. 集中仓储的适用条件

(1) 大宗或批量物品,价值高或总价多的物品(企业内部划定)。

(2) 关键零部件、原材料或其他战略资源,保密程度高、产权约束多的物品。

(3) 易出问题或已出问题的物品。

3. 集中仓储的适用范围

集中仓储的适用范围有连锁经营、原始设备制造商(Original Equipment Manufacturer, OEM)、特许经营企业等。

把多个分散的仓储点合并为一个区域市场的中心仓库,负责整个区域的市场供给。例如,资金占用量大的大件家用电器或创新性产品的零售品仓储。

案例

路威酩轩在中国的总仓制

在中国近 80 个一、二线城市拥有 500 家左右门店,九大品牌及 29 亿元人民币的销售额,即使发展规模如此之大,路威酩轩(LVMH)在中国仍旧只有一座总仓而不设分仓。这座占地面积 5 600m^2 的总仓,服务了路威酩轩香水化妆品(上海)有限公司七成左右的销售量。作为世界顶级奢侈品企业,路威酩轩在中国的总仓制,展现着它的库存管理理念。

20 世纪 80 年代,路易威登与轩尼斯洋酒合并成立了路威酩轩集团,从此开始了奢侈品发展之路。时至今日,路威酩轩旗下业务主要分为五大类,包括时装和皮具、洋酒、珠宝手表、零售及香水化妆品,诸如路易威登、克丽斯汀·迪奥、宝格丽等皆是集团旗下闻名于世的品牌。而路威酩轩(上海)作为经营香水化妆品的子公司,其旗下拥有纪梵希、法国娇兰、玫珂菲、帕尔玛九大品牌。

仓储物流服务讲究安全与稳定。由于路威酩轩属于跨国企业,中国的供应链包括国外部分与中国部分。法国、意大利、美国生产中心收到供货商原料后安排生产,成品或通过新加坡亚太中心,或直接由产地进入中国仓库,并最终到达百货公司,整个过程需要 4~10 个月。在中国区域,当香水进入中国仓后,实行九大品牌共享服务的仓储机制,但每个品牌又保持独立运营。这座总仓占地 5 600m^2,拥有 4 300 个货位,主要分为收货区、贴标组装区、拣货区、退货区及发运区等。由于香水化妆品对于温湿度的要求较高,因此总仓实行 24 小时监控,并聘请第三方安保公司进入,共同维持总仓的恒温恒湿及产品安全。至于未完成清关商检流程时产品存放的保税仓库,路威酩轩(上海)则借助第三方物流企业。与其他借助第三方物流的企业略有差异的是,路威酩轩(上海)更为重视物流企业的自有网络。在特殊状况下,如冬天发往东北地区,为求恒温恒湿,路威酩轩(上海)便会选用保温包装材料,并以空运方式运往东北。

据了解,鉴于香水化妆品对温湿度的较高要求,以及商品价值高,对于物流运输有着很高的要求,路威酩轩正在测试 OTMS 系统,意欲实现全程运输追踪。一旦这套系统成功运行,路威酩轩(上海)将会上传订单信息至"云端",运输商在通过系统获取订单信息后便可指定司机接单并送至百货柜台;当司机手机端与柜台端"握手"(两端对接时通过唯一码进行交接)后将交接信息上传至"云端";销售人员拍照确认接受验货情况并上传至"云端"。这套系统的意义在于防止运输商、司机或者销售人员中途私自截留、调包等违规行为,保证真品出仓、真品在途、真品上柜、真品销售。

同时,路威酩轩(上海)物流供应链部门在选择物流商时,也会向公司列出一系列考核指标。"首先,我们要求物流商需要拥有自有网络与自有车辆，对流程、城市特殊状况、网站布置都很熟悉；其次，对化妆品行业拥有一定行业经验；再次，良性沟通，物流商在运输过程中发生破损、偷盗事故时要及时告知我们，方便彼此协商解决方法，而不是为推卸责任故意隐瞒、虚报；最后，物流商要注意改进工作方式，因为我们会不断更新、推出新的管理系统，物流商要及时跟进并运用"。

缩短供应链反应周期，便是减少安全库存

令人意外的是，如此庞大的体量，路威酩轩（上海）却只设一座总仓，供应全中国的销售。香水化妆品行业是货品品类众多，但单一品种销量未必很大，并且作为时尚产品，有非常快的新品上市及老品下线的更替，如果按区域设置分仓反而容易增加库存压力。

然而路威酩轩（上海）的库存压力并不小。从下产品采购订单到国外发货、海运或者空运抵达中国港口或机场，清关和商检流程就需要6～8周。"周期过长导致我们必须设置更多的安全库存，容易增加库存压力"。为此，路威酩轩开始实行供应链快速反应及全方位库存管理计划，这项计划主要涉及中国总仓、进口环节、采购供应及销售端库存管理等方面。

在总仓环节，上海公司开启了仓库运作优化举措，主要方式是合并柜台订单。据了解，以往百货柜台下单较为零散，时间上亦颇不固定，这给总仓带来订单量出现高峰低谷、供应链反应、库存等多方面压力。为此，上海公司开发柜台自动补货系统，并综合运用销售预测系统，根据历史销售记录设定进口时间参数、库存参数、上新参数、下线参数等，并将同一柜台的多个订单合并为一个订单配送。"大品牌合并为一周发货一次，小品牌则两周发货一次"。在总仓内，上海公司还会制定柜台下单日，将全国柜台的发货日合理平均分布，"这种操作模式也将销售人员的时间，从频繁的物流收货中解放出来，从而也有利于降低物流运输商的运输成本"。

考虑到生产环节、运输至新加坡亚太中心等环节并不在上海公司的可控范围之内，从进口环节着手降低周转周期。中国香水化妆品清关过程较为繁杂，涉及海关、商检等多个部门，为此上海公司需要事先聘请专业机构完成海关预归类（区分化妆品与美容品，方便通关时按类别缴纳关税、消费税等）。同时要求新加坡亚太中心乃至法国工厂仓库能准确提供发货的品种、数量及准确的产品批号，为此，上海公司单独研发了进口工具，"将国外发给上海公司的档案迅速转化为我们需要申报的档案，如售卖品与非售卖品需要分类，中国海关认定的护肤品和美容品分开，新品和老品分开等"。通过优化清关流程，一般能将清关周期从2个月缩短至1～1.5个月。

走向在线，依旧"不弃总仓"

当然，基于目前百货渠道的销量增长越来越艰难，公司积极开拓新的分销渠道，如互联网销售。目前很多奢侈品已经开始尝试在线渠道，路威酩轩在这方面的步伐略显谨慎。随着中国百货业整体在衰退，加上商场活动，上海公司的销售增长率将不复以往的两位数。未来路威酩轩也将上线官网并有可能入驻天猫平台，开启电商转型。考虑到在线低价政策会伤害到品牌与高端消费者，上海公司将会慎重地引进一些实体店所没有的品类，并执行同价策略。为积累在线流量，路威酩轩将会增加如祝福卡片、香水刻名等增值服务。"当然那些不愿去柜台接受销售员推销影响的消费者，以后可以尝试网购"。

虽然增加了电商渠道，但是路威酩轩（上海）仍将不会额外增加电商仓或者其他分仓，依旧坚持总仓制，以控制库存与平衡供应链管理。为适应即将展开的电商板块，路威酩轩（上海）将在总仓内专门辟出一部分区域，负责电商订单的拣选与发货。虽然这座总仓的规模未必如外界所说那般"高大上"，但是整个物流团队以精益求精的管理要求，细化每一项流程，使总仓的运作水平达到公司亚太区域内领先的水平。随着业务的发展，公司也将在不久的将来，寻找更为合适的中国总仓，引入更高端的设备，积极支持中国的业务发展。

4.2.2 分散仓储

分散仓储就是把仓库布局向企业分销链的下游分散放置(靠前接近市场零售商)。由各零售商独立运作,分别持有产品库存,追求局部最优。

1. 分散仓储的特点

(1) 批量小或单件价值低,开支小。
(2) 过程短、手续简、决策层次低。
(3) 针对性强,方便灵活。
(4) 占用资金少,库存空间小,保管简单、方便。

2. 分散仓储的适用条件

(1) 小批量、单件价值低,总支出在产品经营费用中所占的比重小的物品。
(2) 分散后,各基层仓库都具有保管和检测能力。
(3) 易于送达,较少的物流费用。

3. 分散仓储的适用范围

(1) 异国、异地。
(2) 离主厂区或集团基地较远。
(3) 产品开发研制、试验或少量变型产品所需的物品。

4.2.3 两种仓储方式的比较

集中仓储与分散仓储各有利弊,企业应根据自身的条件、资源状况、市场需要,灵活地作出制度安排,并积极创新仓储方式和内容,使本企业在市场竞争中处于有利的地位。

(1) 安全库存:集中仓储集中了库存同时也集中了风险,库存越集中,抵御缺货风险能力越强,安全库存水平越低。

【4-2 拓展知识】

(2) 提前期:集中仓储的库存提前期长,分散仓储使库存更加靠近需求点。
(3) 管理费用:集中仓储所需的管理费用低于分散仓储的管理费用。
(4) 运输成本和客户服务水平:仓库越多,运输总距离越长,成本越高,但由于接近客户点,送货成本会降低,客户满意度较高。

4.2.4 整合仓库

利用小量整合和偏远归近的分析方法分析与整合现有的仓库,减少仓库的使用,从而减少人员管理费、仓库管理费、仓库租赁费、设备维修费等一系列的费用。

1. 小量整合的分析方法

小量整合是指一些工厂或者仓库由于规模不够庞大，销售量或者库存量太小而进行的一种整合的方法，一般适用于规模较小的工厂、仓库和加工车间。把相同地区的仓库进行整合，把较小出库量的仓库整合到较大的就近的仓库上，使仓库的使用率得到提升。

例如，表4-4所示的2020年第一季度申特钢铁有限公司专场销量及库存情况，可以采取小量整合的分析方法。

表4-4 2020年第一季度申特钢铁有限公司专场销量及库存情况

仓库名称	所在地	仓库类型	出库量/t	库存量/t	出库类型
溧阳厂内库	溧阳	生产厂库	1 014 314.35	119 044.96	调拨
南京中储库	南京	销售库	125 246.72	11 270.32	销售
无锡中建材库	无锡	销售库	28 611.88	12 502.44	销售
苏州中外运库	苏州	销售库	151 492.90	15 953.24	销售
南京金亚二库	南京	销售库	116 194.87	11 399.95	销售
南通通诚库	南通	销售库	37 003.217	3 954.12	销售
合肥05库	**合肥**	**销售库**	**72 531.431**	**11 026.13**	**销售**
合肥百邦库	**合肥**	**销售库**	**29 259.908**	**5 992.48**	**销售**
杭州崇贤港	杭州	销售库	228 615.02	11 121.38	销售
绍兴港库	绍兴	销售库	9 118.65	3 895.32	销售
上海建信库	上海	销售库	779.34	1 930.92	销售
上海申特库	上海	销售库	104 154.12	56 911.93	销售

由此不难看出，就安徽而言，合肥地区有两个仓库，即合肥05库和合肥百邦库。这两个仓库中，合肥05库的出库量为72 531.431t，合肥百邦库的出库量为29 259.908t。而两地之间的距离仅仅只有6.2km，根据小量整合的原则，将合肥百邦库去掉，安徽合肥只留下合肥05库作为交割库。

2. 偏远归近的分析方法

偏远归近是指把偏远地区的厂房、仓库、加工车间等地方，根据实际需求场地的位置，将原来相距较远的厂房、仓库、加工车间，通过租赁或者重建的方式，使它们向实际需求地靠拢，这种方法通常适用于制造厂、加工厂和仓库等。

企业根据在某地区的平台交易量、仓库所在地的具体位置，选择比较经济的、靠近市中心的而且交通比较便利的地理位置，对仓库进行整合。

本章小结

本章为仓储管理的模式决策，需要在集中仓储（总仓制）与分散仓储（分仓制）中进行决策。仓储模式决策将影响仓库的数量和规模，即仓库投建所需资源消耗量。

本章主要介绍了仓储管理模式的影响因素，重点对集中仓储（总仓制）与分散仓储（分仓制）的特点、适用条件进行了分析，接着对比了两种模式的优劣势。最后，站在仓储管理人员的角度，提出了整合仓库的方法。

本章练习

一、填空题

1. 集中仓储即_____，是指_____。
2. 分散仓储即_____，是指_____。

二、选择题

1. 风险共享可以减少需求变化的程度（风险吸收），集中仓储降低了（　　）。
   A. 安全库存　　　　　　　　B. 在途库存
   C. 总库存　　　　　　　　　D. 平均库存
2. （　　）和计算机的应用都会影响仓储管理模式。
   A. 企业客户服务的需要　　　B. 单个仓库的规模
   C. 运输服务的水平　　　　　D. 客户的小批量购买
3. 集中仓储的适用条件为（　　）。
   A. 连锁经营　　　　　　　　B. 量小
   C. 单件　　　　　　　　　　D. 易于送达

三、判断题

1. 由于仓库数量增加，因此运输成本会上升。（　　）
2. 企业在总部建立专门的仓库，统一储存企业所需物品，称为总仓制。（　　）
3. 关键零部件、原材料或其他战略资源，保密程度高、产权约束多的物品适用于分散仓储。（　　）

四、论述题

仓储管理模式有哪几种类型？各有什么特点？

案例讨论

TH公司的仓储管理体制改革

TH科技股份有限公司（以下简称TH公司）是一家以智能建筑集成为主线展开产品系列的上市公司。公司产品线包括各型发电机和发电机组、各型中央空调、高低压开关柜等。公司的生产呈现产量规模小、品种多、产品变化快、零配件以外购为主、实行装配生产的特点。

TH公司实行的是事业部制，有7个事业部，分别是空调事业部、军工事业部、电机事业部、电力电气事业部、楼宇电气事业部、产品事业部、工程事业部。7个事业部产、供、销一条龙，采购管理、仓库管理独立操作。

近年来，随着生产的快速发展，TH公司进入高速成长期，年营业额超过5亿元。同时，TH公司所面临的市场竞争也越来越激烈，既要争时间、抢进度，又要抢占市场、争取效益。如何整合资源，发挥规模优势，为事业部提供成本降低的机会和手段，使各事业部之间的资源得以共享，但又不能伤害到事业部领导的工作积极性，是公司必须解决的问题。

公司领导认识到物流管理在公司经营管理中处于重要地位，准备先从物流着手，整合事业部资源，降低物流成本。基于此，TH公司聘请了著名的咨询机构为企业做诊断。咨询机构的专家进入公司后，进行了深入的调研，发现以下问题。

1. 信息化程度低、各事业部信息资源不能共享

目前，每个事业部相互独立，物流管理也各自为政。各事业部采购计划的编制、库存管理、生产任务的安排、销售订单的处理过程等基本上停留在传统的手工操作水平，导致各事业部之间究竟存在哪些原材料的通用件，能在紧急情况下临时调用，谁都不清楚，更不用说供应商信息、价格信息、质量信息、运输信息等方面的信息资源的共享，有时可能会出现某事业部因为某种原材料没有按时供货，影响到准时交货，使企业信誉受损，而事实上这种原材料在另一个事业部仓库中就有货，却因无法知道其库存信息，而不能进行相互协调调用；有时，不同的事业部的产品在同一时间运到同一地，却由于缺乏信息沟通而分别派出车辆或分别委派运输商运输，且运输量都很小，造成运输费用、人力费用的浪费。

2. 仓库管理数据不全

几乎没有一个事业部能够拿出有关现有库存原材料品种、数量数据，以及在产品生产过程中所用到的原材料品种数、提前订购时间、平均到货时间等基本情况的相应统计数据。

3. 内部报表不统一、不规范

各事业部上报总部的报表存在格式、栏目、指标、计量单位等多方面的不统一、不规范的情况。

4. 原材料消耗定额不准确

相当一部分的采购清单的原材料数量是凭经验估计的，并在估计的基础上加放一些余量，原材料消耗定额不准确。

5. 生产能力闲置

由于工时定额不准确等因素，各事业部的生产能力利用率普遍不高，调查分析结果显示：各事业部的生产能力利用率较低，如电机事业部，机组生产能力最大为600台/年，而2021年年产量为288台，生产能力利用率为48%；军工事业部的生产能力利用率为50%；楼宇电气事业部的楼宇V型机生产能力利用率为52%。

6. 仓库、车间布局不合理

车间内堆放凌乱，设备未按流程摆放，工具没有按时归位；闲置设备和其他无用资产、废弃物没有尽快

清理，占用了生产车间的空间；车间内随意圈地做仓库，以致原材料库、生产车间成品库界限模糊，这样既易导致原材料和成品的丢失或重复计算，也不便于管理。

7. 事业部内部沟通不畅通

质检部门、仓库不能及时收到采购员签订的采购合同，因此，往往出现采购的物资因采购员不在而无法及时检验入库，延误生产；或质检部因无采购合同而无法严格按要求检验入库，导致维修成本上升，影响企业声誉。

听着咨询机构的专家列出的一大堆问题，公司领导锁紧了眉头，这么多问题有什么解决良方呢？

思考题：

1. 你认为 TH 公司物流现状的成因是什么？
2. 假设你是 TH 公司领导，你认为公司的仓储管理体制需要改革吗？如何进行改革？

第5章 仓储管理的面积决策

【学习目标】

了解设计仓库面积大小的影响因素,掌握仓库面积计算的方法,理解库房主要的建筑结构和要求。

【关键术语】

- 建筑面积(Floor Area)
- 使用面积(Net Floor Area)
- 辅助面积(Service Floor Area)
- 结构面积(Structure Area)

导入案例

物流园区的面积约束

根据国家规定，物流园区所配套的行政办公、商业及生活服务设施用地面积一般不超过园区总用地面积的10%。建筑物停车泊位面积配建标准参照表5-1。

表 5-1 建筑物停车泊位面积配建标准

建筑类别	单位	机动车	非机动车
宾馆、酒店	每100平方米（建筑面积）停车位	0.8	—
办公楼	每100平方米（建筑面积）停车位	0.8	0.4
商业场所	每100平方米（建筑面积）停车位	0.8	3.0
工业品销售维修用地	每100平方米（建筑面积）停车位	0.5	
仓储	每100平方米（建筑面积）停车位	0.6	

注：机动车以小汽车为计算标准，按25～30平方米/辆（室外）和30～35平方米/辆（室内）。

5.1 仓库面积概述

仓库面积包括库区总面积和仓库建筑物面积。库区总面积主要包括各种建筑和构筑物占地面积、铁路专用线与道路所占面积、库区绿化和各种场所占地面积、预留备用地面积。仓库建筑物面积是指仓库内各种建筑面积的总和（含建筑各层面积的总和），包括使用面积、辅助面积、结构面积。

使用面积是指建筑物各层中，直接用于仓储物料的面积的总和。辅助面积是指用于辅助仓储活动的面积，如楼梯、走道、卫生间、办公室等。结构面积是指仓储建筑物（如墙体、立柱等）结构部分所占用面积的总和。

仓库面积受以下因素影响。

【5-1拓展知识】

1. 物料储备量

物料储备量是指仓库根据物流服务市场需要核定的经常储备量，是在整个仓库范围内考虑的，包括库房、料棚、料场。

2. 平均库存量

平均库存量是指在一定时间、期间内，平均在库实际储存的物料。平均库存的多少决定储存面积的多少。

3. 物料年吞吐量

物料年吞吐量是指一年内物料出入库的总量，反映了仓库年作业量。吞吐量大，所需仓库面积就大；吞吐量小，所需仓库面积就小。

4. 在库时间

在年供应量一定的情况下，平均在库时间越短，说明物料在库周转越快，在库物料越少，所需仓库面积越小。

5. 物料品种数、进货和供货的厂家

由于物料仓储需要分区分类，保管物料品种越多，厂家越多，为了使在库物料不发生混乱，需要分配的货位就越多，所需要的面积就越大。

6. 仓储设施的特点

由于储存空间是立体的，应对储存设施的特点加以细致分析。其各种限制条件如堆垛高度、通道作业宽度、转弯半径、地板承载能力、库房净空高度，以及仓库设备（主要指料架、料仓、托盘等保管设备，装卸搬运设备，检斤设备等）的类型、功能、数量等都对仓库面积有影响。

7. 仓库作业方式与物料收发制度

在库存量一定的情况下，由于作业方式的不同（如人工作业、机械化作业、自动化作业等），所需仓库面积也不等，通常机械化作业占用面积较大，如自动化分拣系统所占面积有时甚至超过储存面积。此外，不同的物料收发制度（如领料制、送料制、配送制等）对仓库面积也产生一定的影响，如配送制需要较大的配货和加工区，会增加仓库面积。

8. 库区和库内的平面布局

整个库区的平面布局，直接影响库区总面积。在保证足够的防火间距和各项作业顺利进行的前提下，对仓库建筑物紧凑布置，可以减少库区总面积。

9. 仓库储存策略

仓库选择不同的储存策略（分区分类储存、随机储存等），将影响储存面积的利用率，造成储存面积的浪费（如堆垛中蜂窝损失），从而影响仓库面积。

5.2 仓库面积的计算

5.2.1 直接计算法确定面积

一般来讲，直接计算法是确定面积最精确的一种方法。因为这种方法把作业单位或工作区又划分成一些子区及独立的面积要素（指操作面积、存放面积等），这些面积的和就是总面积。

运用直接计算法时，先要确定每一面积要素的大小，再乘以所需要素的数量，然后加上一个和任何要素都不成比例的额外面积。

1. 库区总面积的确定

库区总面积表明仓库的规模和占地的大小。确定库区总面积应本着既能够满足需求又节约成本的原则综合考虑，在保证一定时期内满足用地需要的前提下，尽量节约用地。或者只根据近期需要确定库区面积，对预留备用地暂不计入，以后随用随征。确定库区总面积的方法很多，直接计算法是其中之一。直接计算法是分别计算出仓库建筑物占地面积、仓库构筑物占地面积、铁路专用线占地面积、库区道路占地面积、库区绿化和各种场地占地面积、预留备用地面积等，然后将各种面积相加求和，从而得到库区总面积，其计算公式为

$$S = S_1 + S_2 + \cdots + S_n = \sum_{i=1}^{n} S_i \tag{5-1}$$

式中：S——库区总面积(m^2)；

S_1，S_2，$\cdots$，S_n——库区平面布局各要素占地面积(m^2)；

n——构成库区平面布局各要素的数目。

2. 仓库建筑物面积的确定

仓库建筑物面积主要包括物料保管场所（库房、货棚、货场）的面积和其他建筑物的面积两大部分。其中以确定物料保管场所的面积，尤其是库房的面积为主。不同类型的物料仓库，保管场所面积的确定有很大的不同。如国家储备仓库，主要根据物料储备量的大小来确定保管场所的面积；车站、港口等的中转仓库，主要根据货物吞吐量的大小来确定保管场所的面积；营业性仓库，因面向社会为广大用户提供仓储服务，其保管场所的面积很难计算，只能根据用户需求和市场情况进行预测估算。

在直接计算仓库建筑物面积时，先计算出料垛、料架占用的面积，全部通道占用的面积，收发料区占用的面积，垛间距和墙间距占用的面积等，最后相加求出总面积，其计算公式为

$$S = S_1 + S_2 + \cdots + S_n = \sum_{i=1}^{n} S_i$$

上述各种面积可通过实际测量求得。

其中，料垛和料架所占用的面积也可以通过计算求出，其计算公式为

$$S_{垛} = \frac{Q \cdot l \cdot b}{(l \cdot b \cdot h) \cdot K \cdot r} = \frac{Q}{h \cdot K \cdot r} \tag{5-2}$$

式中：$S_{垛}$——料垛或料架所占用的面积；

Q——进行码垛最高储备量；

l、b、h——料垛的长、宽、高；

K——料垛的容积充满系数；

r——进行码垛或存入料架物料的容重。

【例5-1】某仓库拟储存某类物料500t，全部就地堆垛。垛长6m，垛宽2m，垛高1.5m，容积充满系数为0.7，物料的容重为7.8t/m^3。试求料垛占用的总面积。

解：将所给数值代入式(5-2)，得：

$$S_{垛} = \frac{500}{1.5 \times 0.7 \times 7.8} \approx 61 (m^2)$$

由于每个料垛占地面积为$6 \times 2 = 12(m^2)$，$61 \div 12 \approx 5.08$，取整，需要6个垛，$6 \times 12 = 72(m^2)$，因此实际所需面积为72m^2。

5.2.2 荷重法确定面积

荷重法也称概略计算法,它根据年物料储备量、储备期和物料的单位面积有效负荷等3个主要因素,结合仓库面积利用系数进行计算和具体布置,从而获得仓库储存物料需要的面积,其计算公式为

$$S = \frac{Q \cdot T}{365q \cdot \alpha_1} \quad (5-3)$$

式中:S——仓库储存物料所需的计算面积(m^2);

q——单位有效面积负荷(t/m^2);

α_1——仓库面积利用系数;

Q——物料年储备量(t);

T——储备期(d)。

仓库面积利用系数与储存物料品种规格的繁杂程度、仓库工艺布置、建筑物跨度和长度、采用设备等有关,而影响最大的为仓库内部通道的宽度。仓库面积利用系数应通过计算予以确定,其计算公式为

$$仓库面积利用系数(\alpha_1) = \frac{仓库实际利用的有效面积}{仓库总面积 - 仓库辅助面积} \quad (5-4)$$

式(5-4)中的仓库辅助面积包括验收分发场地,办公室及卫生间,通道、过道、巷道等。

单位有效面积负荷主要决定于物料的包装情况、储存方式、起重堆垛设备、物料规格的品种和数量,以及每一规格品种的储存量等,故在确定单位有效面积负荷时,需认真对上述因素加以研究,防止盲目套用。

5.2.3 比较类推法确定面积

比较类推法是以现已建成的同级、同类、同种物料仓库总面积为基础,根据储备量增减的比例关系,加以适当的调整,最后推算出所求仓库总面积,其计算公式为

$$S = S_0 \cdot \frac{Q}{Q_0} \cdot K \quad (5-5)$$

式中:S——所求新建仓库总面积(m^2);

S_0——已建成的同类仓库总面积(m^2);

Q——拟新建仓库最高储备量(t);

Q_0——已建成的同类仓库的最高储备量(t);

K——调整系数,当已建成的同类物料仓库总面积有余时,其取值小于1;当面积不足用时,其取值大于1。

【例5-2】某机械制造总厂拟新建一栋原料配送中心,预计最高储备量约200t。现已知生产性质和生产规模相似的生产企业的原料配送中心面积为500m^2,最高储备量为150t,从运用情况看还有较大的潜力,储存能力未得到充分发挥。试据此推算新建一栋原料配送中心的面积。

解：由题意可知，$S_0 = 500\text{m}^2$，$Q = 200\text{t}$，$Q_0 = 150\text{t}$，K 值可取 0.9，代入式(5-5)可得：

$$S = 500 \times \frac{200}{150} \times 0.9 = 600(\text{m}^2)$$

即新建一栋原料配送中心的面积为 600m^2。

5.2.4 各功能区面积的确定

库房内部应根据库内的作业需要，设置多种作业功能区，如入库区、待验区、保管区、分拣区、出库区等；也可以根据需要设置合格品区、不合格品区、退料区、呆废料区、包装区等。设置的这些功能区，可以使仓储作业按其作业内容在其特定的功能区内作业，保证作业井然有序，不会使作业相互影响，物料之间出现错乱。

从仓库的功能上来讲，保管区所占面积最大，其次应该是分拣区，保管区面积的确定前面已有详细的阐述，下面介绍一些常见库内功能区面积确定的方法。

1. 收发货区

收发货区是专门供物料入库验收和配发货时临时存放物料之用，可分别设置收货区和发货区，也可设置一个收发货共用区。收发货区应靠近库门和运输通道，分别设在入库口和出口，也可根据具体情况设在适中的位置，避免收发货时互相干扰。如库房两边有库边站台，收货区应靠近铁路专用线一侧，发货区靠近汽车道路一侧。收发货区所需面积要根据一次收发物料批量大小、物料品种规格的多少、供货和发货的不均衡性和物料收发的有关制度等综合考虑确定。

2. 验收分发场地

验收分发场地为物料入库后的分类、点数、检验及出库时分发的场地，当物料出/入库在仓库同一侧时可合并使用。一般情况下其面积占仓库总面积的 4%～5%，可按下列公式进行计算。

入库验收场地面积：

$$S_1 = \frac{K_1 \cdot Q \cdot t}{306 \cdot q \cdot \alpha_1} \tag{5-6}$$

出库发送场地面积：

$$S_0 = \frac{K_0 \cdot Q \cdot t}{306 \cdot q \cdot \alpha_0} \tag{5-7}$$

式中：S_1，S_0——入、出库验收场地面积(m^2)；

Q——物料年储备量(t)；

q——单位面积有效负荷(t/m^2)；

K_1——进料不均衡系数，一般取 1.8；

K_0——发料不均衡系数，一般取 1.2；

t——物料在场地内停放天数，一般取 3 天；

α_1，α_0——验收及发送场地面积利用系数，可取 0.5。

3. 办公室

保管人员的办公室可放在库内或库外。库内办公地点尽量靠近入库口或出库口，这样有利于出/入库作业，库外设办公室可节约仓储有效空间。危险品仓库则一律在库外设办公室。保管人员办公室，一般可按下列标准确定：3人以下时，按每人5m²计；3~5人时，按每人4m²计；5人以上时，按每人3.25m²计。

4. 仓库通道

影响仓库通道位置和宽度的因素在于通道的形式、搬运设备、储存物品的尺寸、商品与进出口及装卸区的距离、防火墙的位置和行列空间及柱子的间隔距离。

一般仓库通道宽度可以从以下两个方面确定。

（1）根据物料的周转量、物料的外形尺寸和库内通行的运输设备来确定物料周转量大、收发较频繁的仓库，其通道应按双向运行的原则来确定。其最小通道宽度可按式(5-8)计算：

$$B = 2b + C \tag{5-8}$$

式中：B——最小通道宽度(m)；

C——安全间隙，一般采用0.9m；

b——运输设备宽度(含搬运物料宽度，m)。

用手推车搬运时，通道的宽度一般为2.0~2.5m；用小型叉车搬运时，一般为2.4~3.0m；进入汽车的单行通道一般为3.6~4.2m。

（2）根据物料尺寸和放进或取出操作方便等来确定。采用人工存取的货架之间的过道宽度，一般为0.9~1.0m；货堆之间的过道宽度，一般为1.0m左右。

5. 柱子间距设计

仓库内部柱子的主要设计依据包括建筑物的楼层数、楼层高度、地面载重、抗震能力等，另外还需考虑仓库内的保管效率及作业效率。

5.3 库房的主要结构和设计

5.3.1 库房的主要结构

库房主要由基础、地坪、墙体、屋盖、库门、库窗、库内立柱、库边站台和收发站台等部分组成。图5.1所示为建筑物剖面图。

1. 基础

基础是库房四周墙体和立柱下部的承重结构，用于承受建筑物恒载（包括自重和构件重）与活荷载（包括屋面、装载机械传至结构物、自然因素影响到结构物等的变动荷载等），并将其均匀地传递到地基中去。基础应具有足够的耐压强度、稳定性和防潮、防腐性能。基础按其结构可分为断续基础、连续基础和整体基础，3种基础的比较见表5-2，图5.2为地基施工现场。

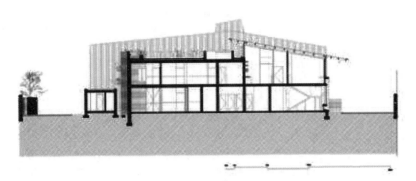

图 5.1　建筑物剖面图

表 5-2　3 种基础的比较

类型	别称	结构	适用条件
断续基础	独立基础或柱墩基础	上小下大，阶梯形	适用于承受墙柱荷载、地基土质较均匀、地基承载力较大的场合，多用于钢筋混凝土立柱的下部
连续基础	条形基础	上小下大，长形	用于上部结构荷载大，而地基承载力小的场合，多作为承重墙下面的基础
整体基础	板式基础	等同于建筑物面积的现浇钢筋混凝土地板	当地基的承载能力很小或上部结构荷载很大时，多采用这种基础。此外，当建筑物设有地下室或地下水位较高时，也常采用这种基础

图 5.2　地基施工现场

2. 地坪

地坪对仓库建筑物来说，是承受堆积其上的被保管物料静荷载和装卸搬运动荷载的结构部分。因此，地坪要有足够的承载能力、平坦、耐磨、耐酸碱等。此外，为防止保管物料的质量变化，地坪还必须具备隔潮、防潮性能。为了达到以上要求，地坪一般由基层、垫层和面层构成，见表 5-3。

表 5-3 地坪的构成

名称	位置	特点
基层	地坪最下面的基土层	一般为经过处理的地基土，多采用素土分层夯实，或在土中夯入碎石等以加强其密度。如为耕土或淤泥，则应全部挖出换成新土再处理
垫层	基层之上、面层之下	承受由面层传来的荷载，并将其均匀地传至基层的载体。要求其具有一定的厚度与坚固性。垫层分为刚性、弹性两类，如混凝土、三合土等垫层为刚性垫层；而夯实的沙、不加胶合材料的碎石、矿渣等垫层为弹性（或称柔性）垫层
面层	地坪的表层	直接与保管设备、装卸搬运设备接触，所以要求平坦、有足够承重力、不怕冲击、耐用、易清扫、无污染等。一般仓库多采用"垫面合一"的水泥混凝土地坪，多由高标号混凝土振捣提浆、压实抹光、一次施工完成，表面涂以树脂漆或做成水磨石地面

【5-2拓展知识】

3. 墙体

墙体是建筑物的围护或承重构件。它修建于基础之上，在建筑物内部还可以增设隔墙。墙体围护的主要作用是防止自然因素（如阳光、风、雨、雪的侵蚀）和隔热、保温，同时防盗。而承重主要是承受屋盖重量。所以，墙体要求有一定的强度和保温性能。

4. 屋盖

屋盖与墙体一起构成封闭空间，起承重和围护作用。它由承重结构和围护结构组成。承重结构是屋架或屋面大梁，围护结构分基层（檩条）和面层（屋面）。屋面的整体结构是：屋面板—隔热保温层—找平层—防水层—保护层。

屋顶在站台土方的延伸部分（即挑檐），它是屋盖的延伸部分，其作用是使在站台上的收发作业不受雪、雨的侵袭，并遮阳，其宽度应遮挡至装卸作业车辆的驾驶室处。

5. 库门

库门供人员、货物及设备进出库之用，同时也有通风与采光的作用。所以，在沿仓库的长、宽一侧或两侧及两端皆可设置库门。库门按其结构与开启方式，分为平开门、上翻门、折叠门、推拉门、升降门、卷帘门等。防尘要求高的仓库，采用密封门。

库门是仓库进行物料收发作业的进出口，其大小、位置、数量等对仓库作业都有直接影响。库门的大小应保证装卸运输设备和物料顺利进出库；库门应对称设置，即设在库房的两侧和两端，方便机械设备的畅通无阻；库门的数量视库房的规模而定，但两个库门之间的距离不宜超过30m。

库门的尺寸主要取决于进出库机械设备的外廓尺寸和物料单位包装的最大尺寸。通常根据进出库装卸运输设备的外廓尺寸加上一定的安全距离确定库门的高度和宽度。库门尺寸也要符合《建筑统一模数制》的要求，规定库门的宽度在800～1 000mm之间时，应为100mm的倍数，即$1M_0$的倍数。当库门宽度在1 200mm以上时，则应为300mm的倍数，即$3M_0$的倍数，如取库门宽度为1 500mm或1 800mm或2 100mm等。库门高度低于2 100mm时，为100mm的倍数，即$1M_0$的倍数；而高于2 100mm时，则应为300mm的倍数，即$3M_0$的倍数，如2 400m或2 700mm等。但是为了能使作业机械顺利通过库门，通常还应使库门的宽度比作业机械设备的外廓宽出500～1 000mm，其高度则应高出作业机械设备高度的400～800mm。

6. 库窗

一般在仓库纵向墙体上设置侧窗，但当仓库跨度超过18m时，为增大库内自然通风与自然采光的需要，可在仓库顶部增设天窗。

库窗的尺寸主要取决于对库房自然通风与自然采光的要求，而该要求又与库房面积有关，还应满足统一模数的规定。例如，库窗总面积占库房面积应在10%～15%之间，但建筑物统一模数要求侧窗的高度与宽度都应为300mm，即为$3M_0$的倍数。例如，库窗的宽度大致有900mm、1 200mm、1 500mm、1 800mm、2 400mm 等，而高度则为600mm、900mm、1 200mm、1 800mm、2 100mm、2 400mm、3 000mm 等。

库窗主要用于通风和采光。库窗按其安装位置分为侧窗和天窗两大类。

7. 库内立柱

库内由于仓库跨度过大，为保证仓库在荷载状态下的安全，在纵横方向上可设立立柱，并与四周墙体的立柱构成柱网。但由于库内立柱将降低仓库面积的利用率，不利于物料搬运与机械化作业，因此，应在满足建筑结构需求的情况下，尽量避免库内设立立柱或减少立柱数。立柱可为钢结构或钢筋混凝土结构。

8. 库边站台

库边站台是仓库外缘四周或两侧从地面加高的长台。台高与库内地坪相等，并大致与铁路货车车厢底板高相当，以便于直接从货车车厢或从库房进行装卸作业。站台可沿仓库四周全长或部分设置。站台可以由砖、石或木材围成，内填沙石，也可以只由围墙和立柱构成骨架，再敷设地面，内部不填沙石。

9. 收发站台

收发站台主要用于货物的装卸暂放。仓库是一个动态系统，进出频繁，需要专门考虑系统进出两端，即收发站台的设计。

收发站台的设计主要考虑的是站台的布置形式，站台的布置方向，收发站台是否分开设置，站台的宽度、深度和高度尺寸，门的大小和数量等。收发站台的位置关系决定了仓库物流的方向。例如，收发站台在仓库同一边的，是U形，库内布置也要遵循这一基本形状，以满足物流畅通的要求。收发站台设计的主要参数见表5-4。

表5-4 收发站台设计的主要参数

项目	汽车站台	铁路站台
一般站台宽度/m	2.0～2.5	3.5
小型叉车作业站台宽度/m	3.4～4.0	≥4.0
站台高度/m	高出地面0.9～1.2	高出轨顶1.1
站台上雨篷高度/m	高出地面4.5	高出轨顶5.0
站台边距铁路中心距离/m	—	1.75
站台端头下降坡度/m	≤10%	≤10%

典型站台布置形式一般有 4 种，即直接式站台（Flush Dock）、驶入式站台（Drive-in Dock）、穿过式站台（Drive-through Dock）和伸出式站台（Finger Dock），如图 5.3 所示。

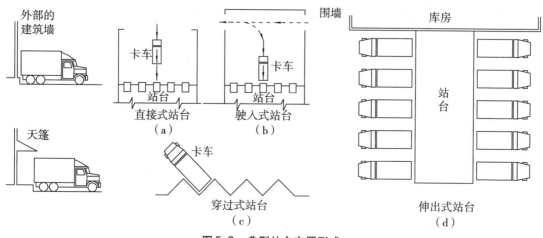

图 5.3 典型站台布置形式

直接式站台是最常见的形式，站台门开在外墙上，货车后面靠上门，即可装卸货。因为货车车厢底面与站台高度可能有差异，故需要站台登车桥。直接式站台也可货车侧面靠门的，这时货车车厢侧面开门装卸货。为防止风雨影响，可采用能与 2.44m 宽、2.44~2.6m 高的标准集装箱货车箱后门无缝对接的密封门，或在外墙上搭雨篷。

驶入式站台货车可以由门倒进室内，完全不怕雨雪。

穿过式站台主要用于铁路站台。当车辆很多时，直接式站台宽度不够，可做成锯齿状的，或采用伸出式站台。

伸出式站台可以很多车辆同时进行装卸作业，货车可停靠伸出站台的两边，可沿伸出方向布置输送机，加快货物进入库内的速度。为防雨、雪，伸出式站台上要搭雨篷。

为便于车辆作业，在收发区外还要考虑布置停车场，详细方法请参见有关建筑设计规范类图书。

5.3.2 库房的长、宽、高参数的确定

库房的宽度和长度（跨度）与库房的面积有关，在库房面积一定的情况下，宽度、长度可以有无数种组合，即有多个宽长比。因此，必须对库房的宽度和长度确定一个适当的比例。常见的库房建筑宽长比见表 5-5。

表 5-5 常见的库房建筑宽长比

仓库面积/m²	<500	500~1 000	1 000~2 000
宽长比	1:3~1:2	1:5~1:3	1:6~1:5

有了宽长比这个限制条件，就能容易地求算出库房的宽度和长度。通常是先确定库房的宽度，然后用库房面积除以宽度，即得库房的长度。

【例 5-3】 库房面积为 800m², 其宽与长比取 1∶4, 求库房的宽度和长度。

解：设库房的宽度为 x, 则长度为 $4x$, 其方程式为

$$x \times 4x = 800$$
$$4x^2 = 800$$
$$x = \sqrt{200}$$
$$x \approx 14\text{m}$$

即库房宽度为 14m, 长度为 14×4=56m。

但是，这样计算出来的结果是不标准的，还应按照标准化的要求进行调整，这个标准就是《建筑统一模数制》。《建筑统一模数制》作为统一与协调各种建筑尺寸的基本标准，协调各种尺寸的基本模数规定为 100mm, 以 M_0 表示。同时根据实际需要尺寸的大小，规定出各种扩大模数和分模数，以便于应用。

当库房的跨度≤18m 时，其跨度应采用 300mm（$3M_0$）的倍数；当其跨度>18m 时，应采用 600mm（$6M_0$）的倍数。因此，常采用的库房宽度（跨度）为 6m、9m、12m、15m、18m、24m、30m 等。若有特殊需要，可采用 21~27m 等。库房的长度则应为宽度的整数倍。

按照这一要求，前面所计算的库房宽度为 14m, 长度 56m, 不符合规定，应加以调整。其调整方法一般是先将宽度调整到其最接近的统一模数的数值，得出符合模数规定的标准尺寸，然后用已知的库房面积去除，求得长度，并将其调整到符合模数规定的标准尺寸。如例 5-3 中将宽度 14m 调整为 15m, 用面积 800m² 去除，得 53.3m, 即长度，再将其调整为 6m 的整数倍则为 54m。这样宽度和长度都符合统一模数制的要求。

库房的高度，即为地坪（±0.000）至柱顶的高度，应为 300mm, 即 $3M_0$ 的倍数。如果库房安装桥式起重机，则其由地坪至桥式起重机行走的轨面的高度应为 600mm, 即为 $6M_0$ 的倍数。但库房的具体高度还要考虑满足机械化作业等的要求。这样，库房的具体高度一般由 5 部分组成，如图 5.4 所示。

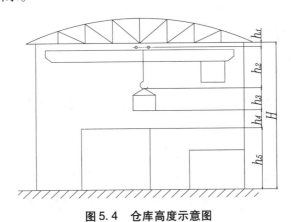

图 5.4 仓库高度示意图

H——库房建筑高度；h_1——屋架下缘至桥式起重机上限尺寸之间的距离；h_2——桥式起重机吊钩吊起上限与起重机上限尺寸之间的距离；h_3——被吊起的货物所占空间的高度；h_4——被吊起货物的下缘与料架、料架顶部之间的安全距离；h_5——料架或料垛的最大高度。

本章小结

本章为仓储管理的面积决策,即决定仓库要占用多大的面积。仓储面积决策将决定仓库规模和仓储能力。

本章首先介绍了仓库面积的影响因素;其次主要讲解了库房面积的计算方法,即直接计算法、荷重法和比较类推法,以及面积确定情况下,库房长、宽的确定;最后对库房的主要结构进行了介绍。

本章练习

一、选择题

1. 影响仓库通道位置和宽度的因素包括通道的形式、搬运设备、储存物品的尺寸、商品与进出口及装卸区的距离、防火墙的位置和(　　)。
   A. 行列空间及柱子的间隔距离　　　　B. 仓库的地理条件
   C. 运输条件　　　　　　　　　　　　D. 保管员的文化水平
2. 某仓库每小时停靠6辆车,每辆车平均停靠30分钟,则应设置站台数为(　　)。
   A. 3　　　　　　B. 4　　　　　　C. 5　　　　　　D. 6

二、判断题

1. 周转率越高的仓库,其面积要求也越大。(　　)
2. 库房的密集式布置是指将互相没有不良影响的普通库房紧凑排列。(　　)
3. 仓储的吞吐能力是指在一定的组织技术条件和一定时期内,完成物资出/入库数量的能力,它受许多技术因素制约。(　　)
4. 《建筑统一模数制》要求,当库门宽在1 200mm以上时,应为3M_0的倍数,M_0 = 100mm。(　　)
5. 仓容利用的综合考核可以计算容载利用系数,它是容重与面积的比值。(　　)

三、计算题

1. 某仓库近期有8 400件计算机显示器到库,单件外形尺寸为60cm×60cm×60cm,重50kg,外包装标示的堆码极限标志为6,需要为此批货物准备多大的货位?其储存定额是多少?若该批显示器全部存放在一个使用面积为650m^2的仓库中,则该仓库的面积利用率和有效容积分别为多少?

2. 企业准备建一综合型仓库,其中就地堆码货物的最高储存量为600t,仓容物资储存定额为3t/m^2,上架存放的货物最高储存量为90t,货架长10m、宽2m、高3m,货架容积充满系数为0.6,上架存放货物的单位质量为200kg/m^3,若面积利用系数为0.4,则该仓库的设计有效面积应为多少?

3. 某仓库拟储存某类物料 1 200t，全部就地堆垛，垛长 6m、宽 1m、高 2m，容积充满系数为 0.8，物料的容重为 8t/m³，则料垛占用的总面积为多少？至少需要几个垛？

4. 某机械制造总厂拟新建一栋原料配送中心，预计最高储备量约 300t。现已知生产性质和生产规模相似的生产企业的原料配送中心面积为 500m²，最高储备量为 200t，从运用情况看还有较大的潜力，储存能力未得到充分发挥。据此推算新建一栋原料配送中心的面积。

四、简答题

1. 影响仓库面积大小的因素有哪些？
2. 仓库面积确定的方法有哪些？分别在什么情况下应用这些方法？
3. 为什么在库房设计的参数选择中，需要运用模数化的设计？
4. 试全面阐述库房主要结构。

案例讨论

S 公司的配送中心

S 公司为某地区规模较大的药品流通企业，主要从事药品的批发、零售及物流配送业务，主要服务对象为药店、诊所、医院等。S 公司是该地区最早开始实行药品配售的医药流通企业，由于价格灵活、服务快捷，目前已占领该地区同类市场 50% 以上。S 公司目前经营 600 个药厂的 4 000 余种药品，为扩大销售渠道，S 公司还开设连锁直营店和连锁加盟店，并且拥有自己的药品电子商务网站。

S 公司接受客户多种订货方式，包括网上订单、连锁店、电话订单、自提订单，所有的订单都要先在市内的总部进行处理，其中呼叫中心受理的电话订单占订单总数的 70%。S 公司已经建立起完善的物流信息管理系统，可以达到及时处理各种类型的订单请求，并且所有的订单可以实时传送到 S 公司在市内另一地点的配送中心，由配送中心安排送货服务和收款，S 公司配送中心运作示意图如图 5.5 所示。

图 5.5　S 公司配送中心运作示意图

S 公司拥有占地面积为 6 000m² 并通过国家药品产品供应规范 (Good Supply Practice, GSP) 认证管理的药品配送中心，2017 年销售额达人民币 1.4 亿元。配送中心是 S 公司最大的一个职能部门，S 公司配送中心组织结构如图 5.6 所示。

S 公司配送中心的仓库和运输设施主要靠租用，由于药品配送量多年来连续增长，在仓储和运输方面投入逐年增加，目前使用的仓库还有 3 年的使用期。2017 年，S 公司物流成本为 200 万元，以当年销售额 1.4 亿元算，其物流成本约占销售额的 1.42%。包括：仓库租金，50 万元/年；工作人员，50 万元/年 (45 名员工)；运输成本，90 万元/年；其他支出，10 万元/年。

S 公司为客户提供免费送货服务，其服务承诺是客户订货后 24h 内可收货，郊区 48h 收货。S 公司目前可

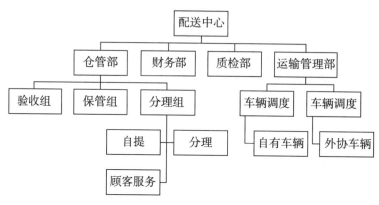

图5.6　S公司配送中心组织结构

以达到99.99%的送货及时率。S公司配送中心每周工作6天，日处理订单量600～700笔，高峰时1 000笔。据测算，客户（不含电子商务）平均1.9天就会发出一张订单，平均每笔订单的品项数为8种。S公司配送中心属于典型的小额高频率物流，目前发货准确率不高，平均为98%，时常引起客户投诉。

由于国家对医药市场管理的逐步规范化，药品市场的渠道向扁平化发展。S公司绝大部分药品直接从药厂采购，在采购价格方面，与主要竞争对手并没有明显的差距。主要竞争对手准备实现市内12h送货的服务承诺，S公司已经感受到服务的压力。

S公司租用了一个大型建筑的2～5层作为仓库，每层楼面积为1 500m²，分别保管不同种类的药品。S公司可以使用仓库的停车场及设备；依靠1部货梯，完成药品进货和出库；在2楼，设有面积为400m²的发货区。S公司仓库面积布置与功能分布如图5.7所示。

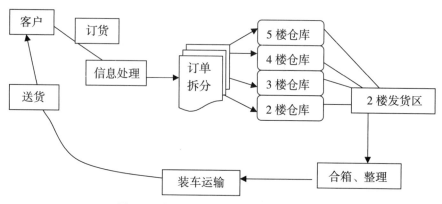

图5.7　S公司仓库面积布置与功能分布

S公司总部与配送中心距离较远，配送中心可与总部订单管理系统实时连接。

2、3、4、5层分别保管不同种类的药品。接到订单后，信息系统按药品所在楼层分别打印客户拣货单，分发到楼层保管员。100张订单处理、打印及分发所需时间为30min。

各楼层保管员分别按订单拣选，拣选药品放入周转箱。完成作业后，周转箱通过货梯移运到二楼发货区。拣选员每次拣取一张订单后，每层楼的拣选人员从接到拣货单到拣出药品，平均需要3.5min，包括查看清单、寻找药品、行走、核对批号、清点数量、再查看清单。参与拣货的人员为12人，这个环节处理100张订单，平均需要120min。配送中心规定的工作时间为8：00～17：00，但经常需要加班到20：00甚至更晚，中间休息两次。

在二楼发货区，分理组进行客户订单合箱作业，找到客户订单的每一层拣货箱，合并后打包。参与合箱作业的人员有 6 人，他们还负责从各楼层已拣完药品到发货区的移运工作。由于各楼层的拣货速度并不一致，每处理 100 张订单的时间大约为 1h。100 张订单的平均处理时间 = 订单处理 30min + 分层拣选 120min + 合并 60min，总计 210min。

主要搬运工具及器具：手推车；采用两种运输/包装箱（长、宽、高），即 460mm × 380mm × 350mm 和 460mm × 380mm × 180mm。

配送时间统计见表 5 - 6(100 张订单)。

表 5 - 6 配送时间统计

项目	耗费时间(min)	耗费人力
总部订单受理	0	—
订单传递到配送中心	0	—
配送中心单据处理	30	1
拣货(每张订单每层平均)	120	12
合箱	60	6
合计	210	—

目前运作的主要问题：拣货作业只能靠延长员工的工作时间来弥补不足；拣货设备落后，辅助工具不足；人工根据单据作业，容易遗漏；拣货差错率高，造成客户对药品数量不放心，逐个药品验收。

为了改善绩效，S 公司将要升级物流信息系统并改造原有的物流流程。S 公司的配送中心的目标是达到 12h 送货响应，在系统升级前，完成服务绩效的内部作用流程的审计。

思考题：
1. S 公司的配送中心运作的主要问题是由哪些因素造成的？
2. 作为药品流通企业，配送中心的要求和特点分别是什么？

第 6 章 仓储管理的布局决策

【学习目标】

了解仓储布局的原则、目标;掌握总平布置、单体布置和立体布置的内涵;掌握仓储布局的类型,并熟悉 I 型、L 型、U 型布局的特点。

【关键术语】

- 仓储布局(Warehousing Layout)
- 总平布置(Total Flat Layout)
- 单体布置(Single Layout)
- 立体布置(Three-Dimensional Layout)
- I 型仓储布局设计(I-Shape Layout)
- L 型仓储布局设计(L-Shape Layout)
- U 型仓储布局设计(U-Shape Layout)

第6章 仓储管理的布局决策

生鲜食品配送中心的布局

生鲜食品配送中心需完成生鲜蔬菜、水果及水产品、牛奶的配送分拨任务。合理的生鲜食品配送中心布局可以降低成本，提高工作效率，简化作业流程。对于不同类别的生鲜品，配送要求是不同的。新鲜牛奶等由于自身保鲜时间短，无须集中加工即可配送。鲜活水产品等，保鲜要求高，要求快速完成从产地到销地的运输，通常需要储存、分拣和配货等工序。冷冻水产品、普通水果等保质期相对较长的生鲜商品，由于订货量比较大，收货后需要储存。

启发思考：
根据这样的要求，你认为生鲜食品配送中心布局应该是怎样的呢？

6.1 仓储布局与设计的目的和原则

仓储布局（Warehousing Layout）就是解决仓库应该如何规划的问题，仓库规划包括两个问题：一是确定布局形式；二是确定具体位置。即设计库区内所需的作业区及各作业区的面积和作业区在库区内的布置，在此基础上再确定仓库运作所需的人员和设备。

如果由于仓库布局的不合理，不仅会增加仓库的物流成本，还会造成整个供应链和物流网络的瓶颈，增加社会物流成本，同时减弱仓储企业的竞争力。所以建设仓库之前，必须对其布局进行合理规划。

设施平面布局模型也称二维选址模型，主要研究在一个给定区域内确定具有一定面积要求的各个设施的最佳位置问题。库区一般由若干个物流设施组成，当不同类别的货物运到库区后，根据仓储作业流程要求，需要在不同的设施中进行处理。因此，根据仓库建成后的主要货物种类和货物的存储量及预测的各种货物的周转率等，布置各种设施在库区内的相对位置，并判断其是否合理，非常重要。要实现以上的目标就要综合运用运筹学、系统工程、物流工程及工业工程等多种方法，做到宏观与微观相结合，将定性分析、定量分析和个人经验结合起来，同时将物流的观点作为仓库布局的出发点，并贯穿在仓储布局的始终。

6.1.1 仓储布局与设计的目的

仓储布局与设计的目的是：保护物品；有效地利用空间、设备、人员和能源；最大限度地减少物料搬运；简化作业流程，提高效率；力求投资最低；为仓储人员提供方便、舒适、安全和卫生的工作环境。

6.1.2 仓储布局与设计的原则

原则一：尽量采用单层设计，这样不仅造价低，资产的平均利用率也高。
原则二：货物进出库的路线设计尽量取直，不要曲折和迂回。
原则三：采用高效的物料搬运设备及流程。

原则四：在仓库里采用有效的存储计划。
原则五：在物料搬运设备大小、类型、转弯半径的限制下，尽量减少过道所占的空间。
原则六：尽量利用仓库的高度。
原则七：仓储布局应适应仓储作业过程的要求，有利于仓储作业的顺利进行。
原则八：最大限度地利用仓库面积，减少无用地。
原则九：防止重复装卸搬运、迂回运输，避免交通堵塞。
原则十：符合安全和消防工作的要求。
原则十一：结合仓库当前需要和长远规划，有利于将来仓库的扩建。

6.2 仓储布局的形式

根据入库口、出库口的位置不同，仓储布局的基本类型有 I 型、L 型、U 型 3 种，如图 6.1 所示。出、入库口位置是仓库选择物料流动形式时所考虑的重要因素。因建筑物结构的缘故，出、入库口通常固定在现有或特定的位置上，使得需要顺应这些限制来规划设施内物料的流动形式。仓储物料的基本流动形式也有 3 种：I 型、L 型和 U 型。

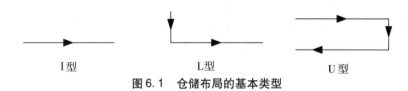

图 6.1 仓储布局的基本类型

6.2.1 I 型仓储布局设计

I 型仓储布局设计也称直线型布局设计，是指入库口和出库口在一条直线上，一端进一端出的设计形式。

I 型仓储布局设计的优点：内部结构布置简单；各作业动线平行，通行便利，人流或货流之间的冲突交叉点较少，可减少作业过程中搬运设备相撞与拥堵情况的出现；作业流线不迂回。

I 型仓储布局设计的缺点：内部空间利用率不高；整体运输路线较长，进出货站台位置相隔太远，影响运作效率。

6.2.2 L 型仓储布局设计

L 型仓储布局设计也称直角型布局设计，是指入库口和出库口在互相垂直的方向上的设计形式。

L 型仓储布局设计的优点：具有 I 型仓储布局设计同样的优点；充分利用了仓库的内部空间；接、发货区相对集中，方便仓库设施和机械设备的使用；储存区集中在一个区域，方便对储存货物进行监测和管理；拥有足够的仓库扩充弹性；人流或货流之间的冲突交叉点较少，能及时应对货物的快速流转问题。

L型仓储布局设计的缺点：部分区域的货物出入库效率相对降低，出库的搬运距离较长。

6.2.3 U型仓储布局设计

U型仓储布局设计也称同向型布局设计，是指入库口和出库口在一个方向、同一个位置的设计形式。

U型仓储布局设计的优点：入库口与出库口在同一侧，靠得较近，站台资源能综合运用；动线贯穿整个仓储区，作业全面；高效地利用了仓库内外的空间，布局紧凑；补货方便。

U型仓储布局设计的缺点：作业动线过于迂回，徒增了许多不必要的搬运作业。

6.3 仓储布局规划层次

从布局规划的层次看，仓储布局规划主要包含基本规划、详细规划和运作规划3个层次。基本规划是对仓库的初步设计，确定仓库的总体规模和总体布局；详细规划是对仓库布局的进一步细化，确定各个作业区的具体布局、仓库内动线布置及仓库的内部布置；运作规划主要确定仓库在具体的物流运作中针对仓库的布局所要采取的拣货、仓储等策略。

从布局规划的范围看，仓储布局分为总平布置、单体布置和立体布置。总平布置（Total Flat Layout）就是对整个库区大系统内所有占据空间位置的要素进行总体设计，使之在有限的空间范围内各得其所，相互协调地实现系统规定的共同目标。总平布置的要求是要从系统的角度出发，整体优化，以达到物料运转最顺畅、便捷，物料运转周期最短，并符合安全生产和工艺流程的要求，从而确保空间被综合、充分、均衡、灵活地应用。单体布置（Single Layout）就是库房、货场的平面布置。立体布置（Three-Dimensional Layout）就是在单位面积上，对仓储立体空间的规划。总平布置与单体布置的区别如图6.2所示。

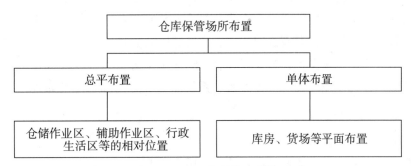

图6.2 总平布置与单体布置的区别

6.3.1 仓储总平布置的具体内容

仓储总平布置的库区构成通常包括仓储作业区、辅助作业区、行政生活区、库区道路、停车场和绿化区等几个部分，见表6-1。

表6-1 仓储总平布置的库区构成

总平面	相关说明	主要建筑物和构筑物
仓储作业区	仓储作业区是仓库的主体。仓库的主要业务和商品保管、检验、包装、分类、整理等都在这个区域里进行	库房、货场、站台,以及加工、整理、包装场所等
辅助作业区	在辅助作业区内进行的活动是为主要业务提供各项服务的	维修加工及动力车间、车库、工具设备库、物料库等
行政生活区	行政生活区由办公室和生活场所组成	办公楼、警卫室、化验室、宿舍和食堂等
库区道路	仓库中需要有库内运输道路。商品出/入库和库内搬运要求库内、外交通运输线相互衔接,并与库内各个区域有效连接	道路
停车场和绿化区	在规划各区域时,要遵照相应的法律法规并使不同区域所占面积与仓库总面积保持适当的比例	停车场、绿化区域等

1. 库前区的布置

库前区主要包括行政办公区和停车场。库前区的功能是承担整个库区的出入登记、安全保卫、行政管理等服务工作。通常要布置办公楼、警卫室、化验室、停车场等建筑物。

其中,库区出入口的合理设置,对提高道路通行能力、车辆行驶安全有着十分重要的作用。出入口设置应能体现库区交通和周边路网协调运行,使库区车辆出行路径尽量短,运输费用尽量少,出行危险性尽量低。

停车场布局主要有以下几种类型:十字交叉形、丁字形、井字形等。同时,根据是否人工管理分为智能停车场、传统停车场等不同形式。

2. 仓储区的布置

库区的主要生产作业区是仓储区,仓储区的服务内容包括存储、装卸、搬运、拣选、分拨、流通加工等。建筑物主要是料场、库房、站台和设备用房。仓储区的大小是根据每年存储货物的数量和存储货物的特点而确定的,仓库所需要的空间一般由货物存储所需要的空间、仓库过道和通道空间、仓库设备存放空间和仓库管理人员办公所需空间等组成。关于仓储区的布置,要求很多,可以应用物流工程课程中系统布置设计的知识进行布局规划,这在后文"仓储单体布置的具体内容"中将专门介绍。

3. 库区道路布置

库区道路分为主要通道、辅助通道和铁路专用线3类。

主要通道宽度取决于搬运设备的种类。当用汽车搬运物料时,一般为3.8m;当用手推车搬运物料时,一般为2~2.5m;当用电瓶车或叉车搬运物料时,一般为2.5~3m。

辅助通道的宽度应根据物料的外形尺寸、堆垛存放或货架存放的不同,以方便操作为前提予以确定。一般情况下,普通货架相互之间的通道宽为0.8~1.0m,堆垛之间的宽度则大于0.5m,堆垛与墙柱之间的距离为0.25~0.3m。

铁路专用线直接进入库内，使整车到发的物料直接在库内装卸车，实现"一次性作业"。库内不设或少设立柱，保证机械作业所必需的库房高度等。铁路专用线有两种布置形式：尽头式和贯通式。尽头式类似倒写的"T"，铁路机头开进库房后就到了终点，卸货后要用另一个机头转换方向驶出。贯通式类似"中"字，铁路机头开进库房后，只是中间环节不是终点，卸货后，继续通过库房驶出。

当用叉车在库内进行作业时，应考虑叉车装载单元货物在直角通道转弯时所需的通道宽度。直角堆垛最小通道宽度的计算方法如下。

当 $B > \dfrac{W}{2}$ 时，计算比较简单，可用式(6-1)计算：

$$A = R + X + L + C \tag{6-1}$$

当 $B < \dfrac{W}{2}$ 时，考虑到托盘（或码放货物）的内侧角的回转半径的影响，可用式(6-2)计算。

$$A = R + \sqrt{(X+L)^2 + \left(\dfrac{W}{2} - B\right)^2} + C \tag{6-2}$$

式中：A——直角堆垛的通道宽度；

R——叉车的最小回转半径；

B——由车体中心线至回转中心点的距离；

W——托盘的宽度（或码放货物的宽度）；

L——托盘的长度（或码放货物的长度）；

X——由前轴中心至货叉垂直段前臂的距离；

C——作业所需的间隙（约200mm）。

6.3.2　仓储单体布置的具体内容

目前仓储单体布置规划方法主要是运用物流工程中的设施布置理论，即1961年美国的理查德·缪瑟(Richard Muther)提出的具有代表性的系统布置设计(System Layout Planning，SLP)和系统搬运分析(System Handling Analysis，SHA)理论。

缪瑟于20世纪60年代运用系统分析的方式，使布局规划问题由定性发展为定量化。应用相关图和关系表来分析设施之间的相关程度，从而确定各设施的相对位置，如图6.3所示。缪瑟的设计技术条理清晰、考虑完善、简明适用，所以在物流中心内部设施布局设计中被广泛采用。

近年来，随着计算机科学的发展，设计各种计算机算法对单体设施进行优化布局的研究成果很多。Lee R. C. 和 Moore J. M. 等以设施之间的密切度最大为目标，确定一个设施加入区域中的顺序矢量和相对位置，设计了名为CORELAP(Computerized Relationship Layout Planning)布局法和ALDEP(Automated Layout Design Procedure)布局法的构造型算法。Buffa等人则以总搬运费用最少为目标，通过将设施的位置两两交换的方法对一个给定的布局方案进行逐步改进，设计了名为CRAFT(Computerized Relative Allocation of Facilities Technique)布局法和MultiPLE(Multi-floor Plant Layout Evaluation)布局法的改造型算法。此外还有用遗

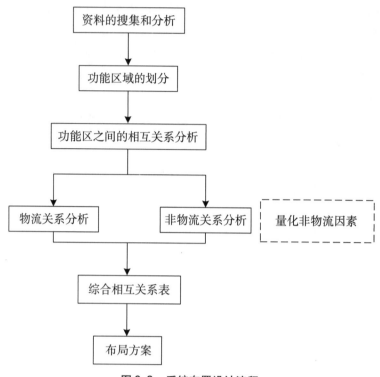

图6.3 系统布置设计流程

传算法、网络覆盖算法、蚁群算法、数据包络算法等来确定设施的最优布局的。

6.3.3 仓储立体布置的具体内容

1. 储存方式的规划

储存货物的空间称为储存空间，储存是仓库的核心功能，储存区域规划的合理与否直接关系仓库的作业效率和储存能力。在布置储存空间时，首先要考虑的是储存的货品大小及其储存形态，以便能提供适当的空间来满足要求，须规划有大小不同的位置，以对应不同尺寸、数量货品的存放。对于空间的规划，首先必须进行分类，了解各空间的使用方向，其次评估其在各方面的权重取舍，最后根据权重比较后再进行设计布置。

影响货物储存空间利用率的事项如下。

（1）柱子间隔会影响货架的摆放、搬运车辆的移动、输送分类设备的摆设。

（2）梁下高度限制货架的装设高度并影响货品堆叠高度。

（3）通道影响储存使用面积及搬移的方便性。

以上3个事项均能让空间利用率受到很大影响，因此仓库空间规划的重点就在于柱子间隔、梁下高度及通道布置3个方面。

空间利用方法有以下两种。

（1）向上发展。当合理化设置好梁柱后，在有限的立体空间中，面积固定，要增加利用空间可以向上发展。仓库空间向上发展可能会影响货品搬运工作的安全性，但在目前堆高技术日新月异、堆高设备不断普及的现代社会，向上发展困难不大，但堆高防震的安全措施不可少。堆高的方法为多利用料架。例如，驶出、驶入式货架便可叠高10m以上，而窄道式料架更可叠高15m左右，利用这些可叠很高的料架把重量较轻的货品储放于上层，而把较重的货品储放于下层，或多层堆放以提高储物量，增加空间利用率。

（2）采用自动仓库。自动仓库在空间的利用率上是最高的，但并不表示其就是最适合的，对于自动仓库的选用必须先经过评估，了解自身物流中心的货物特性、量的大小、流转频率的高低及单元化程度，再决定是否适合采用自动仓库。

2. 货架或货垛布置的方式

货物在仓库的存储方式主要有以下3种。

（1）散放。散放是最原始的方式，空间利用率低，且散放活性系数为0，极不便于搬运作业，是应当尽量避免的。但是如果仓库进出货采用人工搬运方式，收发货暂存区就会存在散放，因此在人工搬运为主的仓库中，确定暂存区大小时要予以考虑。

（2）堆码。仓库存放的物料多种多样，包装材料及规格也是多种多样的，散装物料形状更是各异，因此堆码有多种形式。堆码的空间利用率也不高，而且不能满足先进先出这一存储的基本目标。

（3）货架储存。货架储存是现代仓库储存的主要方式，它很好地解决了空间利用和先进先出两个问题。它要根据具体物料特性和出/入库量来选择合适的货架及配套的搬运方式。

货架或货垛布置的形式一般有直形和斜形布置两大类型。其中，货架的斜形布置如图6.4所示。露天货场上货垛的安排，则一般与货场的主要作业通道呈垂直方向，即按横列式排列，以便于搬运和装卸。货架或货垛布置两种形式的主要优缺点见表6-2。

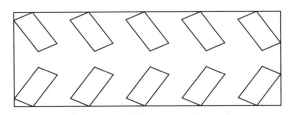

图6.4 货或货垛架的斜形布置

表6-2 货架或货垛布置的形式

类型	具体形式	主要优点	主要缺点
直形布置	横列式布置：货架或货垛的长度方向与库房两侧墙壁互相垂直（与两端山墙互相平行）	主通道长又宽，副通道短，整齐美观，对物料的存取、查点方便；通风和自然采光良好	通道占用面积大，面积利用率低
	纵列式布置：货架或货垛的长度方向与库房两侧墙壁互相平行（与两端山墙互相垂直）	仓库面积利用率比较高	通风采光不好

续表

类型	具体形式	主要优点	主要缺点
斜形布置	货架或货垛与主通道的交角呈60°、45°或30°，即呈斜向排列	进行叉车作业时不必直角转弯，叉车回转角度小，操作方便，可提高装卸搬运作业效率；同时可以缩小通道宽度和架（垛）距。主要适用于品种较少，批量大，可用叉车操作直接上下架、码垛、搬运的物料	形成众多三角形面积，无法集中使用，使面积利用率下降

3. 堆垛方式的设置

物料堆垛又称物料堆码和码垛。它是根据物料本身的特点和环境因素，按照一定的要求将各种物料在库房、货棚、货场内堆码成货垛的操作。堆垛可利用原包装堆码，也可利用托盘、集装箱直接堆码。

（1）物料堆垛前应具备的条件。

① 物料已验收完毕，已查清其数量、质量和规格等。未经验收或验收中发现问题的物料不能正式堆垛。

② 包装完好，标志清晰。包装破损、标志不清或标志不全的物料不能正式堆垛。

③ 必须清除物料外表污渍或其他杂物，并且清除活动对物料质量没有产生负面影响方能进行堆垛。

④ 物料受潮、锈蚀甚至出现某种质量变化时，必须进行养护处理，经过处理能恢复原状并对质量无影响者方可堆垛。

（2）物料堆垛的基本要求。

物料堆垛是一项技术性的工作，在堆垛设计中应满足以下基本要求。

① 科学合理。应根据商品的性质、形状、大小、容重、数量、包装等不同情况，确定相应的堆码方式；要按照商品的不同品种、规格、型号、等级、生产厂、进货批次等分别堆垛，并用料签把这些内容明显标记出来；应贯彻先进先出的原则；做好下垫上苫，创造良好的保管条件。

② 稳固安全。垛基要坚实牢固，能承受料垛的全部重量；单位面积的储存量应小于地坪的最大承载能力；料垛高度要适宜，符合该物料堆垛高度的限制，或保证最下层的物料或包装不会因重压而损坏，降低料垛的重心，垛形不偏不斜、不歪不倒，保持一定的垂直度；进行必要的加固，增强料垛的整体性和稳定性，防止料垛倒塌。

③ 简易方便。垛形应尽量简化，使其容易堆码，省力省工，便于物品的收发查点，有利于实现装卸搬运机械化。人工作业时料垛高度不宜过高，尽可能采取立柱式或框架式托盘堆垛。

④ 定量摆放，整齐美观。料垛排列和料垛本身横竖成线，实行"五五化"堆码，过目成数，在这里并不是局限于要求堆垛的每一层放5个，不同物料有不同的"五五化"垛形和物

料堆码方法，如大的五五成方，高的五五成行，矮的五五成堆，小的五五成包，带眼的五五成串等。在确定各种物料的"五五化"堆码时，同样必须符合上述基本要求，并确保标记料签明显可见。

要特别提出的是，不要片面为了追求形式上的"五五化"，而多占了仓位，多费了劳动力，或不利于物料的保管保养。对于"五五化"的堆码也必须因物因地制宜。

（3）物料堆垛设计的内容。

为了达到上述基本要求，必须根据保管场所的实际情况、商品本身的特点、装卸搬运条件和技术作业过程的要求，对商品堆垛进行总体设计。设计的内容应包括垛基、垛形、料垛参数、堆码方式、料垛苫盖、料垛加固等。

商品堆垛的垛基、垛形设计内容见表6-3。

表6-3 商品堆垛的垛基、垛形设计内容

项目	主要作用	形式	种类
垛基	承受整个料垛的重量，将商品的垂直压力传递给地坪；将商品与地面隔离，起到防水、防潮和通风的作用	敞开式，有利于空气流通。可适当增加垛基的高度，特别是露天料场的垛基，其高度应在300～500mm，必要时可增设防潮层，露天料场的钢材垛基应保持一定的坡度，以利排水	固定式和移动式两种。其中，移动式又可分为整体式和组合式，组合式垛基机动灵活，可根据需要进行拼装
垛形	使重心最低，易于堆码，稳定牢固	重叠式、骑缝压码、纵横交错压码、反扣码、衬垫码、栽柱堆码、串联式堆码、鱼鳞形堆码、凸凹镶入式堆码等。有些物料，由于本身性质的原因，堆垛内部容易发热，使物料发霉、板结造成物料损坏，如粮食等。因此，堆垛要码通风垛，使堆垛内部通风降温	按垛底的平面形状，可分为矩形、方形、三角形、圆形、环形等；按料垛立面的形状，可分为矩形、方形、三角形、梯形、半圆形。另外，还可组成矩形-三角形、矩形-梯形等复合形状

料垛参数、料垛苫盖、料垛加固等设计内容如下。

① 料垛参数。料垛参数是指料垛的长、宽、高，即料垛的外廓尺寸。一般应首先确定料垛的长度。各种钢材的定尺长度为料垛的长度，包装成件物品的垛长应为包装长度或宽度的整数倍。具体长度还应根据仓库的平面布置和商品的多少而定。料垛的宽度，应根据商品的性质、要求的保管条件、搬运方式、数量多寡及收发制度等确定，一般多以2个或5个单位包装为料垛宽度。料垛高度，主要应根据库房高度、地坪承载能力、商品本身及包装的耐压能力、装卸搬运设备的类型及技术性能、物料的理化性质等来确定。在条件允许的情况下，应尽量增加料垛的高度，以提高仓库的空间利用率。料垛的长、宽、高互相联系、互相制约，三者必须综合加以考虑。

② 料垛苫盖。料垛苫盖主要是指露天堆垛的物品，为了防雨雪、防风吹日晒、防尘、防散失等，使用苫盖物进行苫盖。一般多使用篷布、油毡、苇席、塑料薄膜或铁皮制活动苫棚。苫盖时应注意排水良好，苫盖物要与被苫盖物隔离，以免渗水浸湿商品。近几年来活动料棚

的使用越来越普遍,这是一种代替苫盖的有效措施,应大力推广。

③ 料垛加固。为了防止料垛倒塌,对某些稳定性较差的料垛应进行必要的加固,加固是为了增加料垛的整体性。常用的方法有两侧立挡柱、层间加垫板、使用U形架、两侧加楔形木、使用钢丝拉链等。可通过静力学的计算确定加固材料的规格尺寸和数量。

(4) 各种不同的堆码方式。

物料堆码方式主要有重叠式堆码、交错式堆码、悬臂式堆码、宝塔式堆码等。不同的堆码方式示意图如图6.5所示。

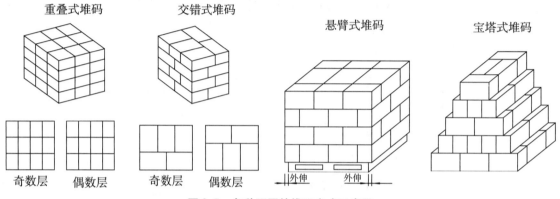

图6.5 各种不同的堆码方式示意图

但也有些物料不宜平放堆码,必须竖直立放,如下面所举例子。

① 片状易碎品。如玻璃、片状砂轮、成卷石棉纸及云母带等,它们的机械强度比较低,抗冲击性能差,当平放时受到垂直压力或撞击易破碎。

② 某些橡胶、塑料及沥青制品。如橡胶管、成卷橡胶板、人造革、地板布、油毛毡、油纸等,受热后变软发黏,若平放堆垛,受压后易黏结变形,影响质量。

③ 某些桶装、罐装、坛装商品。如油脂、涂料、酸类产品、压缩气体及液化气体等,由于其封口均在上端,因此应立放,以防渗漏外溢,而且便于对其密封性进行检查。

④ 缠绕在辊筒上的物品。如钢丝绳、钢绞线、电缆、纸张等,必须使辊筒两端板直立存放,否则易松动,维护保养困难,搬运不便。

【6-1拓展知识】

⑤ 其他具有标志要求立放的物品。

本章小结

本章内容为仓储管理的布局决策,即决定仓库内部应该如何规划。仓储布局决策可以决定整个仓库的运作效率。

本章首先介绍了仓储布局与设计的目的和原则;其次详细分析了仓储布局的3种基本类型,即 I 型、L 型和 U 型;最后对仓储布局规划层次与布局类型(总平布置、单体布置、立体布置)进行了解释。

第6章 仓储管理的布局决策

本章练习

一、选择题

1. 常见仓储布局类型中，I型仓储布局设计主要的缺点是（　　）。
   A. 内部结构布置简单
   B. 整体运输路线较长
   C. 人流或货流之间的冲突交叉点较少
   D. 可减少作业过程中搬运设备相撞与拥堵情况

2. （　　）是指货架或货垛的长度方向与库房两侧墙壁互相垂直的布置方式。其优点是便于存取、盘点和采光、通风。
   A. 横列式布置　　　B. 纵列式布置　　　C. 斜形布置　　　D. 混合式布置

二、设计题

图6.6是某配送中心的布局示意图，若该配送中心每小时停靠8辆车，每辆车平均停靠30分钟，则应设置几个站台？同时，说明A、B、C、D、E代表的分区含义。该配送中心的布局属于哪一种类型的布局（I型/L型/U型）？这种布局的特点是什么？

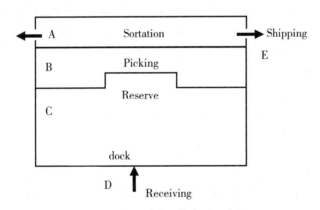

图6.6　某配送中心的布局示意图

案例讨论

基于SLP和生产物流的F公司车间设施布局改善

1. F公司简介

F公司是一家国内及全球领先的精密光电薄膜元器件制造商，以拥有自主知识产权的精密光电薄膜镀膜技术为依托，长期致力于精密光电薄膜元器件的研发、生产和销售。公司主要产品包括红外截止滤光片及镜座组件和纯平触摸屏，广泛应用于手机、数码照相机、摄影机、投影仪、DVD设备等消费类电子产品领域，以及医疗器械、监控系统、光通信等其他领域。

F公司在苏州和南昌建有大型生产基地。南昌第一期厂区占地面积300多亩，目前正在扩建中。

2. CG 一厂白片车间生产工艺及作业流程

南昌 F 公司 CG 一厂白片车间主要生产强化玻璃，CG 一厂白片车间共有 4 个厂，其中一、二厂主要是白片车间，三、四厂是镀膜、丝印车间。白片车间主要生产不同尺寸、已经强化好的供三、四厂及深圳工厂的半成品。白片车间的生产流程主要为开料、CNC（Computer Numerical Control）、前清洗前检验、前研磨、强化、后研磨、后清洗后检验，其中前研磨负责对生产刮伤等造成的不良品的返工作业。各个工序情况具体如下。

（1）开料是指使用玻璃切割机将玻璃切割成相应机种的尺寸，每个机种在切割机上都有固定的程序，切割时按照程序切割，切割机又分大机台与小机台。待切割完成后，工作人员再将玻璃掰成小片，然后送到下一道工序——CNC。

（2）CNC 是一种由程序控制的自动化机床。该控制系统能够逻辑地处理具有控制编码或其他符号指令规定的程序，通过计算机将其译码，从而使机床执行规定好的动作，通过刀具切削对玻璃进行倒角、外形磨削、开槽或者打孔。

（3）前清洗前检验是对 CNC 之后或者前研磨之后的玻璃进行清洗，先将玻璃放在加了清洗剂的水中进行超声清洗，然后在清水中清洗，最后要经过烤箱或者甩干机将玻璃上残留的水去除。清洗完之后就要经过前检验进行全检，检查玻璃是否清洗干净、是否有刮伤等不良现象，不良品就流到前研磨返工，研磨时间一般是 20min，良品则送到下一道工序——强化。

（4）前研磨的来料除了一厂生产过程中产生的不良品之外，主要是来自三、四厂返工的不良品，工作人员从三、四厂的中转仓将不良品领来后存储在货架上，前研磨每天根据生管排的计划，先将不良品覆的膜撕去，然后用盒子装好，最后进行研磨。

（5）强化是消耗时间最长的一道工序，根据不同的材质或者客户的要求，强化的时间是不同的，大部分是 6h。强化之前，工作人员需在强化炉中加入硝酸钾和催化剂，强化的过程又分为预热、强化和退火。经过强化的玻璃要经过泡水来消除其表面的硝酸钾，然后送到后研磨工序进行研磨。

（6）后研磨的研磨时间大部分是 3min，部分机种需要 8min。后研磨的主要作用是消除玻璃表面的轻伤和无法清洗的污渍。

（7）后清洗后检验的工艺与前清洗前检验差不多，只是后检验不是全检，而是抽检。检验之后就用覆膜机对玻璃进行覆膜，然后打包送到三、四厂中转仓或发往深圳的成品仓。

CG 一厂的工艺流程图如图 6.7 所示。

3. CG 车间物流器具分析

CG 一厂车间目前使用的搬运工具有手动液压搬运车、平板手推车、车间物料配送车。手动液压搬运车一般用来搬运未开箱的整箱玻璃等大而重的材料。平板手推车一般用来推待切割的玻璃、待强化的玻璃、强化用的硝酸钾等物料。车间物料配送车是使用最多的搬运工具，几乎各个工序都有，车间的物料员都是用物料配送车来收发料的，这种搬运车辆的优点是可以放多层，很适合玻璃这种不可以堆放的物料，还可以作为临时的货架暂时存放需要发往下一道工序的玻璃。

4. CG 车间物流存在的问题

（1）目前 CG 三、四厂还在老厂区待搬迁，而中转仓是和三、四厂一起的，三、四厂退回的不良品是从老厂用货车送到一厂所在的新厂区的，所以每次退回的不良品数量较多，而这些不良品只能放在前研磨区域，造成大量产品堆积在车间的现象。

（2）由于一厂正在扩产，最近新增了一些设备，如 CNC 机台、研磨机。车间所有设备都是比较重的，因此并没有改变原来那些设备的位置，只是在空余的位置新添设备，这样就导致同一工序的设备没有放置在同一区域。例如，前研磨就放在两个区域，两个区域中间放置的是 CNC 机台。

（3）物流路线存在迂回现象。例如，一个前研磨区域返工后的玻璃需要送到前清洗前检验区，再到强化区，这样就存在路线迂回的现象。

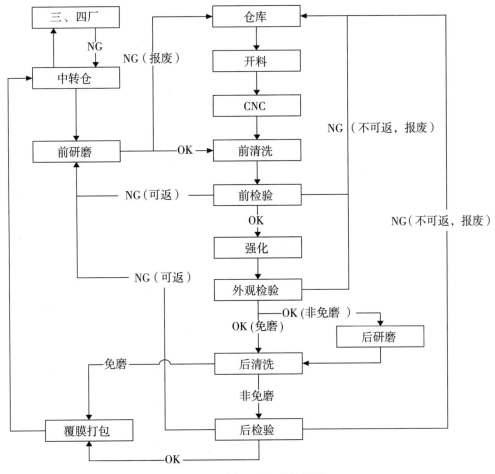

图6.7 CG一厂工艺流程图

（4）除了开料、前检验、后检验之外，其他所有工序的加工都是需要水的，所以一厂车间需要良好的排水系统。有的地方有排水沟渠，有的地方则用排水管道排水，这些管道都铺在地面上，所以阻挡了搬运车的行动，导致物料员搬运物料的时候得走多余的路。

CG一厂车间面积为 $8\,640m^2$，长144m，宽60m。车间布局简图如图6.8所示。

5. 运用SLP技术对CG一厂车间进行布置

（1）从至表。

根据CG一厂目前所生产的机种的工艺流程，将其分为5类，分别为A、B、C、D、E；共涉及开料、CNC、前清洗、前检验、前研磨、强化、后研磨、后清洗、后检验9个作业单位，分别以1～9代替。

A类产品是指需要经过后研磨的正品；

B类产品是指不需要经过后研磨的正品；

C类产品是指由前检验检出的不良品返回前研磨加工，再经过前清洗以后的流程的产品；

D类产品是指由后检验检出的不良品返回前研磨加工的产品；

E类产品是指由三、四厂或者深圳工厂退回前研磨返工的不良品。

这5类产品的工艺路线及运量见表6-4，各作业单位搬运量见表6-5。

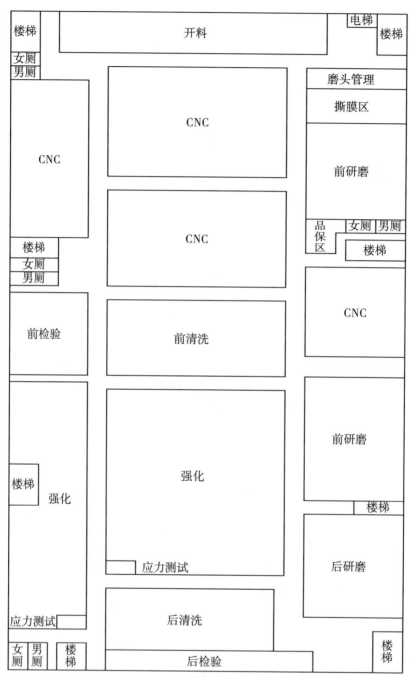

图 6.8　车间布局简图

表 6-4　产品的工艺路线及运量

产品号	工艺路线	每天搬运数量（万片）
A	1→2→3→4→6→7→8→9	3
B	1→2→3→4→6→8→9	6
C	4→5→3→4→6→7→8→9	2
D	9→5→3→4→6→7→8→9	1
E	5→3→4→6→7→8→9	4

第6章 仓储管理的布局决策

表6-5 各作业单位搬运量

从＼至	1	2	3	4	5	6	7	8	9
1. 开料		9							
2. CNC			9						
3. 前清洗				16					
4. 前检验					2	16			
5. 前研磨			7						
6. 强化							10	6	
7. 后研磨								10	
8. 后清洗									16
9. 后检验					1				

(2) 物流强度相关图。

这里以车间各个工序间每天的运量为物流强度，见表6-5。根据表6-5的统计，对它们进行分级，以便对作业单位之间的关系密切程度进行比较，见表6-6。

表6-6 物流强度分析表

序号	路线	物流强度	作业单位对	物流强度 0 5 10 15 20		等级
1	3→4	16	3—4	████████████	16	A
2	4→6	16	4—6	████████████	16	A
3	8→9	16	8—9	████████████	16	A
4	6→7	10	6—7	████████	10	E
5	7→8	10	7—8	████████	10	E
6	1→2	9	1—2	███████	9	E
7	2→3	9	2—3	███████	9	E
8	5→3	7	5—3	█████	7	I
9	6→8	6	6—8	████	6	I
10	4→5	2	4—5	█	2	O
11	9→5	1	9—5	▌	1	U

物流强度等级划分采用著名的A、E、I、O、U等级，一般A占总作业单位对的10%，E占20%，I占30%，O占40%，U级代表那些无物流量的作业单位。

最后，把所得物流强度等级在相关图上标出，物流强度相关图如图6.9所示。

(3) 关系工作表法布置过程。

① 关系工作表。关系工作表法的逻辑条理较强，容易得到较好的布置结果。主要步骤如下：①将相关图转化为关系工作表(Relationship Worksheet)；②将每个作业单位制作出一个相同面积的拼块，得到拼块图(Dimensionless Block Diagram)；③在拼块图上做流程分析(Flow Analysis)；④将拼块图转化为面积图。

关系工作表是对物流强度相关图的进一步总结，它每行列出一个作业单位，A、E、I、O、U各成一列，将与每行所列作业形成A、E、I、O、U各级关系的其他单位分列在各列之中，如一列中有多种关系，就以逗号隔开。完成的关系工作表见表6-7。

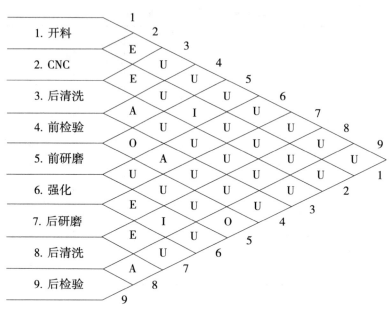

图6.9 物流强度相关图

表6-7 关系工作表

作业单位	A	E	I	O	U
1. 开料		2			
2. CNC		1, 3			
3. 前清洗	4	2	5		
4. 前检验	3, 6			5	
5. 前研磨			3	4	9
6. 强化	4	7	8		
7. 后研磨		6, 8			
8. 后清洗	9	7	6		
9. 后检验	8				5

② 无面积拼块图。对每一个单位做一个同样大小的方块，称为无面积拼块。在拼块上，将作业单位代号写在正中央，名称写在代号上面，4个角分别放置与之成A、E、I、O关系的，U级关系不用考虑。做成的无面积拼块示例如图6.10所示。

4　　　　2	3,6	6,8	8
A　　E	A　　E	A　　E	A　　E
前清洗	前检验	后研磨	后检验
3	4	7	9
I　　O	I　　O	I　　O	I　　O
5	5		

图6.10 无面积拼块示例

摆放时，先找出关系最重要的，即 A 最多的，若 A 级数量相同，再比较 E 级的。将此块先放于中央位置，这里为 4；再看 4 块的 A 角和 E 角。摆放的规则是：A 级关系要靠边放，E 级关系至少角靠角。

完成后的拼块图是有多种情况的，图 6.11 是其中几种。

 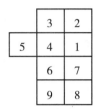

2	1
3	4
5	6
8	7
9	

图 6.11　完成后的部分拼块图

③ 面积图。结合无面积布置图，可以做出有面积的块状布置图（Block Layout）。已知 CG 一厂各作业单位的面积需求见表 6-8。

表 6-8　CG 一厂各作业单位的面积需求

代号	名称	面积（m²）	单元格数（个）
1	开料	378	12
2	CNC	2 170	60
3	前清洗	540	16
4	前检验	216	6
5	前研磨	804	22
6	强化	1 890	52
7	后研磨	400	12
8	后清洗	396	11
9	后检验	250	7

可以算出，总需求面积为 7 044m²，按照 CG 一厂车间实际长宽比 1∶2.4 得出长为 54m，宽为 132m。以 6m×6m 为基本单元格，总共有 198 个单元格，取 7 128m² 进行布置，各作业单位的单元格数见表 6-10 中的"单元格数"列。

这样，面积块状布置就是在此 198 个格子上分配各作业单位的。以图 6.11 的拼块图为基础，可以得到不同的格子布置图如图 6.12 所示。这里尽量保持各单位的完整性和物流流程的畅通。当然，得到的图形还显粗糙，需要进一步调整与修正。

需要的面积常常受到实际可能性或其他因素的限制，因此必须对所需面积进行适当调整，使之可行，即符合厂房的整体外形，以符合各作业单位面积的需求。调整时可压缩一些不必要的面积，也可进行新的组合。修正后的块状布置图如图 6.13 所示。

④ 详细布置图。得到块状布置图还不是设施布置工作的完结，还需要安排车间的设施和设备，得到详细布置图。在这一过程中，要综合考虑车间的各项因素，如机台的外形尺寸、人机配置情况、作业内容相似性等。只有考虑到各项因素，才能规划出科学合理的车间，这样既可以节约占地面积、节省工程费用、方便生产管理，还可以方便物流和物料搬运，集中供水、供气和采暖、通风等。CG 一厂白片车间最后的详细布置图如图 6.14 所示。

图 6.12　格子布置图

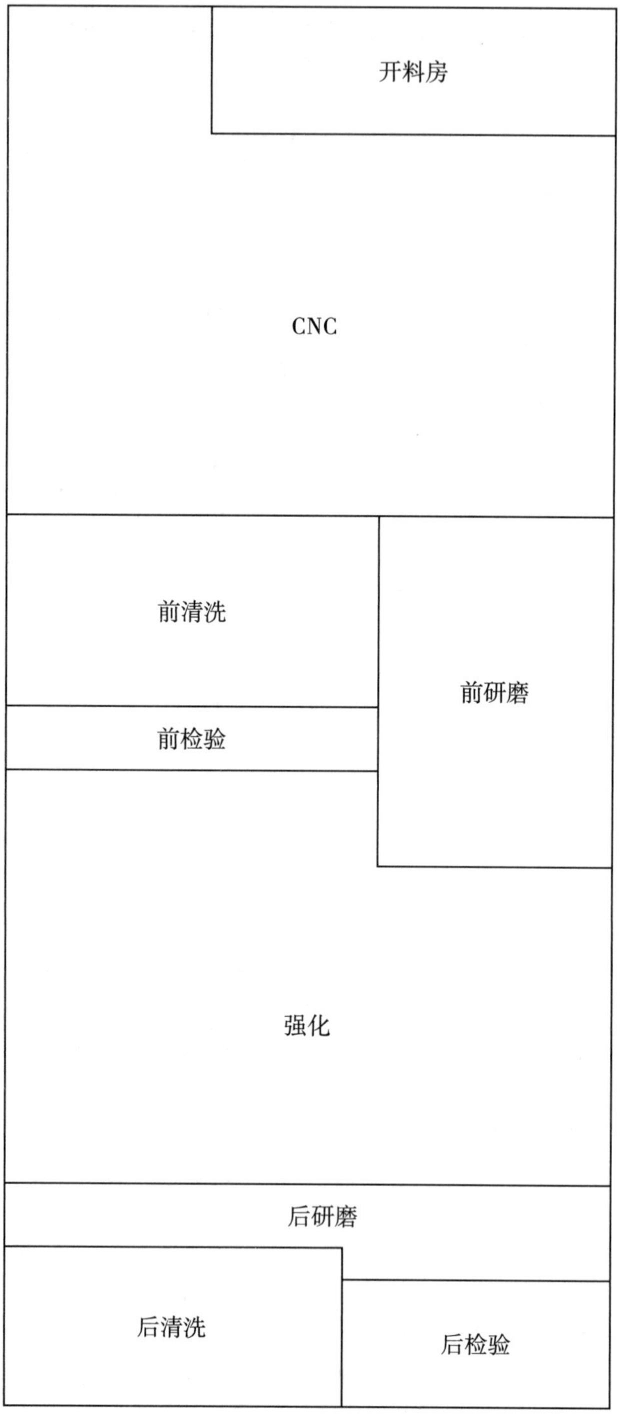

图 6.13　修正后的块状布置图

第6章 仓储管理的布局决策

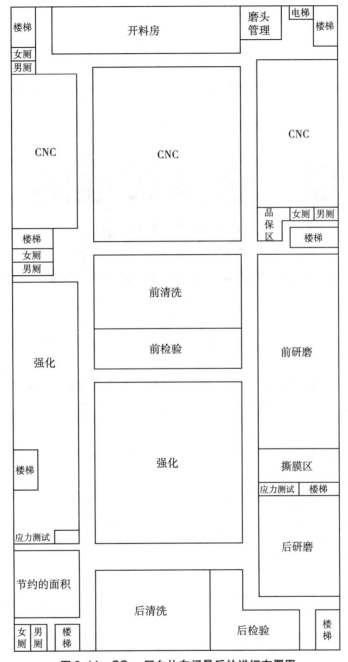

图 6.14　CG 一厂白片车间最后的详细布置图

思考题：
1. 运用 SLP 方法改善 CG 车间的布局有哪些步骤？新布局的优越性体现在哪些方面？
2. 如何评价成本的减少及效率的提高？

第7章 仓储管理的设备决策

【学习目标】

掌握物流装备的定义、仓储系统和搬运系统的内涵,了解仓储设备选型的要求和意义,熟悉货架、托盘的种类和物流装备标准化的要求。

【关键术语】

- 物流装备(Logistics Equipment)
- 设备标准化(Facility Standardization)
- 托盘(Pallet)
- 货架(Rack)

导入案例

唐代安邦兴国、富国强民的改革家刘晏

刘晏是唐代著名的改革家。公元 762 年,当时漕运废弛多年,关中粮食困难,饥荒四伏。刘晏接管漕运后,向宰相提出了改革方案。原先的运粮路线是自淮河经汴水入黄河,再转渭水到达长安,途中经常翻船。刘晏将以前的直运法改为四段运法,即江淮的粮食至长安的全程路线分为 4 个运段,使江船不入汴水,汴船不入渭水,提高了运粮效率,杜绝了翻船事故。他在皇帝面前立下军令状:一年后让这条运输路线运量翻番。

得到皇帝的批准后,他重新设计路线,清理河道,在扬州、汴口、河阴、渭口等河道的交界处设仓储粮,设立仓码头。投入雄厚的资金在长江流域的扬子县设立了十个大型造船厂,训练将士运粮,不再征发沿河壮丁服役。根据四段运法打造的漕船再也没有发生翻船事故,不仅提高了效率,减少了损耗,降低了运费,还免除了艰辛的劳役,每年的粮食运量达到 40 万石,江淮的粮食被源源不断地输送到长安,带动了沿线经济的发展,使得仓储、物流、码头、造船等行业迅速兴起。

启发思考:
(1) 刘晏为什么将以前的直运法改为四段运法?目的何在?
(2) 为什么要在长江流域的扬子县设立大型造船厂,并训练将士运粮?

7.1 仓储设备概述

物流装备(Logistics Equipment)就是直接应用于物流活动,改进并提高其工作效率的各种设施与设备总称。

物流装备按功能一般可分为以下 4 个部分(图 7.1)。
(1) 存储系统,包括容器设施、存储设备、货架、堆垛机等。
(2) 搬运系统,包括起重输送机械、自动车、叉车等。
(3) 流通加工系统,包括印刷条码标签设备、计重计量设备等。
(4) 周边设备,包括裹包设备等。

图 7.1 物流装备的构成

物流装备的配备是否合理将直接影响到企业物流及运作的效率和服务水平。在进行系统规划过程中，对物流装备的规划布置，应根据不同功能的厂房布置和面积需求，选择适当的物流设施布置。

随着物流用户需求的变化和科技的创新发展，未来物流装备与技术的发展趋势如下。

（1）信息化。现代物流是商流、信息流的统一，实现物流与信息流的高度集成，或实现物流的信息化，在目前和未来一段很长的时间内都是所有与物流相关的企业必须关注和达到的主要方向和目标。因此，信息技术逐渐成为物流技术的核心，物流设备与信息技术紧密结合、实现高度自动化是必然趋势。

（2）标准化与个性化。标准化包括硬件设备的标准化和软件接口的标准化。标准化可以实现不同物流系统的对接，使客户对系统同时有多种选择。在标准化的同时，物流设备供应商也将针对不同行业、不同地区、不同规模的客户提供个性化的物流系统产品和服务。

（3）环保与节能化。企业在选择物流设备时，将更关注环保与节能方面的问题。很多物流设备供应商已主动顺应这一社会潮流。

7.2 存 储 设 备

存储设备的主要功能是把物料存入仓库，或者提取使用。一般将存储设备分为两类：集装单元系统和小件型存取系统。

（1）集装单元系统一般存储大的物料，如整托盘货物、大箱货物和大型料卷。它们的应用包括整箱发货存储、补给存储和拆箱的存储。

（2）小件型存取系统一般用来存储小型、少量的货物。每个储位可放多种货物，但最大存储重量不超过 0.5kg。

7.2.1 集装单元存储设备

集装单元存储设备的种类可按货架结构、巷道容深能力、堆垛能力、集装单元存取能力和资金支出等方面来划分。

1. 单元堆码

单元堆码（Block Stacking）是指集装单元彼此上下堆码，这些分区存放在地面上，深度为 2～10 个单元，见图 7.2。

由于单元重量和堆码要求的不同，堆码高度低则两层，高的可以达到单元安全限制高度或建筑物净空高度。单元堆码最适合于同一托盘存放多种库存量单位（Stock Keeping Unit，SKU）和货物进出量大的情况。单元堆码的码堆中货物被取出时就会出现蜂窝损失的现象，因为在一个码堆里只能存储一种 SKU。

图7.2 单元堆码

2. 双深式货架

双深式货架(Double-deep Rack)与单深选取式货架唯一不同之处是,它有两个集装单元的存储深度。双深式货架的优点是,通道面积减少了,空间利用率提高了。在大多数情况下,与单深选取式货架相比,它可以节省50%的通道面积。当每种 SKU 的存储需求超过六个集装单元时,或者当产品收发频繁每次不少于两个单元时,通常采用双深式货架。由于集装单元是存储在双深货架内的,因此要用双深前移式叉车来提取货物。

【7-1拓展视频】

3. 驶入式货架

驶入式货架(Drive-in Rack)与双深式货架相比,进一步减少了通道空间。驶入式货架一般用于存储巷道有 5~10 个单元深度的情况。它们允许叉车驶入货架内的几个位置,以存放或提起集装单元。这种操作之所以可行,是因为货架是由立柱和其上的水平支轨组成,这些支轨用来支撑位置高于叉车的集装单元。这种结构允许存储二、三层货物,且每层是独立承重的。但驶入式货架的缺点是叉车在货架内要小心行驶,速度不宜过快。

【7-2拓展视频】

4. 贯穿式货架

贯穿式货架(Drive-thru Rack)与驶入式货架不同之处在于它的两边都可以进入。贯穿式货架采用流动的方式来暂存货物,即在一头存货在另外一头取货。一般用于驶入式货架的设计要求也适用于贯穿式货架。

【7-3拓展视频】

5. 托盘重力式货架

从功能上讲,托盘重力式货架(Pallet Flow Rack)类似于贯穿式货架,但是货物是通过轮子、辊子或气垫,从存储巷道的一头流到另一头。从存储巷道的前端取出货物后,后一个货物自动流转到拣货面前。托盘重力式货架的货物吞吐量高,存储密度也高,因而适合于库存周转率高的货物。

【7-4拓展视频】

6. 推回式货架

推回式货架（Push-back Rack）也称后推式货架，为每个托盘提供一个轨道导引的小车，是一种后进先出的深巷存储方式。货物存放后，它的重量和小车的推力推动巷道后面的货物，从而为该货物腾出空间。当从存储巷道前部取走货物时，后面货物由于重力作用会自动地靠前。

【7-5拓展视频】

7. 移动式货架

从车轮或者路径上来说，移动式货架（Mobile Rack）实际上是装上了轮子或导轨的单深选取式货架。这样的设计允许整排货架与相邻货架分开。也就是说，只有要取货时，通道才移出来，其他的时间没有通道空间。要拣取某一排的货物时，可将其相对行移开，在目标货架前形成一个通道。当空间不足或者存货周转率低时，移动式货架就可以派上用场。

【7-6拓展视频】

8. 悬臂式货架

悬臂式货架（Cantilever Rack）有一排间隔数米的立柱，立柱一侧或两侧伸出悬臂用于承载货物。悬臂式货架的优势是能提供长而无阻隔的存储架，水平空间的使用不受竖直部分的限制。悬臂间可铺有木材或金属的甲板，也可以什么都不铺。悬臂式货架适宜放置长的料卷、棒材、管材、金属板或木板。

【7-7拓展视频】

9. 阁楼式货架

阁楼式货架（Mazzanine）是一种充分利用空间的简易货架，如图7.3所示。在已有的货架或工作场地上建造一个中间阁楼以增加储存面积。阁楼楼板上一般存取一些轻包及中小件货物，适宜多品种小批量货物，可用叉车、输送带、提升机、升降台提升货物。阁楼上一般采用轻型小车或托盘牵引小车作业。

阁楼式货架适用于放置中小件、规格统一的产品，易于分类，取货方便快捷，结构牢固，此货架承重量大多在800kg，此平台可节约场地空间，大大减少了空间的浪费。

阁楼式货架允许将场所的高度进行最大限度利用，让面积增加2～3倍。阁楼式货架是最大限度地利用现有空间的最佳解决方案。

10. 旋转式货架

旋转式货架（Carousel）是一种设有电力驱动装置的货架。货架沿着由两个直线段和两个曲线段组成的环形轨道运行，由开关或用小型电子计算机操纵。存取货物时，把货物所在货格编号由控制盘按钮输入，该货格则以最近的距离自动旋转至拣货点停止。运动货架拣货路线短，拣货效率高。依据储存货品的要求，可采用不同方向移动的货架连接组成。主要有3种形式：水平旋转式货架、垂直旋转式货架和独立旋转式货架。其中，水平旋转式货架如图7.4所示。

旋转式货架操作简单、存取作业迅速，适用于电子零件、精密机件等少量多品种小物品的储存及管理。其货架移动快速，存取物品的效率很高，又能依需求自动存取物品，并可通过适配卡与计算机联机实现存货自动管理。旋转式货架受高度限制少，可采取多层方式，故空间利用率高。

图 7.3 阁楼式货架

图 7.4 水平旋转式货架

7.2.2 集装单元拣取设备

集装单元拣取设备按其自动化程度、费用、提升高度和通道宽度需求来分类。设备的提升高度越高,作业通道越窄、自动化程度越高,它的价格就越高。但高的价格对于相关空间和劳力的节省还是很划算的。

两种主流的集装单元拣取设备是托盘堆垛车和平衡重式叉车。其他类型的集装单元拣取设备有插腿式叉车、插腿式前移叉车、侧面叉车、转塔式叉车和混合式叉车等。

1. 托盘堆垛车

托盘堆垛车(Walkie Stackers)是指带有动力传动装置和动力起升装置,能进行装卸、搬运和堆垛托盘和托盘化货物的小型车辆,属于蓄电池类堆垛车。托盘堆垛车适用于在狭窄通道和有限空间内的作业,是仓储物流行业的理想工具。目前,国内外生产托盘堆垛车企业很多,功能大同小异。

【7-8 拓展视频】

影响堆垛车操作效率的因素主要有车辆行驶速度、货叉升降速度及操作方便性。行驶速度受电机功率、安全、标准及经济性等方面制约,设计时要综合考虑各方面因素。目前,较合理的空载行驶速度为 6km/h(步行式)和 10km/h(站驾式),满载速度为 5km/h(步行式)和 8km/h(站驾式)。货叉升降速度是影响作业效率的另一重要因素。货叉起升速度受到电机功率、电控技术及经济性等方面的制约,而出于安全性考虑,货叉下降速度不能过快。

2. 平衡重式叉车

物料搬运的主力是平衡重式叉车(Counter-balanced Lift Truck)，也即人们通常所指的叉车，如图7.5所示。并非所有的叉车设计都是用货叉来提升货物，也可用活塞式属具，广泛使用的属具有30多种。平衡重式叉车在后轮上安装平衡重块，从而使起重能力可以达到45t，提升高度可以达到7.5～9m。

【7-9拓展视频】

图7.5 平衡重式叉车

平衡重式叉车是最常见的存取车辆之一。当我们希望用同一车辆既进行装卸作业，又进行存取作业时，平衡重式叉车是一种比较好的选择。如果是采用单元式堆垛、驶入式与贯穿式货架和柱式托盘时，就要提供满足平衡重式叉车的作业通道。由于平衡重式叉车必须要在存储库的通道里转向，以便取出托盘货物，因此通道的宽度要求在3～4m，这比其他类型的叉车要宽得多。

平衡重式叉车的主要优点是成本低和灵活性好。除了货叉，叉车门架上也可以安装其他的属具，以用于特殊形状货物的作业。叉车属具的主要功能是节省时间和空间，降低产品损坏率，节省劳力或省却其他设备的使用。

3. 插腿式叉车

插腿式叉车(Straddle Carrier)搬运的货物放在驾驶员的下面，车跨在货物上面，然后把货物叉起来并把它送到指定的地点。插腿式叉车主要是用于室外长散货物的搬运，可以搬运50t以上的货物，甚至可以搬运集装箱。它结构紧凑，货叉在两腿之间，不会失去稳定性，尺寸小，工作方便，但是由于货叉最低高度的限制，货架必须设置得高一些，货叉才能插入。它适用于工厂、车间、仓库内效率要求不高，但需要有一定的堆垛、装卸高度的场合。插腿式叉车如图7.6所示。

4. 插腿式前移叉车

插腿式前移叉车(Straddle-reach Truck)是通过缩短传统插腿式叉车上的插腿(Outriggers)并增加货叉前移能力发展而来的。这样存取货物时不需要插腿伸到货物的底下。因此最低层货物可放在地面上，节省了货架成本，降低了竖直存储要求。插腿式前移叉车有两种基本类型：前移门架型和剪式装置(前移货叉)型。前移门架型叉车沿着插腿内侧设有一组导轨。双深前移叉车是剪式装置型叉车的一种，它允许货叉延伸到可装载两进深的货物。插腿式前移叉车如图7.7所示。

第7章 仓储管理的设备决策

图7.6 插腿式叉车

图7.7 插腿式前移叉车

5. 侧面叉车

侧面叉车(Sideloader Truck)的货叉和货物平台位于叉车的侧面，进入通道后，侧面叉车只在一侧进行装卸作业，存取货物时不必在通道内转弯，见图7.8。侧面叉车有两种类型：一种是整个门架沿着导轨横向移动；另一种是门架固定货叉可伸缩。侧面叉车的通道宽度要求小于插腿式叉车和插腿式前移叉车。典型的通道宽度为1.5～2m，可铺轨道导向。侧面叉车一般可以存取高达9m的货物。为了存取特殊位置的货物，侧面叉车必须调整方向进入通道正确的一端，这额外的增加了叉车行程。侧面叉车自身的结构显然让它倾向于存取悬臂式货架上的长料。

侧面叉车能够装载各种超长重物，在狭窄的通道上运行，这是一般正面叉车所不能做到的。侧面叉车能进行各种成型货物的堆垛作业，提高货物的空间储放量，是仓库、货场实现规范化作业的必备机械。

图7.8 侧面叉车

【7-10拓展视频】

6. 转塔式叉车

转塔式叉车(Shuttle Truck)是现代新型叉车，它在存取托盘货物时不需要在通道转向，而是货叉绕着门架旋转，或者整个门架绕着车身旋转，或者采用穿梭货叉装置。通常这类叉车能存取高度达12m的货物。这样，在地面空间有限时，可以增加货物的存储密度。它还可运行在仅1.5～2m宽的通道上，从而进一步提高了存储密度。

7. 混合式叉车

混合式叉车(Hybrid Truck)类似于转塔式叉车，但混合式叉车的驾驶室同货物一起升降。

转塔式叉车是从自动仓库里的巷道堆垛机发展而来的。但与巷道堆垛机不同的是，混合式叉车不限于单个通道，它可离开一个通道进入另一个通道。现有的混合式叉车在通道之外略显笨拙，但它可在通道内进行高效率操作。

混合式叉车运作在 1.5～2m 宽的通道上，采用整体式货架库房结构时允许货架高度18m。混合式叉车的主要优点是地面空间利用率高且能在不同存储通道间移动，缺点是需要重新配置、灵活性差、资金投入高、对货架尺寸公差要求高。

插腿式叉车、插腿式前移叉车、侧面叉车、转塔式叉车和混合式叉车等都属于窄通道叉车(Narrow-aisle Truck)。窄通道叉车与托盘堆垛车和平衡重式叉车的区别在于它可运作于通道 1.5～2.8m 宽、7～9m 高的高效存储空间。

7.2.3 集装单元容器

集装单元容器有托盘、滑板和周转箱。单元化设备有托盘裹膜机、托盘码包机。集装容器和单元化设备组成集装单元载荷(Unit Load)这一便利的搬运方式。采用集装单元载荷使得物料搬运和存储作业更加经济、方便，也保护了物品的安全。

1. 集装容器

集装容器的使用非常广泛，它主要是能减少散装货物移动和存储的次数。在商店，我们用盒子、手提袋来方便搬运；在工业领域，散装货物通常被放在滑板箱(Skid Box)或托盘里搬运。另外，按要搬运和存储物品的尺寸和构造来选择它们的搬运和存储方式，它们可能放在托盘或滑板(Skid)上，用叉车或其他搬运设备来搬运。

物品搬运、存储和控制的方式在很大程度上是由物品的包装方式来决定的。实际上，对集装容器的选择是关键决策，这是物料搬运系统的基础。因此，如果能够选择要使用的集装容器，那么就应该考虑这种选择对随后选择搬运、存储和控制技术的影响。

托盘(Pallet)是一种常见的集装单元形式。上面第一个尺寸是纵梁的长度(托盘长度)，第二个尺寸是托盘铺板的长度(托盘宽度)，各种托盘详见图 7.9。托盘也可以分为两向进叉(Two-way)和四向进叉(Four-way)，前者只能从托盘平行纵梁板的两个相对边伸进去，后者可沿四条边任意方向进叉。

制造工厂里大多使用滑板和滑板箱(Skids and Skid Boxes)。通常它们是用金属制成的，质地坚硬，非常适合对多样化货物的单元化。但滑板箱一般很重，难以用人工搬运。

周转箱(Tote Pans)也称物流箱，是用来对散装物品进行单元化，并有保护货物的功能。可多次利用的周转箱已经成为替代纸板箱的一种趋势。周转箱不用时应当叠放或收折以提高空间利用率。而且，周转箱的尺寸应与托盘和货箱尺寸相配合，以提高物料搬运设备的利用率。

托盘码包机和托盘货物卸码机可用作箱装、罐装，以及瓶装货物的搬运。托盘码包机收到货物后把它们以事先设计好的垛型码到托盘上，托盘货物卸码机则是在收到托盘货物后自动将货物从托盘上取走。表 7-1 列出了几种托盘材料的比较。

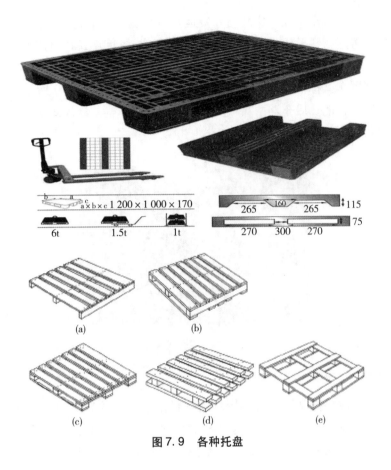

图 7.9 各种托盘

表 7-1 几种托盘材料的比较

材料	毛重(kg)	耐用性	维修性	对环境的影响	典型应用
木材	25～51	中等	高	材料可以生物降解和回收利用	使用很广,包括食品、汽车、耐用货物、五金制品
泡花板	13.5～19	中等	低	材料可回收利用且可燃烧无残留	散货的包装、订单拣货、打印、建筑材料
复合纤维板	3.6～5.5	低	低	材料可以生物降解和回收利用	出口产品、食品行业的单次发货、轻量纸制品、工业零件
塑料	6～34	高	中等	材料可回收和循环使用	食品、药品、农产品、自动仓库、汽车
金属	14.5～45	高	中等	材料可回收和循环使用	食品、药品、农产品、自动仓库、军用、重型设备、航空

容器与托盘的关系称为托盘装载问题(Pallet Loading Problem),托盘装载问题的目标是空间利用的最大化。理论上说,对每一种箱子尺寸,都要从托盘尺寸和装载形式的各种组合中找出一种使体积利用最大化的方式。但是通常托盘尺寸限定在2～3种常见的尺寸。类似的

空间利用问题也存在于货车车厢、集装箱和货运飞机机舱中。但托盘装载问题的目标并不只是空间利用,还要考虑物料搬运设备安全问题、装载稳定性问题,以及成本目标。

展翼式卡车可以从侧面装卸托盘,适合机械快速装卸,速度快,效率高,省时间,省人工,节约成本。展翼车又称飞翼车,是普通厢式车的改进,如图7.10所示,通过动力弹簧、手动装置或液压装置,能开启车厢两翼板及双后门的专用车辆。展翼式卡车用于烟草、家电、衣物、化工、饮料、食品等物品的运输和配送。

图7.10 展翼式卡车

2. 集装单元与仓库尺寸的相互关系

包装箱的技术参数和托盘规格直接影响到物料搬运设备的选择和存储设施的实际配置,还影响到仓库和货车车厢的空间利用。包装箱的尺寸和托盘的尺寸这两个要素就是集装单元设计的重点。成品采用托盘从生产到销售的整体作业流程见图7.11。

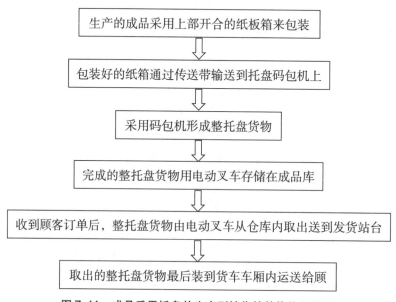

图7.11 成品采用托盘从生产到销售的整体作业流程

3. 容器和托盘

集装单元设计时可考虑的另一种方法是采用容器/托盘的租赁系统。容器和托盘租赁系统的主要优点是减少了空托盘移动的距离，提高了托盘利用率，而且不需要额外空间来存储托盘。因为租赁系统的运作商拥有并负责维护容器和托盘，容器和托盘的质量也会更好，从而对产品的损伤会更小，与物料搬运设备的配合使用也更高效。容器/托盘租赁使用的流程如图 7.12 所示。

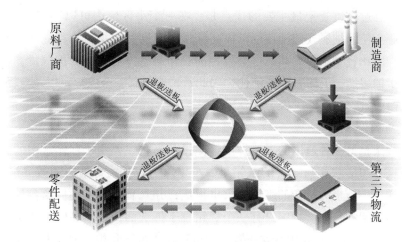

图 7.12　容器/托盘租赁使用的流程

在整个生产和流通系统中，若采用集成的物流和容器/托盘，则移动产品和容器/托盘的效率更高。在这种系统中，空容器/托盘不需要修理，可以直接作为通常的货载直接运送到另一个用户设施中。

7.2.4　小件型物品存储和拣取

小件型物品存储和拣取设备分为两类：人至货型（People to the Goods）和货至人型（Goods to the People）。前者是操作者走向存储点拣取物料，有时也称通道式系统；后者是物料通过机械运给操作者，有时也称离道式系统。通常，货至人型设备比人至货型设备的生产率更高，监督管理更容易，安全保护性更好。当然，货至人型设备价格更贵，重新配置更难，保养费用也更高。

1. 人至货型存储设备

存储小件型物品的 3 种主要人至货型存储设备类型是：轻型货架、抽屉式储柜和小型重力货架。为了提高空间利用率，以上每种存储设备都可以组成阁楼式或移动式存储结构。

（1）轻型货架。

轻型货架是最古老、最常用的小件型物品存储拣货设备。它的初始成本低，配置容易改变，安装简便且维护费用低，因而使用广泛。但轻型货架在初始成本和维护费用方面的节省可能不足以抵消它在空间和人力需求方面的高成本。

因为货物的尺寸通常不可能与轻型货架的储位尺寸完全相符，所以其空间就不能充分利用。并且货架的高度受到操作人员取货最大高度的限制，以致建筑物空间也不能得到充分利用。低空间利用率带来的结果是双重的。首先，场地的置办和管理费用提高。其次，由于低空间利用率造成面积增大，导致人力需求和成本也就越高。轻型货架存储的另外两个缺点是监督管理和安全保护的问题。

（2）抽屉式储柜。

抽屉式储柜是模块化的设备，每个储柜都有几个标准大小的抽屉，而每个抽屉又分成几个标准的格子，储柜可以看成是有抽屉的货架单元。

抽屉式储柜胜过轻型货架最主要的优点是：在一个小区域内可以存储很多品种的货物，方便拣货员作业。使用抽屉式储柜还可以提高拣货准确度和保护货物免受环境影响。抽屉式储柜的拣货准确度比轻型货架的高，这是因为抽屉朝通道方向拉出后拣取货物很方便。不拣取货物时，由于抽屉能被关闭且能被锁住，因此货物能得到安全保护。但是与轻型货架相比，抽屉式储柜价格较贵。

（3）小型重力货架。

小型重力货架是另一种通用的人至货型存储设备，它主要用于存储常用的物品，这些物品存放在外形尺寸和形状相当统一的纸箱里，小型重力货架可以使空间效率进一步地提高。像轻型货架一样，小型重力货架的维护要求也很低，并且有来自不同厂商各种不同的结构和尺寸。小型重力货架的每列货物中只有一个货箱位于拣选面，这样在较小的面积内就有很多种 SKU 面向拣货员。因此，采用有效布置后，可以减少步行和相应的人力需求。

轻型货架、抽屉式储柜、小型重力货架都可以置于阁楼之上。使用阁楼的优点是在原有的场地面积上不花费多少钱就能增加将近两倍的货物存储量。阁楼主要的设计难点是承载级别的合理选择、阁楼上层物料搬运系统的设计以及净高的利用。考虑采用阁楼式货架至少要有 4 米的净高。

轻型货架、抽屉式储柜、小型重力货架都能"移动化"。最常用的移动化方法就是采用类似火车轨道的方法：平行的轨道铺设在地面上，仓储设备的底部设置车轮，就形成了移动式设备。各排存储设备之间只需要一个通道，这样就节省了空间。将两相邻的两排设备分开就形成了通道，因此通道是"漂浮"在相邻的两排设备之间。存储设备的移动要么是沿着轨道简单地滑动，要么是靠转动装在每排设备末端的曲柄，或是靠启动电机驱动来实现。但这种方法的缺点是存取物品的时间增加了，每次存取货物时，必须先移开形成相应的存储通道。

2. 人至货型拣取设备

在人至货型拣取系统中，操作者可以行走，也可以驾驶车辆来到拣取地点。人至货型拣取设备有 3 种，即拣选小车、拣货叉车和载人自动巷道堆垛机。

（1）拣选小车。

拣选小车形式可推动货物、分拣包裹等。该车允许拣货员一次拣选多个订单。这样，极大地提高了生产率。最普通的拣选小车有几层分隔，用于不同订单货物分开放置、存放文书簿记和记号设备，还有一个小梯子用于拣取稍高的货物。

(2) 拣货叉车。

拣货叉车有时称动臂拣货叉车，能将拣货员提升到较高的拣货位。按进出频繁程度可将不频繁的货物置于高处，也可采用智能拣货，以提升拣货效率。

(3) 载人自动巷道堆垛机。

载人自动巷道堆垛机是一种自动巷道堆垛机，但它能搭乘拣货人员，来回穿梭于拣货位。其对应的存储形式可以是层叠货箱架、层叠储柜或者托盘货架。这种巷道堆垛机可以是限定在一条巷道内的，也可以是自由移动的。

载人自动巷道堆垛机与前面的其他人至货系统相比，极大地节省了场地面积和拣选时间。只要地面负荷、承重能力、吞吐量和提升高度允许，箱架和储柜就可以叠码到足够的高度。此外，行走和提升都是自动的，借助载人自动巷道堆垛机能自动地驶到正确的位置，从而大大提高取货效率。

3. 货至人型设备

货至人型设备是使货物移向操作者。在货至人型设备中，总的拣选时间中的行走时间是机器将货物送到拣货员面前所花费的时间。而且正确的储位自动地展现给操作者，使总的拣选时间中寻货时间也大为减少。如果系统设计得当，生产率就大大提高。两类较流行的货至人型设备是旋转式货架和小件巷道堆垛机，但成本更高、效率也更高的设备是自动分拣机。

(1) 旋转式货架。

旋转式货架是放置和旋转货物以供存取的机械装置。对于小件货物的存取一般有 3 个类别：水平旋转式货架、竖直旋转式货架和独立旋转式货架。

水平旋转式货架是一串相连的旋转容器，这些容器都连接在活动架上，由驱动装置在空中或地面驱动。货架绕着垂直地面的轴旋转。位于旋转货架前的拣货员从货架上拣取货物，可以人工控制，也可以由计算机控制。

竖直旋转式货架是将水平旋转式货架翻起来，然后用金属板围起来。这种货架可由计算机自动控制或由拣货员操作货架工作面上的键盘来控制。竖直旋转式货架中的一个优点是物品保护更好、安全性更高。在竖直旋转式货架中，一次只有一层货物暴露在外，并且货架上的所有物品都可锁定。按单位存储空间计，竖直旋转式货架一般比水平旋转式货架贵，原因在于金属围护外壳造价高。

独立旋转式货架就像多个水平旋转式货架一个个层叠在一起，它的每一层都独立地旋转。在独立旋转式货架中，有多个存储位置可供拣货员存取，这样，拣货员就能不间断地作业。远距离的拣货、装配或工序暂存是独立旋转式货架最常见的应用。应用时，机器人位于货架的末端，拣取进出的物品。独立旋转式货架同时具有较高的吞吐率和存储密度，其价格也远大于水平旋转式货架和竖直旋转式货架。

(2) 小件巷道堆垛机。

小件巷道堆垛机是适用于存储小型货物及高度较高的仓库自动化轻型堆垛机，它采用固定路径的存取机械，运行在固定排列的储藏货架之间的一条或多条轨道上。在小件自动库系统中，小件巷道堆垛机在存储巷道里可沿水平方向和竖直方向同时行进，将存储容器来回运送于系统末端的拣货站。拣货站一般有两个位置，一左一右。当拣货员从左边拣货站的容器里拣取物品时，巷道堆垛机就把容器从右边拣货站运回它在货架上的位置，并且带回下一个容器。这样，订单拣货员就可以在左右拣货站间来回作业。

7.3 输送设备

在两个固定路径之间进行经常性的物料移动时要用到输送设备，但要有足够的运量以满足专用设备的经济要求。根据物料类型和移动方式的不同，可以选用不同的输送设备。输送设备主要有以下几种类型。

1. 滑槽输送机

滑槽输送机（Chute Conveyor）是比较便宜的输送物料的设备之一。螺旋式滑槽输送机可用来跨楼层传送物料，且占地最小。尽管用滑槽输送机很经济，但也难于控制滑槽中的物料。同时，箱包可能会发生偏移和转向，从而导致阻塞。

2 带式输送机

现代物料搬运系统中经常采用各种各样的带式输送机（Belt Conveyor）。带式输送机是一种以连续方式运输物料的机械，如图 7.13 所示。带式输送机输送能力强，输送距离远，结构简单易于维护，能方便地进行程序化控制和自动化操作。

最常用的带式传送机的类型有通用带式输送机、伸缩带式输送机和磁性带式输送机。各种带式输送机的比较见表 7-2。

图 7.13 带式输送机

表 7-2 各种带式输送机的比较

类型	用途	特点
通用带式输送机	用在操作台、部门、地面和楼宇间传送中轻型物料，尤其用于在路径有升降倾斜工况下的运送	对货物位置和方位控制较好，而且摩擦力也能防止货物打滑，可用于货物的积集、混合和分选。通用带式输送机通常由托辊或托板支承。如果运送的是小的、不规则形状的物料，就要用托板支承，否则常用比较经济的托辊支承

续表

类型	用途	特点
伸缩带式输送机	安装在可伸缩托板上,主要应用在收发货站台内	可以伸进货车车厢里装卸物料
磁性带式输送机	由一条钢带和一个磁性托板或托轮组成。磁性带式输送机用于在上下方向,以及拐角位置传送铁磁性物料,也用来分离铁磁性物料和非铁磁性物料	可以将零件向上移动并越过产品生产线和人行通道,以节省地面空间,且不必调整设备位置

3. 辊式输送机

辊式输送机(Roller Conveyor)也是一种常见的物料输送机。辊式输送机如图7.14所示,它由一系列以一定的间隔排列的辊子组成,用于输送成件货物或托盘货,辊柱在动力驱动下带动上置物料移动,也可在无动力情况下,由人力或依靠重力运送物料。辊子输送机结构简单、运行可靠、维修量少、布置灵活、营运经济、适应性强、成本低、承载能力大,因而搬运大而重的货物较为容易,常用于搬运托盘集装货物和包装货物。

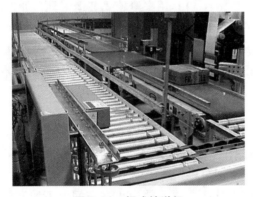

图7.14 辊式输送机

4. 轮式输送机

轮式输送机(Wheel Conveyor)在设计上和功能上都与辊式输送机类似,只不过它是在驱动轴上安装一系列的滑轮。轮子之间的间隔取决于要传送物料的尺寸。尽管轮式输送机一般要比辊式输送机经济,但是它只适合于轻型物料的输送。

5. 板式输送机

板式输送机(Slat Conveyor)是由板条组成,这些板条间隔分布,连接在链条上。板式输送机的运行很像带式输送机,被传送物品保持与传送面的相对位置不变。由于传送面与物品一起移动,所以物品的方向和位置是可以控制的。重货、表面粗糙的物料或可能损坏带式输送机的物料往往由板式输送机进行输送。

6. 链式输送机

链式输送机(Chain Conveyor)是由一条或多条无极链组成,货物直接放在链条上来传送。

传送散料时，链条安装在槽板底部，物料在槽板中通过。链式输送机的输送能力大，主要输送托盘、大型周转箱等。输送链条结构形式多样，并且有多种附件，易于实现积放输送，可用作装配生产线或作为物料的储存输送。链式输送机如图7.15所示。

图7.15 链式输送机

7. 拖链式输送机

拖链式输送机(Towline Conveyor)是用来给轮式载运工具，如卡车、推车或者拖车在地面上移动时提供动力，实质上也就是给那些有可变路径功能却在固定路径上运行的载运器提供动力。拖链式输送机可以安装在空中、与地面齐平或者地下。拖链式输送机系统通常包括选择和推动装置，可以对动力拖动与手工拖动进行自动转换。通常用在长距离输送场合和频繁运转场合。

8. 悬挂式输送机

悬挂式输送机(Trolley Conveyor)又称架空式输送机，是具有空间封闭线路的连续运输设备。悬挂式输送机由一系列滚轴组成，这些滚轴悬挂在高架轨道上，它们通常在一条封闭回路内等间距放置，并且由链条连接起来。轨道可在空间上下坡和转弯，布局方式自由灵活，占地面积小。经过特殊设计的载运器能够搬运多件货物。悬挂式输送机已经广泛应用于加工、装配、包装和存储作业中，如图7.16所示。

图7.16 悬挂式输送机

9. 双轨式输送机

双轨式输送机（Double Track-and-Free Conveyor）与悬挂式输送机的相同之处是都采用等间距散布载运器，由悬挂链输送。但是，该输送机有两条轨道：一条有动力；一条没有动力。载运器悬挂在无动力轨道上的滚轴上。动力链和在无动力轨道上的滚轴之间的连接是利用开关来完成的，这些动力链上的开关在滚轴上等间距成对配置，推动载运器在无动力轨道上向前运动。双轨式输送机的变形不是安装在高处而是安装在地面上，这时被称为插入式双轨输送机，这种输送机常在汽车装配厂内安装。

10. 轨车式输送机

轨车式输送机（Cart-on-Track Conveyor）是用来在轨道上输送小车的。它是利用螺旋原理，小车可以通过旋转的管子来输送。与小车连接的是紧靠在旋管上的驱动轮。小车的速度是由驱动轮与旋管的接触角度来控制的。这种输送机的基本组成部分是旋管、轨道和小车。每辆小车都是独立控制的，这样旋管上可以有多辆小车。这些小车可以在旋管上聚集，因为驱动轮和旋管平行时，小车是静止的。

11. 分拣输送机

分拣输送机（Conveyor Sortation Devices）可以汇集具有相似特性（如目的地、顾客和商店）的物料（如纸箱、单品、塑料箱、服装），然后正确地鉴别并分离不同的货物，把它们传输到相应的位置。

7.4 搬 运 车 辆

搬运车辆是指用于短途搬运物料的无轨车辆，是一种被广泛应用的物料搬运机械，包括手推车、托盘搬运车、固定平台搬运车、叉车等。

7.4.1 手推车

手推车（Hand Cart）是一种以人力为主，在路面上水平输送物料的搬运车，搬运作业距离一般小于25m，承载能力一般在500kg以下。其特点是价廉、轻巧、易操作、回转半径小，适于短距离搬运轻型物料。因运输物料的种类、性质、重量、形状、行走线路条件及作业内容不同，可选用不同类型的手推车。常见的手推车类型有杠杆式手推车、手推台车、登高式手推台车和手动液压升降台车，如图7.17所示。

在选择和使用手推车时，首先应考虑物料的形状及性质。当搬运多品种物料时，应考虑采用通用型的手推车；当搬运单一品种货物时，则应尽量选用专用手推车，以提高作业效率。

7.4.2 托盘搬运车

托盘搬运车（Pallet Jack）是一种轻小型搬运设备，它有两个货叉似的插腿，可插入托盘自由叉孔内。插腿的前端有两个小直径的行走轮，用来支撑托盘货物的重量。货叉通过液压或

(a)杠杆式手推车　　　(b)手推台车　　　(c)登高式手推台车　　　(d)手动液压升降台车

图7.17　常见的手推车类型

图7-18　手动托盘搬运车

机械传动可以抬起，使托盘或货箱离开地面，然后使之行走。这种托盘搬运车广泛应用于仓库内外的物料装卸或车间内各工序间的搬运作业。

1. 手动托盘搬运车

手动托盘搬运车（Hand Jack）（图7.18）也称地牛。在使用时将其承载的货叉插入托盘孔内，由人力驱动液压系统来实现托盘货物的起升和下降，并由人力拉动完成搬运作业。它是我们日常托盘运输中最常见的装卸、搬运工具。

2. 电动托盘搬运车

电动托盘搬运车（Walkie Rider）（图7.19）由外伸在车体前方的、带脚轮的支腿来保持车体的稳定，货叉位于支腿的正上方，并可以作微起升，使托盘货物离地进行搬运作业的电动插腿式叉车。根据司机运行操作的不同电动托盘搬运车可分：步行式、站驾式、座驾式3种。其作业安静、不起尘，在库房内部或车间内的物料搬运中被广泛使用。

(a)步行式　　　　　　(b)站驾式　　　　　　(c)座驾式

图7.19　电动托盘搬运车

7.4.3　固定平台搬运车

固定平台搬运车（Platform Truck）是一种具有较大承载物料平台能力的搬运车，如图7.20所示。相对承载卡车而言，其承载平台离地低，装卸方便，结构简单，作业灵活，一般用于库房内、库房与库房之间、车间与车间、车间与仓库之间的运输。根据动力不同将其分为内燃型和电瓶型。

7.4.4 叉车

叉车(Forklift Truck)是一种用来装卸、搬运和堆码单元货物的车辆。它具有适用性强、机动灵活、效率高的优点。叉车不仅可以将货物叉起进行水平搬运，还可以将货物提升进行垂直堆码。如果在货叉叉架上安装各种专用附属工具，如推出器、吊臂、旋转夹具、串杆、侧移叉、倾翻叉等，还可以进一步扩大其使用范围。

图 7.20　固定平台搬运车

根据所用的动力，叉车可以分为内燃机式叉车和蓄电池式叉车。内燃机式叉车又可分为汽油内燃叉车和柴油内燃叉车，前者多用于 1~3t 的起重载荷，后者多用于 3t 以上的起重载荷。蓄电池式叉车一般用于 2t 以下的起重载荷。根据叉车的结构特点，叉车还可分为平衡重式叉车、前移式叉车、插腿式叉车、侧面叉车等。

【7-11 拓展视频】

7.5　起重机械

起重机械是一种以间歇作业方式对物品进行起升、下降和水平移动的搬运设备。起重机械以完成货物垂直升降作业为主要功能，兼有一定水平运输作业，工作对象主要为笨重大件物品。

起重机械按结构形式，主要分为轻小型起重设备，桥架式（桥式、门式起重机）起重机，臂架式（自行式、塔式、门座式、铁路式、浮船式、桅杆式起重机）起重机，堆垛起重机。

7.5.1　轻小型起重设备

轻小型起重设备的特点是轻便、结构紧凑，动作简单等。轻小型起重设备一般只有一个升降机构，只能使重物作单一的升降运动。属于这一类的有：千斤顶、滑车、手（气和电）动葫芦、绞车等。它们起升货物重量不大，作业速度及效率较低。

葫芦一般用来对物料在小范围内的定位、起降和移位，其种类有手拉葫芦、手扳葫芦、环链电动葫芦等，电动葫芦常配有运行小车与金属构架以扩大作业范围。单轨行车主要有手推单轨行车和手拉单轨行车，将手动葫芦悬挂在行车下方，可组成起重运输小车，应用于各类需起重行走的场所。常见的轻小型起重设备如图 7.21 所示。

7.5.2　桥架式起重机

桥架式起重机(Bridge Crane)如同桥一样横跨在工作区域上，如图 7.22 所示。桥架式起重机的桥架安装在轨道上，这样可以覆盖更广的区域。桥架式起重机和电动葫芦组合起来，可以在它们覆盖的区域进行三维作业。桥架分上骑式和下挂式两类。上骑式桥架式起重机可以承受更重的负荷。但是，下挂式桥架式起重机比上骑式桥架式起重机应用更广，因为它传输货物的能力和接触面都比单轨系统更好。

(a)手拉葫芦　　　　(b)手扳葫芦　　　　(c)环链电动葫芦　　　(d)手拉单轨行车

图 7.21　常见的轻小型起重设备

图 7.22　桥架式起重机

门式起重机(Gantry Crane)是桥架式起重机的一种变形，又叫龙门吊。主要用于室外的货场、料场货、散货的装卸作业。门式起重机具有场地利用率高、作业范围大、适应面广、通用性强等特点，在港口货场得到广泛使用。它的金属结构像门形框架，承载主梁下安装两条支脚，可以直接在地面的轨道上行走，主梁两端还可以有外伸悬臂梁。门式起重机在跨越工作区域的方式上与桥架式起重机类似，但是它的支撑点一般是在地面上，而不是在跨越区域的一头或两头的空中。门式起重机的支撑架可以是固定的，也可以是沿着轨道移动的，如图7.23所示。

图 7.23　门式起重机

7.5.3 臂架式起重机

臂架式起重机(Jib Crane)的起重臂可以延伸并越过工作区域。它的起重臂下有葫芦用于起升货物。臂架式起重机可以安装在墙上,或者安装在地面的支撑柱上,如图7.24所示。臂架式起重机的起重臂可以旋转,葫芦随着起重臂移动以便覆盖更广的范围。

图7.24　臂架式起重机

7.5.4 堆垛起重机

堆垛起重机(Stacker Crane)是指采用货叉作为取物装置,在仓库、车间等处攫取、搬运和堆垛或从高层货架上取放单元货物的专用起重机,如图7.25所示。堆垛起重机也称堆垛机,是立体仓库中最重要的起重运输设备,是代表立体仓库特征的标志。

图7.25　堆垛起重机

堆垛起重机的桥架下是门架,门架上装有货叉或平台,用来提升集装单元货物。堆垛起重机用于从存储货架中存放或取出集装单元货物。堆垛起重机可以远程遥控,或者由操作工在门架上的操作室里操控。堆垛起重机可以在多条通道里操作。堆垛起重机经常用于高架仓库，且存储货架高度超过15米的仓库。

7.6 自动物料搬运设备及系统

自动物料搬运设备主要有自动导引车和搬运机器人。自动物料搬运系统是以多台自动导引搬运车为主体结合集群中央控制系统组成的系统，主要应用于自动化程度较高的机械制造业、自动化仓库等场所。

7.6.1 自动导引车

无人驾驶的自动导引车（Automatic Guided Vehicle，AGV）是一种能自动导向、自动认址、自动程序动作的搬运车辆，如图7.26所示。AGV主要由导向系统、移载装置、转向机构及安全设施等4大部分组成。

自动导引车的优点有：灵活性强、自动化程度高和代替人力，并适应于特殊工作场地。由于具有以上一些独特的优点，故自动导引一般适用于有噪声、空气污染、放射性元素等有害人体健康的地方，以及通道狭窄、光线较暗等不适合用人驾驶车辆的场所。

图7.26 无人驾驶的自动导引车

7.6.2 搬运机器人

搬运机器人是一种有若干自由度，动作程序灵活可变，能任意定位，具有独立控制系统，能搬运装卸物件或操纵工具的自动化机械装置，如图7.27所示。搬运机器人在生产物流搬运设备中主要用于为机床搬运装卸工件，为加工中心更换刀具；在物流的结点和输送线的端点用来装卸堆垛物料，在装配线上用于产品的装配与喷漆等。

在选择自动搬运设备时，首先要了解系统的基本参数和要求，如所搬运物料的形状、体积、重量和品种；搬运的途径、速度、频率和定位精度；搬运中的加工和装配要求；厂房的空间位置约束；物料搬运路线的可扩充性等。在实际工程中，自动搬运设备的选择不但要从技术角度考虑，还需要结合投料能力和环境条件作出综合选择。

图 7.27 搬运机器人

7.7 自动识别与数据采集设备

物料的自动状态控制需要自动实时地了解它的位置、数量、起点、目的地和时间安排，实现这个目标需要自动识别与数据采集设备。常见的自动识别与数据采集设备有条码扫描器、移动数据采集器、条码打印机、射频识别技术。

7.7.1 条码扫描器

条码扫描器通常也被人们称为条码扫描枪/阅读器，是用于读取条码所包含信息的设备，如图 7.28 所示。扫描枪的基本工作原理为：由光源发出的光线经过光学系统照射到条码符号上面，被反射回来的光经过光学系统成像在光电转换器上，经译码器解译为计算机可以直接接收的数字信号。

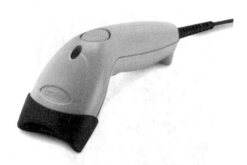

图 7.28 条码扫描器

条码扫描器根据码制可分为一维扫描器、二维扫描器，根据外观可分为手持式、固定式、小滚筒式、平台式等，根据使用级别可分为工业级、商业级，根据原理又可分为 CCD（红光）、激光。

7.7.2 移动数据采集器

手持数据采集器又称盘点机、移动数据终端，如图 7.29 所示。它是将条码扫描装置、

RFID 技术与数据终端一体化，带有电池，可离线操作的终端电脑设备，具备实时采集、自动存储、即时显示、即时反馈、自动处理、自动传输功能。为现场数据的真实性、有效性、实时性、可用性提供了保证。手持数据采集器具有一体性、机动性、体积小、重量轻、高性能等特点。

图 7.29　手持数据采集器

7.7.3　条码打印机

条码打印机是打印标签标识的必需品，如图 7.30 所示。条码打印机是一种专用的打印机，它和普通打印机的最大的区别就是，条码打印机的打印是以热为基础，以碳带为打印介质(或直接使用热敏纸)完成打印，这种打印方式相对于普通打印方式的最大优点在于它可以在无人看管的情况下实现连续高速打印。它所打印的内容一般为企业的品牌标识、序列号标识、包装标识、条形码标识、信封标签、服装吊牌等。

图 7.30　条码打印机

7.7.4　射频识别技术

射频识别(Radio Frequency Identification，RFID)技术，又称无线射频识别，是一种通信技术，可通过无线电信号识别特定目标并读写相关数据。一套完整的 RFID 系统，是由阅读器(Reader)、应答器和应用软件系统 3 个部分组成，其工作原理是阅读器发射某一特定频率的无线电波给应答器，用以驱动应答器电路将内部的数据送出，此时阅读器便依序接收解读数据，传给应用程序做相应的处理。RFID 读写器分为移动式和固定式两种，目前 RFID 技术在工作和生活中得到广泛应用，如图书馆、门禁系统、食品安全溯源等。射频识别技术工作原理如图 7.31 所示。

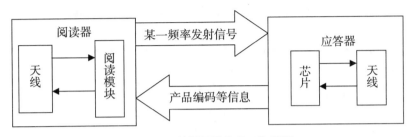

图 7.31 射频识别技术工作原理

本 章 小 结

本章为仓储管理的设备决策，设备决策是仓储管理决策的重要工作。本章主要介绍了物流装备的内涵，阐述了仓储系统和搬运系统的主要设备种类及功能，重点讲解了货架、托盘的种类和应用场景。

本 章 练 习

1. 计算题

某仓库计划吞吐量为 10 万 t，全部使用叉车进行作业。假设该仓库内无二次搬运，货物单件最大重量为 5t，而单件为 1t 以下货物占 50%。该仓库实行二班工作制。每班工作 8h，工作日历 280d，时间系数为 0.6，设备载重利用系数为 0.6，每小时作业 5 次。试确定该仓库需要配置多少台 1t 和 5t 的叉车？

2. 论述题

（1）仓储设备有哪些类型？

（2）设备选型的原则有哪些？

亚马逊运营中心物流技术全揭秘

一、亚马逊的智能机器人 Kiva 技术

亚马逊于 2012 年斥资 7.75 亿美元收购了 Kiva Systems，大大提升了亚马逊的物流系统效率。时至 2015

年，亚马逊已经将机器人数量增至 10 000 台，用于北美的各大运转中心。Kiva 系统作业效率要比传统的物流作业提升 2～4 倍，机器人每小时可行驶 30 英里，准确率达到 99.99%。

机器人作业颠覆传统电商物流中心作业"人找货、人找货位"模式，通过作业计划调动机器人，实现"货找人、货位找人"的模式，整个物流中心库区无人化，各个库位在 Kiva 机器驱动下自动排序到作业岗位。

二、无人机送货

早在 2013 年 12 月，亚马逊就发布 Prime Air 无人快递，顾客在网上下单，如果重量在 5 磅以下，可以选择无人机配送，在 30 分钟内把快递送到家。整个过程无人化，无人机在物流中心流水线末端自动取件，直接飞向顾客。2014 年，亚马逊 CEO 贝佐斯公开表示，亚马逊正设计第八代送货无人机，将采用无人机为 AmazonFresh 生鲜配送服务。

三、订单与客户服务中的大数据应用

亚马逊是第一个将大数据推广到电商物流平台运作的企业。电商完整的端到端的服务可分为 5 大类，即浏览、购物、运营、配送和客户服务等。

（1）浏览：亚马逊有一套基于大数据分析的技术来帮助精准分析客户的需求。具体方法是，后台系统会记录客户的浏览历史，后台会随之把顾客感兴趣的库存放在离他们最近的运营中心，这样方便客户下单。

（2）购物：帮助客户不管在哪个角落，都可以快速下单，也可以很快知道他们喜欢的商品。

（3）运营：大数据驱动的仓储订单运营非常高效，在中国亚马逊运营中心最快可以在 30 分钟之内完成整个订单处理，也就是下单之后 30 分钟内可以把订单处理完出库，从订单处理、快速拣选、快速包装、分拣等一切都由大数据驱动，且全程可视化。由于亚马逊后台的系统分析能力非常强大，因此能够实现快速分解和处理订单。

（4）配送：精准送达是对于当前电商物流来说，绝对是一个技术活，高技术的电商物流服务，是精准的物流配送，亚马逊的物流体系会根据客户的具体需求时间调整配送计划，实现用户定义的时间范围的精准送达，亚马逊还可以根据大数据的预测，提前发货，实现与线下零售 PK，赢得绝对的竞争力。

（5）客户服务：大数据驱动的亚马逊客户服务，亚马逊中国提供的是 7×24 小时不间断的客户服务，首次创建了技术系统识别和预测客户需求，根据用户的浏览记录、订单信息、来电问题，定制化地向用户推送不同的自助服务工具，大数据可以保证客户可以随时随地电话联系对应的客户服务团队。

四、智能入库管理技术

在亚马逊全球的运营中心，可以说是把大数据技术应用得淋漓尽致，从入库这一时刻就开始了。

（1）在入库方面：采用独特的采购入库监控策略，亚马逊基于自己过去的经验和所有历史数据的收集，了解什么样的品类容易坏、坏在哪里，然后进行预包装。这都是在收货环节提供的增值服务。

（2）商品测量：亚马逊的 Cubi Scan 仪器会对新入库的中小体积商品测量长宽高和体积，根据这些商品信息优化入库。例如鞋靴类、百货等，都可以直接送过来通过 Cubi 测量直接入库。

这给供应商提供了很大方便。客户不需要自己测量新品，就能大大提升新品上升速度；同时有了这个尺寸之后，亚马逊数据库可以存储下这些数据，在全国范围内共享，这样其他库房就可以直接利用这些后台数据，再把这些数据放到合适的货物里就可以收集信息，有利于后续的优化、设计和区域规划。

五、大数据驱动的智能拣货和智能算法

（1）智能算法驱动物流作业，保障最优路径：在亚马逊的运营中心，不管是什么时间点，基本上在任何一个区域、任何一个通道里面，你不太会看到很多人围在一起，为什么？因为亚马逊的后台有一套数据算法，它会给每个人随机地优化他的拣货路径。拣货员直接朝前走，不走回头路。系统会推荐下一个要拣的货在哪儿，永远不走回头路。而且确保全部拣选完了之后，路径最小，通过这种智能的计算和智能的推荐，可以把传统作业模式的拣货行走路径减少 60% 多。

实现方式:拣货的时候,系统会自动计算最优拣选路径,告诉员工,下一个应该去到哪个货位拣货,使得行走路线最少,效率最高。

(2) 图书仓的复杂作业方法:图书仓采用的是加强版监控,会限制那些相似品尽量不要放在同一个货位。图书穿插摆放,批量的图书,它的进货量很大,是因为它的需求很大。所以这样一来,亚马逊通过数据分析发现,这样穿插摆放,就可以保证每位员工出去拣货的任务比较平均。

(3) 畅销品的运营策略:比如奶粉,有些是放在货架上的,有些是放在托盘位上的。亚马逊根据后台的大数据,知道它的需求量比较高,就会把它放在离发货区比较近的地方,这样可以减少员工的负重行走路程。

六、随机存储

(1) 随机存储的运营原则:随机存储是亚马逊运营的重要技术,但要说明的是,亚马逊的随机存储不是随便存储,是有一定的原则性的,特别是畅销商品与非畅销商品,要考虑先进先出的原则,同时随机存储还与最佳路径也有重要关系。

(2) 随机存储与系统管理:亚马逊的随机存储核心是系统 Bin,将货品、货位、数量绑定关系发挥极致。收货:把订单看成一个货位,运货车是另一个货位,收货即货位移动;上架:Bin 绑定货位与货品后随意存放;盘点:与 Bin 同步,不影响作业;拣货:Bin 生成批次,指定库位,给出作业路径;出货:订单生成包裹。

(3) 随机存储运营特色:亚马逊的运营中心有两大特色,第一个特色就是随机上架,实现的是见缝插针的最佳存储方式。看似杂乱,实则乱中有序。实际上这个乱不是真正的乱,乱就是说可以打破品类和品类之间的界线,可以把它放在一起。第二个特色是库位的标签,也就是它的 GPS,这个货位里面所有的商品在系统里面都是各就各位,非常精准地被记录在它所在的区域。

七、智能分仓和智能调拨

亚马逊作为全球大云仓平台,智能分仓和智能调拨拥有独特的技术含量。在亚马逊中国,全国 10 多个平行仓的调拨完全是在精准的供应链计划的驱动下进行的。

(1) 通过亚马逊独特的供应链智能大数据管理体系,亚马逊实现了智能分仓、就近备货和预测式调拨。这不仅仅是用在自营电商平台,在开放的"亚马逊物流+"平台中应用得更加有效果。

(2) 智能化调拨库存:全国各个省市包括各大运营中心之间有干线的运输调配,以确保库存已经提前调拨到离客户最近的运营中心。以整个智能化全国调拨运输网络很好地支持了平行仓的概念,全国范围内只要有货就可以下单购买,这是大数据体系支持全国运输调拨网络的充分表现。

八、精准预测、编码精准定位技术

(1) 精准的库存信息:亚马逊的智能仓储管理技术能够实现连续动态盘点,库存精准率达到 99.99%。

(2) 精准预测库存,分配库存:在业务高峰期,亚马逊通过大数据分析可以做到对库存需求精准预测,从配货规划、运力调配,以及末端配送等方面作好准备,平衡了订单运营能力,大大降低爆仓的风险。

(3) 亚马逊全球运营中心中,每一个库位都一个独特的编码,这个编码是每一个货位的身份证,就是一个 GPS,可以在系统里查出商品定位,亚马逊精准的库位管理可以实现全球库存精准定位。

九、可视化订单作业、包裹追踪

(1) 跨境电商方面:2017 年 8 月 13 日亚马逊发布了海外购和闪购,这是依托保税区/自贸区发货的创新模式。亚马逊海外购的商品非常有价格优势,同质同价。

(2) 全球云仓库存共享:在中国就能看到来自大洋彼岸的库存,亚马逊实现全球百货直供中国,这是全球电商供应链可视化中,亚马逊独特的运营能力。

(3) 国内运作方面:亚马逊平台可以让消费者、合作商和亚马逊的工作人员全程监控货物、包裹位置和订单状态。

十、亚马逊独特的发货拣货——"八爪鱼"技术

2017 年"双 11"的亚马逊运营中心,大量采用"八爪鱼"技术。作业人员像"八爪鱼"一样,根据客

户的送货地址，设计出不同的送货路线。不同时间点经过不同的线路，分配到不同的流水线方向。在"八爪鱼"工作台操作的员工，主要是负责把在前面已经运作完的货物，分配到专门的路由上去。

这种运营模式一个员工站在分拣线的末端就可以非常高效地将所有包裹通过"八爪鱼"工作台分配到各个路由上面，"八爪鱼"是非常高效的，据说这是亚马逊员工自己设计的。站在中间那个位置，一个人可以眼观六路，这个作业可以通达八方，非常高效，没有人员的冗余。而且，"八爪鱼"上全部是滚珠式的琉璃架，没有任何的板台，员工的作业很轻松。

十一、其他重要的技术应用

（1）物联网技术：在亚马逊的运营中心，安全标准设定很高，人和车物要分开，所以会有镜子帮助工作人员了解周围路况，有人就停下来。另外，司机有安全带，员工有安全帽，安全帽里有芯片，如果探测到一定范围内有人，也会停下来，镜子的用途即是同理。

（2）双库联动模式：亚马逊昆山运营中心有一个类似于天桥的传送带，全封闭式，其作用是完成不同品类的合单，可以通过传送带将一个库的货物转到另一个库中，这个又叫双库联动。而这里又是超大库，在两个超大库之间进行双库联动对效率有非常高的要求，对时间点的把控也很严格。

思考题：

1. 亚马逊运营中心运用了哪些先进的物流技术？
2. 你印象最深的新技术是什么？可以进行哪些方面的改进？

第 8 章 仓储管理的安全决策

【学习目标】
　　掌握安全性、危险品等基本概念，了解安全制度、消防准则，理解安全性的指标在仓储管理中的应用。

【关键术语】
- 安全性
- 安全评价
- 消防准则
- 危险品

导入案例

不翼而飞的锡器

冬天,气温已是 -16℃,保管员来到仓库巡视。他走到锡器仓库一看,糟了,原来放在仓库的一大堆锡器不见了,地上只有一堆灰色粉末。他立即报了案。警察赶到现场,查来查去,就是查不出任何嫌疑人。那么,你能分析出锡器不见的原因吗?

揭晓答案:锡器在 -13℃ 就会变成粉末,何况当时温度已降至 -16℃,仓库又无保温措施。

8.1 仓储安全概述

1970 年,美国《职业安全和健康法案》的通过,带来了一项严格的要求:"要尽可能确保国内的每一个男女工人都处于安全和健康的工作环境之中,以保护我们的人力资源。"因为该项法律覆盖了所有雇员人数在 10 人及以上的企业,所以它对这一范围内的任何设施的结构、布置和物料搬运系统的设计都有重要影响。根据这一法律,雇主要为雇员提供安全的工作场所,符合法律所规定的职业安全和健康标准。由于这一法律的严格要求和严厉处罚,所以在新设施的设计和已建设施的改造过程中就要对健康和安全问题给予足够重视,并尽可能消除工作环境中的不安全因素。现在企业都注意对已有物料搬运系统、存储系统和制造工艺的改造,以降低发生火灾的风险。

如何保证仓库员工的工作安全是仓储管理者需要考虑的重要问题,仓库管理首先应该考虑其安全性。

安全性是指:①物料处理过程中可能带来的对环境的危害;②物料周转/储存过程中对物料本身的安全;③物料处理可能涉及的人身安全。

安全性指标可以反映仓库作业的安全程度。具体表现为发生各类事故的大小和次数,包括人身伤亡事故、仓库失火、爆炸、被盗事故、机械损坏事故等。

由于仓库作业具有多种复杂性因素,因此,对仓库操作与安全管理要引起足够的重视。

我国安全标志分为 4 种颜色:红色、黄色、蓝色、绿色。其中,红色表示禁止,黄色表示警告,蓝色表示指令,绿色表示提示,如图 8.1 所示。

禁止(红色)

警告(黄色)

指令(蓝色)

提示(绿色)

图 8.1 4 种安全标志色的含义

8.2 消防安全管理

仓库的消防安全管理是仓库安全管理的重要内容。加强消防安全管理，对仓库的安全非常重要。消防安全重在预防，因此要把预防工作放在首位，采取有力措施避免火灾发生，并在预防的同时也要做好灭火准备。

为落实"预防为主，防消结合"的方针，必须采取必要的安全管理措施，从可燃物质、助燃物质和着火源3个方面来杜绝火灾的发生。

8.2.1 燃烧知识

燃烧是空气中的氧和可燃物质的一种强烈的化学反应，也就是可燃物的激烈氧化。在这种化学反应中，通常要发出光和火焰，并释放出大量的热。

1. 仓库火灾的成因

仓库火灾发生的原因主要有以下几个：火源管理不善；易燃易爆品的保管方法不当；仓库建筑及平面布局不合理；防火制度、措施不健全；思想麻痹大意。

2. 仓库火灾的种类

根据物质及其燃烧特性仓库火灾可划分为以下几类。

（1）A 类火灾：含碳固体可燃烧物，如木材、棉、毛、麻、纸张等燃烧的火灾。

（2）B 类火灾：甲、乙、丙类液体，如汽油、煤油、柴油、甲醇、乙醚、丙酮等燃烧的火灾。

（3）C 类火灾：可燃气体，如煤气、天然气、甲烷、丙烷、乙炔、氢气等燃烧的火灾。

（4）D 类火灾：可燃金属，如钾、钠、镁、钛、锆、锂等燃烧的火灾。

（5）E 类火灾：带电物体燃烧的火灾。

8.2.2 仓库防火与灭火

1. 仓库防火方法

预防仓库火灾的基本方法有：控制可燃物、控制助燃物、消除着火源、阻止火势蔓延等。具体说明见表 8-1。

表 8-1 预防仓库火灾的基本方法

方法名称	基本原理	采取措施
控制可燃物	限制燃烧的基础或缩小可能燃烧的范围	① 以难燃烧或不燃烧的材料代替易燃或可燃材料（如用不燃烧的材料或难燃烧的材料做建筑结构、装修材料）； ② 加强通风，减少可燃气体，对可燃或爆炸的物品采取分开存放、隔离等措施； ③ 用防火涂料浸涂可燃材料，改变其燃烧性能

续表

方法名称	基本原理	采取措施
控制助燃物	限制燃烧的助燃条件	① 易燃、易爆物品的生产应在密闭设备管道中进行； ② 对有异常危险的生产采取充装惰性气体措施进行保护（如对乙炔、甲醇氧化、TNT 球磨等生产）； ③ 隔绝空气储存，如将二硫化碳、磷储存于水中，将金属钾、钠存于煤油中
消除着火源	消除或控制燃烧的着火源	① 在危险场所，禁止吸烟、动用明火、穿钉子鞋； ② 采用防爆电气设备，应安装避雷针和接地线； ③ 进行烘烤、熬炼、热处理作业时，严格控制温度，不超过可燃物质的自燃点； ④ 经常润滑机器轴承，防止摩擦产生高温； ⑤ 用电设备应安装保险器，防止因电线短路或超负荷而起火； ⑥ 存放化学易燃物品的仓库，应遮挡阳光； ⑦ 装运化学易燃物品时，铁质装卸、搬运工具应套上胶皮或衬上铜片、铝片； ⑧ 对汽车等的排气系统，应安装防火帽或火星熄灭器等
阻止火势蔓延	不使新的燃烧条件形成，防止或限制火灾扩大	① 建筑物及贮罐、堆场等之间留足防火间距，设置防火墙，划分防火分区； ② 在可燃气体管道上安装阻火器及水封等； ③ 在能形成爆炸介质（可燃气体、可燃性蒸气和粉尘）的厂房设置泄压门窗、轻质屋盖、轻质墙体等； ④ 在有压力的容器上安装防爆膜和安全阀

2. 仓库消防设备及设施

用于仓库库场消防安全的设备、设施主要有消防水系统、消防设备和器材。

（1）消防水系统。

消防水系统主要包括蓄水池，消防泵房，自动喷淋系统湿式报警阀，消火栓系统（消火栓、箱、水枪、水带），室外消火栓，水泵接合器等。

（2）消防设备和器材。

① 各类灭火器：干粉灭火器、二氧化碳灭火器、泡沫灭火器、家用灭火器、车用灭火器、森林灭火器、不锈钢灭火器、水系灭火器、悬挂灭火器、枪式灭火器等。3 种主要灭火器的特征见表 8-2。

② 消火栓：室内消火栓系统包括室内消火栓、水带、水枪；室外消火栓系统包括地上和地下两大类。室外消火栓在大型石化消防设施中用得比较广泛，消火栓也由普通型渐渐转变为可调压型消火栓。

③ 破拆工具类：消防斧、切割工具等。

表 8-2　3 种主要灭火器的特征

灭火器种类	特征	适用范围
干粉灭火器	由活性灭火组分、疏水成分、惰性填料组成，灭火能力受到限制	可扑灭一般性火灾，还可扑灭油、气等燃烧引起的火灾

续表

灭火器种类	特征	适用范围
二氧化碳灭火器	价格低廉，获取、制备容易，其主要依靠窒息作用和部分冷却作用灭火	用来扑灭图书、贵重设备、精密仪器、600V 以下电气设备及油类的初起火灾
泡沫灭火器	洁净环保：灭火时无毒、无味、无粉尘等残留物，不会对环境造成次生污染，不破坏大气臭氧层。使用方便：在灭火过程中喷射出的水雾能见度高，能够降低火场中的烟气含量和毒性，有利于人员疏散和消防人员灭火，人人都可以使用	可扑灭油制品、油脂等火灾，但不能扑救带电设备及水溶性可燃、易燃液体的火灾

3. 仓库的安全管理

（1）仓库储存安全管理措施。

① 库存货物必须进行分区分类管理。严禁互抵性货物、有污染或易感染货物、容易引起化学反应的物品、灭火方法不同的物品相互混存。在分区分类储存的同时，还应在仓库的醒目处标明库存货物的名称、主要特性和灭火方法。

② 库存货物要进行合理的堆码苫垫，特别对能发生自燃的货物要堆通风垛，使之易散潮散热，以防此类货物因紧压受潮而积热自燃。露天储存此类货物也要苫严垫好，防止水湿或阳光暴晒。

③ 露天存放货物要留出必要的防火间距，总储存量和建筑物之间的距离必须符合建筑设计防火规范的规定。

④ 对于有温度、湿度极限的货物，要严格按规定安排适宜的储存场所，并安置专用仪器定时检测。

⑤ 货物在入库前，要进行严格的检查和验收，确定无火种隐患后方可入库。暖库均要采用水暖，其散热器、供暖管道与库存货物的距离不小于 0.3m。

（2）仓库装卸搬运安全管理措施。

进入库区的所有机动车辆必须安装防火罩，防止排气管喷射火花引起火灾。汽油车、柴油车原则上一律不准进入库房。进入库房的电瓶车、电瓶叉车必须是防爆型的，必须装有防火花溅出的安全装置。各种机动车辆装卸货物后，不准在库区停放和修理。各种搬运机械设备要有专人负责、专人操作，严禁非司机开车。库内固定装卸设备需更新维修时，应采取安全措施，经主管领导批准后方可进行。装卸作业结束后，应对库区、库房和操作现场进行检查，确认安全后方可离开。

（3）仓库电器安全管理措施。

仓库的电器装置必须符合国家现行的有关电气设计和施工、安装、验收标准规范的规定，也必须符合货物性质的安全规定。禁止使用不合格的保险装置，库房内不准设置移动式照明灯具，必须使用时要报告消防部门批准，并有必要的安全保护措施。库房内不准使用配电线路，若使用则需穿金属管或用非燃性硬塑料管保护。库房内不准使用电炉、电烙铁、电热杯等电热器具和电视机、电冰箱等家电用品；对使用电刨、电焊、电锯、各种车床的部门要严格管理，必须制定安全操作规程和管理制度，并报告消防部门批准，否则不得使用。仓库电气设备的周围和架空线路的下方，严禁堆放货物。对输送机、升降机、吊机、叉车等机械设备易产生火花的部位都和电机、开关等受潮后易出现短路的部位都要设置防护罩。仓库必须按照国家有关防雷规定设置防雷装置，并定期检测，保证有效。对影响防雷装置效应的高大树木和障碍，要按规定及时清理。仓库的电气设备，必须由持合格证的电工进行安装、拆检、修理和保养。电工要遵守各项电器操作规程，严禁违章作业。

(4) 仓库火源安全管理措施。

仓库应当在各醒目部位设置"严禁烟火、禁止吸烟"等防火标志。仓库的生活区和生产区要严格划分隔开，并在区分处设门卫，对外来人员要做好宣传，动员他们交出火柴、打火机等火种，由门卫负责保管，防止把火种带入库区。对外来提送货物的车辆要严格进行检查，防止汽油、柴油、易燃易爆品进入仓库。可在库外设易燃品暂存处，由专人负责管理。库房内严禁使用明火。库房外动用明火作业时必须办理动火证，经单位防火负责人批准，并采取有效的安全措施。动火证应注明动火地点、时间、动火人、现场监护人、批准人和防火措施等内容。库房内不准使用火炉取暖。仓库需要使用炉火取暖时，每个取暖点都要经过仓库防火负责人的批准，未经批准一律不许生火取暖。仓库要制定炉火管理制度，严格进行管理和检查，每个火炉也都要有专人负责。

(5) 仓库消防设施、器材安全管理措施。

【8-1 拓展视频】

消防器材应当设置在明显和便于取用的地方，周围不准堆放物品和杂物。消防设施器材应当由专人管理，负责检查维修保养、更换和添置，并保证完好有效，严禁圈占、埋压和挪用。专业大型仓库，应当安装相应的监视装置、自动报警装置和自动灭火装置。地处寒带的仓库，在冷冻季节要对消防池、消防缸、消防栓、灭火器等设备采取防冻措施，要保证随时能用。库区的消防车通道、仓库安全出口、疏散楼道、库房内门道、走道要保证畅通，严禁堆放物品。

8.3 危险品仓库管理

8.3.1 危险品管理基本原理

危险品按不同的危险属性分为10种类型：爆炸性物品、氧化剂、压缩气体和液化气体、自燃物品、遇水燃烧物品、易燃气体、易燃固体、毒害性物品、腐蚀性物品及放射性物品。

按照仓库储存物品的火灾危险性，通常将仓库分为甲、乙、丙、丁、戊5类，见表8-3。其中前3类属于储存易燃、可燃物品仓库。要根据危险品的不同性质来建造和选择适宜的储存场所，并采取科学的方法装卸、搬运、堆放及保管、养护危险品。另外，在分区分类储存的同时，还应在仓库的醒目处标明库存物品的名称、主要特性和灭火方法。

表8-3 储存物品的火灾危害性分类表

类别	火灾危险性的特征	储存物品示例
甲类	① 闪点<28℃的液体; ② 爆炸下限<10%的气体,以及受到水或空气中水蒸气的作用,能产生爆炸下限<10%气体的物质; ③ 常温下能自行分解或在空气中氧化,即能导致迅速自燃或爆炸的物质; ④ 常温下受到水或空气中水蒸气的作用能产生可燃气体并引起燃烧或爆炸的物质; ⑤ 遇酸、受热、撞击、摩擦,以及遇有机物或硫磺等易燃的无机物,极易引起燃烧或爆炸的强氧化剂; ⑥ 受撞击、摩擦或与氧化剂、有机物接触时,能引起燃烧或爆炸的物质	① 乙烷、戊烷、石脑油、环戊烷、二硫化碳、苯、甲苯、甲醇、乙醇、乙醚、甲酸甲酯、醋酸甲酯、硝酸乙酯、汽油、丙酮、丙烯、乙醛、60°以上的白酒; ② 乙炔、氢气、甲烷、乙烯、丙烯、丁二烯、环氧乙烷、水煤气、硫化氢、氯乙烯、液化石油气、电石、碳化铝; ③ 硝化棉、硝化纤维胶片、喷漆棉、火胶棉、赛璐珞棉、黄磷; ④ 金属钾、钠、锂、钙、锶、氢化锂、四氢化锂铝、氢化钠; ⑤ 氯酸钾、氯酸钠、过氧化钾、过氧化钠、硝酸铵; ⑥ 赤磷、五硫化磷、三硫化磷
乙类	① 闪点在28~60℃的液体; ② 爆炸下限≥10%的气体; ③ 不属于甲类的氧化剂; ④ 不属于甲类的化学易燃危险固体; ⑤ 助燃气体; ⑥ 常温下与空气接触能缓慢氧化,积热不散引起自燃的物品	① 煤油、松节油、丁烯醇、异戊醇、丁醚、醋酸丁酯、硝酸戊酯、乙酰丙酮、环己胺、溶剂油、冰醋酸、樟脑油、蚁酸; ② 氨气、液氯; ③ 硝酸铜、铬酸、亚硝酸钾、重铬酸钠、铬酸钾、硝酸、硝酸汞、发烟硫酸、漂白粉; ④ 硫磺、镁粉、铝粉、赛璐珞板(片)、樟脑、萘、生松香、硝化纤维漆布、硝化纤维色片; ⑤ 氧气、氟气; ⑥ 漆布及其制品、油布及其制品、油纸及其制品、油绸及其制品
丙类	① 闪点≥60℃液体; ② 可燃固体	① 动物油、植物油、沥青、蜡、润滑油、机油、重油,闪点≥60℃的柴油、糠醛; ② 人造纤维及其织物,纸张,棉、毛、丝、麻及其织物,谷物,面粉,天然橡胶及其制品,竹、木及其制品,中药材,电视机、收录机等电子产品,计算机房已录数据的磁盘,冷库中的鱼、肉
丁类	难燃烧物品	自熄性塑料及其制品、酚醛泡沫塑料及其制品、水泥刨花板
戊类	非燃烧物品	钢材、铝材、玻璃及其制品、陶瓷制品、不燃气体、玻璃棉、硅酸铝纤维、矿棉、岩棉、陶瓷棉、石膏及其无纸制品、水泥、石、膨胀珍珠岩

8.3.2 爆炸性物品的安全储存管理

【8-2 拓展知识】

爆炸物品主要包括爆破器材,如各类炸药、雷管、导火索、导爆索、非电导爆系统、起爆药和爆破剂;黑火药、烟火剂、民用信号弹和烟花爆竹;公安部认定需要管理的其他爆炸物品。

1. 合理设置库房建筑

储存爆炸性物品最好是在半地下库。库顶宜采用质轻且不燃的材料,库外四周修建排水沟,库内四壁和地面要充分做好防水层,地面平整,通风条件要良好。如地面上的库房,不论采取何种建筑结构,均宜采用轻型隔热库顶,地面宜用沥青压平,建筑面积不宜过大,一般每幢以不超过 $100m^2$ 为宜,要求通风条件良好,经常保持干燥。

为了防止日光照射,库房门窗安装不透明玻璃或用白色涂料涂刷,库内照明可安装电灯(最好安装防爆式电灯),电源开关应设在库房外避雨的地方。无电源的地方,可用干电池照明,绝对不可以用明火灯具照明。

2. 加强在库管理

储存爆炸性物品,必须按其性质严格分区分类管理,分别专库储存。一切爆炸物品绝对禁止与氧化剂、酸类、碱类、盐类,以及易燃物、金属粉末等物质同库储存,更不能堆放在办公室、宿舍、商店等处。

入库验收,主要是通过感官验看有无受潮、结块、变色、变质等异状。如有稳定剂的爆炸物品,要检查其稳定剂是否漏失等。验收时,验收人员应穿戴适当防护用具。爆炸性物品入库时,除核对品名外,还应仔细核对规格、数量是否与入库证上的相符。

验收时,要逐件检查包装有无异状,如破损、残漏、水湿、油污,以及混有性质互相抵触的杂物等。对破漏的不符合安全要求的包装,应移到专门用于整修的包装室或适当地点,整修完毕后方能入库。发现因水湿受潮影响质量变化的,应拒绝入库。

在验收中,当发现已经在药柱(块)中装有雷管时,应拒收。验收炸药一般不宜开箱(桶)检查,如必须开箱验明细数或质量变化情况,均应分批移送验收室或安全地点进行。开启包装要严格遵守安全操作规程,要用铜工具,拆箱用力不要过猛,严防撞击、震动。

储存爆炸物品的库房,一般应垫有 10cm 以上高度的方形枕木,堆垛要整齐,堆垛高度不宜超过 1.5m,宜堆行列式,墙、柱距不少于 0.5m,垛与垛的间隔不少于 1m,留有适当的间距,以利通风、检查和出/入库安全操作。

爆炸性物品大多数品种具有吸湿性,因此,必须加强库房的温湿度控制与调节。应在库房内设置温湿度计、每日定时观测并记录清楚,根据需要做好通风、密封、吸潮工作。

夏季库温应保持不高于 30℃。库房相对湿度最好能经常保持在 75% 以下,最高也不宜超过 80%。冬季储存胶质炸药的库房,库温不得低于 -10℃,以防药体变脆,发生危险。

储存爆炸性物品的仓库必须严格执行安全检查制度,注意检查包装有无异状,堆放是否安全,有无受潮和日光暴晒,门窗是否严密,消防器材和电源控制是否安全有效。

爆炸性物品在保管期间一般不开启包装检查，必要时应严格遵守各项安全操作规程，以防发生意外。

3. 消防方法

储存爆炸性物品的仓库必须建立严格的消防安全管理制度。仓库范围内绝对禁止吸烟和使用明火。入库人员禁止携带火柴、点火用具和武器，不准穿带铁钉的鞋进入库房，并应建立入库登记制度。库房作业完毕后，要关闭门窗并上锁。夏季需要夜间通风时，要有专人值班。仓库应有专人值班巡逻检查，万一发生火灾，可用水和各式灭火设备及时扑救。消防人员应戴防毒面具，并站在上风头，以防中毒。

8.3.3 氧化剂的安全储存管理

氧化剂是具有氧化作用的化学用品。氧化剂按其危险性大小，分为一级氧化剂和二级氧化剂；按照化学组成分为无机氧化剂和有机氧化剂；按照氧化反应所要求的介质分为酸性介质氧化剂（如过氧化氢、过氧乙酸、重铬酸钠、铬酸、硝酸、高锰酸钾、过硫酸铵等），碱性介质氧化剂（如次氯酸钠、过碳酸钠、过硼酸钠、过硼酸钾等），中性氧化剂（如溴、碘等）。

入库验收工作应在验收室或库外的安全地点进行，同时应保持现场的清洁卫生，并配备与所验商品相适应的消防器材。

根据不同的物品特性，按比例或全部验收，发现问题，及时采取有效的措施进行处理，并做好详细的验收记录。

安全操作：在操作过程中，不能使用能够产生火花的铁制工具，而应使用铜制工具。要防止摩擦、震动。使用机器操作时，特别要防止摔、撞。桶装商品不得在地上滚动，应使用专用车或机器搬运。开启包装检查、串倒、整理时，一律不得在库内进行。对于有毒和有腐蚀性的氧化剂，操作人员应穿戴相应的防护用具以保证人身安全。

氧化剂不论是箱装、桶装或袋装，都应码成行列式货垛。桶装应层层垫木板或橡皮垫，以防止摩擦。堆垛不宜过高过大，要求安全牢固，便于操作和检查，同时便于机器操作。

根据商品性质和消防扑救方法的不同，选择适当的库房分类存放。例如，有机氧化剂不能与无机氧化剂混存，氯酸盐、硝酸盐、高锰酸盐和亚硝酸盐都不能混存，过氧化物则宜专库存放；库房要与爆炸物、易燃物、可燃物、酸类、还原剂、火种、热源及生活区隔离。

库房应设置温湿度计，定时记录和观察温湿度变化情况；采取整库密封、货垛密封或密封与自然通风相结合的方法，或采用库内吸潮或人工降温方法控制库房的温、湿度。一般氧化剂的库内相对湿度宜保持在80%以下，最高不宜超过85%，库温不宜超过35℃。根据物品特点，制定固定的物品质量检查日期和检查内容，按时进行质量检查，并及时采取相应的养护措施，确保商品自入库时起到出库时止的全部保管过程的质量。

在储存过程中，对各种氧化剂都要坚持"以防为主"的方针。发生火灾时，对过氧化物和不溶于水的有机液体氧化剂等，不能用水和泡沫扑救，只能用干砂、二氧化碳、干粉灭火器扑救；其余大部分氧化剂可用水扑救；粉状物品应用雾状水扑救。

8.3.4　压缩气体和液化气体的安全储存管理

1. 入库验收

入库验收时，先检查气瓶上的涂色、品名是否与入库单上的相符，安全帽是否完整，瓶壁腐蚀程度，有无凹陷及损坏现象，再检查是否漏气。

感官检查有无漏气和有无异味，有毒气体不能用鼻嗅，可以在瓶口接缝处涂肥皂水，如有气泡发生，则说明有漏气现象。氧气瓶严格禁止使用肥皂水检漏，以防因肥皂水含油脂而发生爆炸。应用软胶管套在气瓶的出气嘴上，另一端连接气球，如气球膨胀，则说明有漏气现象。检查液氯气瓶，可用棉花蘸氨水接近气瓶出气嘴，如发生氯化氨白雾，则证明气瓶漏气。检查液氨，可用水湿润后的红色石蕊试纸接近气瓶的出气嘴，如试纸由红色变成蓝色，则说明气瓶漏气。用压力表测量气瓶内气压，如气压不足，则说明有漏气的可能，应再做其他方面的检查。

2. 储存条件

压缩气体或液化气体宜专库专存。库房建筑宜采用耐火材料或半耐火材料，库房墙壁坚固并有隔绝热源的能力。库顶应使用质轻不燃的材料。库内高度应不低于3.25m，门窗应向外开，以防发生爆炸时减少波及面。库房要保持干燥，窗户应使用磨砂玻璃或涂成白色。

地坪应光滑，库内照明灯禁用明火灯具，应采用防爆照明或干电池灯。

储存易燃易爆气体的库房，应有避雷装置。库房与库房之间的距离应不少于20m，库房与生活区距离不少于50m，在储存气体的库房周围不能堆放任何可燃材料。

压缩气体和液化气体必须与氧化剂、易燃物、自燃物及腐蚀性等物品隔离。

3. 堆码

堆码气瓶应有专用木架，必须保持气瓶放置稳固。气瓶要直放，切勿倒置。每个气瓶外套两个橡胶圈，木架可设3层，但不宜过高，瓶口向同一方向排列。

4. 温、湿度管理

库内设温湿度计，定时观测并记录，库温最高不宜超过32℃，相对湿度控制在80%以下，以防气瓶生锈。夏季库温过高时，可于早晨或夜间通风降温。

5. 消防方法

储存压缩气体和液化气体的仓库，根据所储存气体的性质和消防方法不同，设置相应的消防器材和用具。最主要的消防方法是采用雾状水进行消防。

遇到火灾应迅速扑救，当来不及扑灭时，将着火的气瓶迅速移至库外安全地带，无法移出库外时，可用雾状水浇在气瓶上，使其冷却。在火势尚未扩大时，可用二氧化碳灭火器扑救。

消防人员应戴有防护用具，以防中毒，并且注意不要在气瓶头尾部站立，防止因爆炸伤害人体。

8.3.5 自燃物品的安全储存管理

1. 入库验收

自燃物品本身质量和包装不符合安全要求时，就容易发生自燃，所以入库时要严格进行检查。

检查外包装有无异状，如包装破损、渗漏、不严密、外包装水湿等。检查物品情况，主要是检查安全隐患。在检查时，应根据物品的性质和包装条件等不同情况，采取不同的检查方法。一级自燃物品，须逐件检查；二级自燃物品，须结合当时气候特点和包装好坏适当抽查。

一级自燃物品，须在库外适当地点检查。二级自燃物品，原则上要求在库外适当地点检查，如库外条件差(太阳暴晒)，也可进仓库抽查。

2. 仓库要求

一级自燃物品(不包括黄磷)和桐油配料制品，温度、湿度要求比较严格，须储存在阴凉、干燥、通风的库房，库房条件要求有防热隔热措施，如双墙双层顶或库内墙壁屋顶加隔热层。不宜存放在平顶单层或石棉瓦屋顶的库房，更不宜存放在铁皮屋顶的库房。存放黄磷的库房结构要求冬天能防冻。这些物品都须专库存放。消防方法不同的三乙基铝、铝铁熔剂需要和其他自燃物品分库存放。库房都不宜过大，且和邻库须有一定的安全距离。

3. 储存条件

自燃物品堆码苫垫应根据不同的要求，采取隔绝地潮措施和不同堆码形式。如桐油配料制品须堆通风垛形，堆垛不能高大，有条件可用货架排列存放，更利于散热。其他自燃物品宜堆行列式垛，以便于检查。一级自燃物品(不包括黄磷)，库温不宜超过28℃，相对湿度不宜超过80%。二级自燃物品，库温不宜超过32℃，相对湿度不宜超过85%。黄磷库房温度，冬天不低于3℃。要达到上述温度、湿度要求，应严格加强库房温湿度管理，采取一定的措施，及时做好密封、通风、吸潮等工作。根据自燃物品的性质，结合气候特点，以及库房条件好坏、储存时间长短、包装情况、出厂质量等，有重点地开展检查工作。

4. 消防方法

自燃物品起火时，除三乙基铝和铝铁熔剂不能用水扑救外，其他物品均可用大量的水灭火，也可用砂土和二氧化碳、干粉等器材灭火。因为三乙基铝、铝铁熔剂与水能发生作用，产生易燃气体，所以不能用水扑救。

8.3.6 遇水燃烧物品的安全储存管理

遇水燃烧物品若受潮或遇水后，能发生燃烧或爆炸。因此，在入库验收时特别要防止雨淋、水浸、受潮等，以确保安全。

1. 入库验收

入库验收工作不得在库内进行，应在验收室或离开库房的安全地点进行，验收场所保持清洁卫生，备有相应的消防安全设施。由于这类物品危险性较大，最好能逐件验收。

2. 堆码

在装卸、堆码、拆装、钉箱、包装整理等各项操作中，必须轻拿轻放，禁止撞击和振动。堆垛时，必须选用干燥的枕木或垫板，不能使用带有酸、碱、氧化剂及其他性质有抵触的物品作垫料。

这类物品必须选用地势高、夏季绝对不会进水的库房。为防止受潮，必须垫一层或两层枕木，码行列式货垛，堆垛不宜过高过大，以便于操作和检查。

3. 保养

这类物品应储存在地势高、干燥、便于控制温湿度的库房内，不能在露天储存。不能和含水物、氧化剂、酸、易燃物及灭火方法不同的物品同库存放。这类物品在雨雪天气不能出/入库和运输。

库房的温度和湿度管理可根据这类物品的特性，采取通风散潮、密封防潮或库内用氯化钙、吸潮剂吸潮等方法。库内相对湿度一般应保持在75%以下，最高不宜超过80%。

4. 消防方法

由于这类物品遇水能发生燃烧或爆炸，因此在灭火时绝对不能用水，也不能使用酸、碱灭火器和泡沫灭火器，只能用干砂、干粉扑救。在存放这类物品的库房内或适当地点备好干砂土，并在库房外做出明显的灭火方法标志。

此外，碳化物、磷化物、保险粉等燃烧时能放出大量剧毒性气体，扑救时，人应站在上风头，并戴防毒面具，以防中毒。

8.3.7 易燃液体的安全储存管理

1. 入库验收

物品验收应在验收室或安全地点进行，验收场所应保持清洁卫生，验收现场不能有氧化剂、酸类等与易燃液体能发生强烈反应的物品，并应配备好适当的消防器材。

入库验收主要是验收外包装和物品质量。桶装物品注意有无膨胀、破裂、渗漏。瓶装的内外包装要求牢固，内外封口严密有效。发现渗漏或气味太大时，应及时采取修补、串倒或封口等措施。由于这类物品多属于澄清透明（各种油漆和涂料除外）液体，须检验颜色有无变化，并查看有无沉淀杂质情况等。

2. 堆码

由于这类物品极易燃烧，因此验收、拆箱、整理、倒装等各项操作，均不得在库内进行，必须在远离库房的安全地点进行，并不得使用能够产生火花的铁制工具（如铁锤等），宜用铜制工具。

可根据库房的大小和高低，结合物品的危险性和包装牢固程度确定堆码垛形，货垛一般不宜太大太高。垛高以2.5m为宜，并使用与物品性质相适应的苫垫物料。一般宜码成行列式垛形货垛，货垛之间要留有一定的间隔和墙距，以便操作和检查。对于各种铁桶包装，人力操作时，可码两个高；使用机器时，可码三个高。为防止摩擦和保持货垛牢固，应层层垫木板，注意瓶（桶）口向上，不得倒置，以确保安全。

3. 保养

易燃液体的沸点都较低，容易挥发，宜储存在阴凉、通风条件好的库房内。不能在铁皮顶库内和露天储存。库内外墙壁也不宜安装电气设备和开关、电闸等。可用防爆灯在库外通过玻璃窗照射库内，或用干电池手电照明，不能使用明火或电瓶照明。库房周围一定距离内不准有明火，以防库内散发出来的蒸汽引起燃烧。储存时，不能与氧化剂和强酸等性质不同并能互相起反应的或消防方法不同的物品同库存放。

对仓库的温度进行管理：库内温度过高，是造成易燃液体挥发损耗的主要原因之一，也往往是造成火灾事故的原因，因此有必要采取有效的降温方法。

4. 消防方法

易燃液体的火灾发展迅速而猛烈，有时甚至会发生爆炸，且不易扑救。要根据不同物品的特性、易燃程度和消防方法，配备足够的和相应的消防器材。

对比水轻又不溶于水的烃基化合物，如乙酸、石油醚、苯等的火灾，可用泡沫或固体干粉灭火器扑救，当火势初燃、面积不大或着火物不多时，可用二氧化碳扑救。能溶于水或部分溶于水的物品，如甲醇、乙醇等醇类，乙酸乙酯、乙酸戊酯等酯类，丙酮、丁酮等酮类发生火灾时，可用雾状水、化学泡沫、干粉等灭火器扑救，使用化学泡沫灭火时，泡沫强度必须比扑救不溶于水的易燃液体大3~5倍。火势不大、着火物数量不多时，可用二氧化碳扑救。不溶于水、比重大于水的，如二硫化碳等着火时，可用水扑救。

易燃液体多具有酸性和毒性，消防人员灭火时应站在上风头，穿戴必要的防护用具。

8.3.8 易燃固体的安全储存管理

1. 入库验收

易燃固体燃点低，性质不稳定，易受外因影响而引起燃烧。入库时，必须认真对包装及物品进行验收。

检查外包装是否完整无破损，或沾染与物品性质互相抵触的其他杂物。还应检查有无受潮、水湿等。对外包装不合要求的，须经过加工整理或换装后才能入库。对标识不清、性质不明的物品，须查清楚后再分类入库或加工改装。

检查物品是否有溶解、结块、风化、变色、异味等现象。对硝酸纤维素（硝化棉、火棉胶等）还要注意检查稳定剂是否充足。检查须在库外指定地点进行，以防止发生不安全事故，影响库内其他物品。

2. 储存条件

储存一级易燃固体物品的库房，要阴凉、干燥、有隔热、防热措施，门窗应便于通风和密封，窗玻璃要涂成白色。夏天要挂门帘、窗帘，防日光和辐射热。库房照明应使用防爆式封闭式的电灯,严禁用煤油灯之类的明火照明。硝化棉、赛璐珞和赤磷等物品,如条件允许,应专库储存。

二级易燃固体物品须储存在阴凉、干燥及便于通风、密封的库房,并且库房应有一定的防热措施。

3. 保养

易燃固体的堆码,须根据该物品的性质而定,如易挥发的樟脑、奈等宜堆密封垛。火柴堆垛不宜过高(一般不宜超过2.5m),并须整齐稳固,防止倾斜倒垛。

多数易燃固体受潮后容易变质。所以,须根据物品性质和包装情况,注意下垫方法。一般可用枕木垫板,如要求防潮严格的火柴、赛璐珞、硫磺及各种磷的化合物等,可在垫板上加一层油毡,再铺一层芦席(不适宜垫铁桶装的物品,因油毡和芦席容易被损坏),最好做防潮地坪。

温度过高或湿度过大都会直接影响易燃固体物品的安全储存。所以,物品在库期间,加强温度、湿度管理是很重要的养护措施。因此,一级易燃固体物品,库房温度宜保持在30℃以下,相对湿度宜在80%以下;二级易燃固体物品,库房温度不要超过35℃,相对湿度以80%以下为宜。

易燃固体在储存期间,会受各种因素的影响而发生变化。特别是对硝化棉、赛璐珞、各种磷的化合物和火柴等,需加强检查,对查出的问题应及时、迅速采取防护措施,以防止事故发生。

4. 消防方法

易燃固体燃烧时迅速、猛烈,在储存期间失火时不容易扑救。所以,一个库的储存量不宜过大,最好选择面积较小的库房,与相邻库还要有一定的安全距离,并不宜和酸性物品库房接近,以防酸性气体或酸性蒸汽影响,更不能和酸、碱、氧化剂等物品混存。

易燃固体发生火灾时,可以用水、砂土、石棉毯、泡沫、二氧化碳、干粉等消防用品灭火。金属粉末着火时,须先用砂土、石棉毯覆盖,再用水扑救。磷的化合物和硝基化合物(包括硝化棉、赛璐珞、硫磺等物品),燃烧时产生有毒和刺激性气体,消防人员须戴好防毒口罩或防毒面具。

8.3.9 毒害性物品的安全储存管理

1. 入库验收

入库前,先检查是否和性质相抵触的物品混装混运,途中有无经雨淋、水湿、污染,包装是否完整并符合规定要求,同时注意验收数量。

验收采取检验其形态、颜色、异杂物、沉淀、潮解等现象,必要时可进行理化检验,如含水量、酸碱度、熔点、沸点等测定。验收人员必须戴好必要的防护用具,物品须在验收室或安全地点进行验收。

2. 保管

一些有机易挥发液体剧毒品,在库温过高时能加速挥发,不仅使库内有毒气体浓度加大,影响人身健康，而且还加大了物品损耗。因此，库内温度以不超过32℃为宜，相对湿度应控制在80%以下。有些剧毒品受潮后易结块，降低了其质量。如氰化钙等，受潮后分解，放出剧毒气体。所以库内应经常保持干燥。

剧毒品可按性质专库储存，包装必须严密，如氰化钾、钠等要与酸性物质隔离存放。

在储存过程中，应按商品性质、季节变化制定定期检查制度。对有挥发性毒害性物品仓库，根据不同季节，对空气内所含气体浓度进行测定。还要经常检查操作人员的防毒设备是否齐全有效，以保证人身安全。

3. 储存条件和堆码

毒害性物品应选择干燥的、通风条件良好的库房。有条件的库房可安装机械通风排毒设备，以保持库内空气清洁。门窗玻璃宜涂成白色，以防日光直接照射。

毒害性物品的苫垫物料宜专用，不能和其他物品特别是不能和食品所用的苫垫物料混合使用。垫垛方法根据具体情况定，堆码高度以不超过 3m 为宜。

4. 消防方法

大部分有机毒害性物品能燃烧，在燃烧时产生有毒气体。为了防止消防人员中毒，必须根据毒害性物品的性质采取不同的消防方法。如氰化物、硒化物、磷化物等着火时，就不能采用酸碱式灭火器，只能用雾状水、二氧化碳等灭火，消防人员必须戴防毒面具，且站在上风处。一般毒害性物品着火时，可用水灭火。

8.3.10 腐蚀性物品的安全储存管理

1. 入库验收

查包装情况：须认真检查外包装是否牢固，有无腐蚀、松脱，内包装容器有无破损、渗漏，衬垫物是否符合要求等。

查物品情况：液体物品有无沉淀物和杂物，颜色是否正常。固体物品颜色是否正常，有无异物。

2. 储存条件

库顶最好是水泥的平顶结构，里面涂耐酸漆，以防腐蚀。对于木质结构的屋架、门窗和各个结构部位的铁附件，都应涂上耐酸漆，以防酸性物品挥发出来的气体或蒸气腐蚀库房建筑结构。易燃、易挥发的腐蚀性物品均须存于冬暖夏凉的库房。遇水分解发烟的卤化物的库房，必须干燥和通风良好。碱性腐蚀物品可以存放在地势较高的一般库房。工业用品可以存放在露天货场，但须注意包装完整严密，注意苫垫周密，不受雨淋水浸。氨水库房既要阴凉又要便于通风。酸性腐蚀物品和碱性腐蚀物品，须注意分库存放。氧化性强的硝酸、高氯酸等也不宜和其他酸性物品混存。

3. 保养

露天存放的坛装硫酸、盐酸，可除去外包装，但库内堆码宜带外包装。为便于搬运，宜堆行列式垛，中间留0.5m左右宽的走道。用花格木箱或木箱套装的瓶装液体物品，宜堆直立式垛，垛高不宜超过2m。桶装的腐蚀物品可堆行列式垛，行列之间稍留点距离，便于检查物品，垛高不宜超过2.5m。固体物品可堆至3m。各种形式的容器包装的液体物品，严禁倒放，堆码时要注意轻拿轻放。

各种形式的外包装，在堆码时，垛底必须有防潮设备，如枕木、垫板等。如有外包装腐烂脱落，在搬运时易发生事故，应加以注意。

温度、湿度管理：腐蚀性物品品种较多，性质各异，对温度、湿度要求也不尽相同，必须掌握它们的性质及受温度、湿度等外界因素影响的规律性，以便采取相应的控制和调节方法。

对沸点低和易燃的腐蚀性物品，库房温度宜保持在30℃以下，相对湿度不宜超过85%。对怕冻的腐蚀性物品，冬天须做好防冻工作，库房温度须保持在15℃以上。

对吸湿后分解、发热、发烟的腐蚀性物品，除须经常保持包装完整、封口严密外，还须尽力保持库房干燥，相对湿度不宜超过70%。

根据物品性质，结合季节特点，加强物品在库期间的检查工作。除检查物品外，还须检查库内有害气体的浓度。库房空气中的酸度或碱度较强时，须进行通风排毒。

4. 消防方法

腐蚀性物品着火时，可用雾状水和干砂、泡沫、干粉扑救，不宜用高压水，以防酸液四溅。硫酸、卤化物、强碱等物品遇水发热，卤化物遇水产生酸性烟雾，所以不能用水扑救，可用干砂、泡沫、干粉扑救。

消防人员须注意防腐蚀、防毒气，应戴防毒口罩、防护眼镜或防毒面具、防腐蚀手套等。灭火时，人应站在上风口。

8.3.11 放射性物品的安全储存方法

放射性物品就是含有放射性核素，并且物品中的总放射性含量和单位质量的放射性含量均超过免于监管的限值的物品。放射性物质对人体危害极大，可以导致中枢神经系统、神经－内分泌系统及血液系统的破坏；可使血管通透性改变，导致出血及并发感染。放射性也能损伤遗传物质，引起基因突变和染色体畸变，使一代甚至几代受害。

1. 入库验收

验收放射性物品，主要检验包装，发现破漏及时提出整修。放射性较强的物品箱内应有适当厚度的铅皮做防护罩。木箱内加玻璃瓶包装的物品，应有柔软材料衬垫，瓶口必须密封。在入库时，应用放射性探测仪测试放射剂量，以便于安排储存和进行人身防护。

2. 储存条件

储存放射性物品，应建特型库，不应在一般库房或简易货棚内储存。库房建筑宜用混凝土结构，墙壁厚度应不少于50cm，内壁和天花板应用拌有重晶石粉的混凝土抹平，地面光滑无缝隙，便于清扫和冲洗。库内应有下水道和专用渗井，防止放射性物品扩散。门窗应有铅板覆盖。库房要远离生活区。放射性物品应专库储存，并应根据放射剂量，成品、半成品、原料分别储存。

3. 装卸搬运和堆码苫垫

装卸搬运放射性物品时，宜用机械操作，减少与人体的接触机会。对玻璃瓶包装，注意轻拿轻放。无机械设备时可用手推车或抬运。码垛人员应轮换，工作时间应根据不同放射剂量而定。堆码垫架方法，与毒害性物品类似。

4. 温度、湿度管理及保养

放射性物品对库内温度、湿度无特殊要求时，只需防止湿度过大损坏包装。物品在库期间，除必要的检查和收发业务外，工作人员尽量减少进入库房次数。库内应经常保持清洁、干燥。

5. 消防方法

放射性物品沾染人体时，应迅速用肥皂水洗刷，最好洗刷3次。发生火灾时，可用雾状水扑救。消防人员须穿戴防护用具，并站在上风处。注意不要使消防用水流散面积过大，以免造成大面积污染。

8.4 安全评价的方法

安全评价的方法通常有以下12种。

1. 安全检查方法

安全检查方法可以说是第一个安全评价方法，有时也称工艺安全审查或设计审查或损失预防审查。对现有装置(在役装置)进行评价时，传统的安全检查主要包括巡视检查、正规日常检查等。

安全检查方法的目的是辨识可能导致事故、造成伤害、重要财产损失或对公共环境产生重大影响的装置条件或操作规程。一般安全检查人员主要包括与装置有关的人员，即操作人员、维修人员、工程师、管理人员、安全员等，具体视系统的组织情况而定。

安全检查方法的另一个目的是提高整个装置的安全操作度，而不是干扰正常操作或对发现的问题进行处罚。完成了安全检查后，评价人员对亟待改进的地方应提出具体的措施、建议。

2. 安全检查表方法

为了查找工程、系统中各种设备设施、物料、工件、操作、管理和组织措施中的危险、有害因素，事先把检查对象加以分解，将大系统分割成若干小的子系统，以提问或打分的形式，将检查项目列表逐项检查，避免遗漏，这种表称为安全检查表，见表8-4。

表8-4 安全检查表

序号	检查项目	检查内容	依据标准	结论

3. 危险指数方法

危险指数方法是一种评价方法。通过评价人员对几种工艺现状及运行的固有属性(以作业现场危险度、事故概率和事故严重度为基础,对不同作业现场的危险性进行鉴别)进行比较计算,确定工艺危险特性重要性大小,并根据评价结果,确定进一步评价的对象。

危险指数评价可以运用在工程项目的各个阶段(可行性研究、设计、运行等),或在详细的设计方案完成之前,或在现有装置危险分析计划制订之前。当然它也可用于在役装置,作为确定工艺及操作危险性的依据。

危险指数方法使用起来可繁可简,形式多样,既可定性,又可定量。例如,评价者可依据作业现场危险度、事故概率、事故严重度的定性评估,对现场进行简单分级;或者,较为复杂的,通过对工艺特性赋予一定的数值组成数值图表,可用此表计算数值化的分级因子。

4. 预先危险分析方法

预先危险分析方法是一种起源于美国军用标准安全计划要求方法。此种方法主要用于对危险物质和装置的主要区域等进行分析,包括设计、施工等,对系统中存在的危险性类别、出现条件、导致事故的后果进行分析,其目的是识别系统中的潜在危险,确定其危险等级,防止危险发展成事故。

预先危险分析可以达到以下目的:大体识别与系统有关的主要危险;鉴别产生危险的原因;预测事故发生对人员和系统的影响;判别危险等级,并提出消除或控制危险性的对策措施。

预先危险分析方法通常用于对潜在危险了解较少和无法凭经验觉察的工艺项目的初期阶段,以及初步设计或工艺装置的 R&D(研究和开发)。当分析一个庞大现有装置或当环境无法使用更为系统的方法时,常优先考虑这种方法。

5. 故障假设分析方法

故障假设分析方法是一种对系统工艺过程或操作过程的创造性分析方法。使用该方法的人员应对工艺熟悉,通过提问(故障假设)的方式来发现可能的潜在的事故隐患(实际上是假想系统中一旦发生严重的事故,找出促成事故的潜在因素,在最坏的条件下,这些导致事故的可能性)。

与其他方法不同的是,故障假设分析方法要求评价人员了解基本概念并用于具体的问题中。

故障假设分析方法一般要求评价人员用"What...if"作为开头,对有关问题进行考虑。任何与工艺安全有关的问题,即使它与之不太相关,也可提出并加以讨论。通常,先将所有的问题都记录下来,然后再将问题分门别类。例如,按照电气安全、消防、人员安全等问题分类,分头进行讨论。对正在运行的现役装置,则与操作人员进行交谈,所提出的问题要考虑到任何与装置有关的不正常的生产条件,而不仅仅是设备故障或工艺参数的变化。

6. 故障假设分析/检查表分析方法

故障假设分析/检查表分析方法是由具有创造性的假设分析方法与安全检查表分析方法组合而成的,它弥补了各自的不足。

例如，安全检查表分析方法是一种以经验为主的方法，用它进行安全评价时，成功与否很大程度上取决于检查表编制人员的经验水平。如果检查表编制得不完整，评价人员就很难对危险性状况作有效的分析。而故障假设分析方法鼓励评价人员思考潜在的事故和后果，它弥补了检查表编制时可能存在的经验不足；相反，检查表这部分把故障假设分析方法更系统化。

故障假设分析/检查表分析方法与其他大多数的评价方法相类似，这种方法同样需要有丰富工艺经验的人员完成，常用于分析工艺中存在的最普遍的危险。虽然它也能够用来评价所有层次的事故隐患，但故障假设分析/检查表分析方法主要对过程危险初步分析，然后可用其他方法进行更详细的评价。

7. 危险和可操作性研究方法

危险和可操作性研究方法是一种定性的安全评价方法，基本过程以引导词为引导，找出过程中工艺状态的变化（即偏差），然后分析找出偏差的原因、后果及可采取的对策。

危险和可操作性研究方法基于这样一种原理，即背景各异的专家们若在一起工作，就能够在创造性、系统性和风格上互相影响和启发，能够发现和鉴别更多的问题，这比他们独立工作并分别提供工作结果更为有效。虽然危险和可操作性研究方法起初是专门为评价新设计和新工艺而开发的，但是这一方法同样可以用于整个工程、系统项目生命周期的各个阶段。

危险和可操作性研究方法的本质，就是通过系列会议对工艺流程图和操作规程进行分析，由各种专业人员按照规定的方法对偏离设计的工艺条件进行过程危险和可操作性研究。鉴于此，虽然某一个人也可能单独使用危险和可操作性研究方法，但这绝不能称为危险和可操作性分析。所以，危险和可操作性分析方法与其他安全评价方法的明显不同之处是：其他方法可由某人单独去做，而危险和可操作性研究方法则必须由一个多方面的、专业的、熟练的人员组成的小组来完成。

8. 故障类型和影响分析方法

故障类型和影响分析（Failure Mode and Effects Analysis，FMEA）方法是系统安全工程中的一种方法，根据系统可以划分为子系统、设备和元件等，按实际需要将系统进行分割，然后分析可能发生的故障类型及其产生的影响，以便采取相应的对策，提高系统的安全可靠性。

9. 故障树分析方法

故障树是一种描述事故因果关系的有方向的"树"，故障树分析方法是安全系统工程的重要的分析方法之一。它能对各种系统的危险性进行识别评价，既适用于定性分析，又适用于定量分析。此种方法具有简明、形象的特点，体现了以系统工程方法研究安全问题的系统性、准确性和预测性。

故障树分析方法不仅能分析出事故的直接原因，而且能深入揭示事故的潜在原因。因此在工程或设备的设计阶段、在事故查询或编制新的操作方法时，都可以使用该方法对它们的安全性作出评价。

10. 事件树分析方法

事件树分析方法是用来分析普通设备故障或过程波动（称为初始事件）导致事故发生的可能性的分析方法。

事故是典型设备故障或工艺异常（称为初始事件）引发的结果。与故障树分析方法不同，事件树分析方法使用归纳法（而不是演绎法）。事件树可提供记录事故后果的系统性的方法，并能确定后果事件与初始事件的关系。

事件树分析方法适合用来分析那些产生不同后果的初始事件。事件树强调的是事故可能发生的初始原因及初始事件对事件后果的影响，事件树的每一个分支都表示一个独立的事故序列，对一个初始事件而言，每一个独立事故序列都清楚地界定了安全功能之间的关系。

11. 人员可靠性分析方法

人员可靠性行为是人机系统成功的必要条件，人的行为受很多因素影响。这些"行为成因要素"可以是人的内在属性，如紧张、情绪、教养和经验；也可以是人的外在因素，如工作间、环境、监督者的举动、工艺规程和硬件界面等。影响人员行为的因素数不胜数。尽管有些因素是不能控制的，但还是有许多因素是可以控制的，可以对一个过程或一项操作的成功或失败产生明显的影响。

12. 作业条件危险性评价方法

美国的K.J.格雷厄姆和G.F.金尼研究了人们在具有潜在危险环境中作业的危险性，提出了以所评价的环境与某些作为参考环境的对比为基础，将作业条件的危险性作因变量（D）、事故或危险事件发生的可能性（L）、暴露于危险环境的频率（E）及危险严重程度（C）作自变量，确定了它们之间的函数式：$D = L \times E \times C$。根据实际经验，他们给出了3个自变量的各种不同情况的分数值，采取对所评价的对象进行打分的方法，然后根据公式计算出其危险性分数值，再按经验将危险性分数值划分的危险程度，在等级表或图上查出其危险程度。作业条件危险性评价方法是一种简单易行的评价作业条件危险性的方法。

本 章 小 结

本章为仓储管理的最后一项决策——安全决策，仓储安全决策失误往往会造成巨大的人员伤亡和财产损失，因此保证仓储安全刻不容缓。

本章主要介绍了安全性、危险品等基本概念及危险品的种类，重点对仓库的消防安全管理、危险品仓库管理进行了分析，并简要讨论了安全评价的几种方法。

本 章 练 习

一、选择题

1. 我国安全标准规定红、黄、蓝、绿4种颜色为安全色，其中蓝色代表（　　）。

A. 禁止 B. 警告 C. 指令 D. 提示

2. 使用化学灭火剂喷入燃烧区，使之参与燃烧反应，属于（ ）。

A. 抑制灭火法 B. 窒息灭火法 C. 冷却灭火法 D. 隔离灭火法

二、判断题

1. 依据国家《建筑设计防火规范》（GB 50016—2014）的规定，按照仓库储存物品的火灾危险程度分为甲、乙、丙、丁、戊5类。其中，甲、乙类桶装液体不宜露天存放。（ ）
2. 爆炸性物品起火时，采用的灭火方式是抑制灭火法。（ ）
3. 仓库安全管理工作的首要任务是仓库的消防工作。（ ）

三、简答题

1. 仓库消防安全管理常采用哪些措施？
2. 危险品仓库发生火灾应如何扑救？
3. 安全评价的常用方法有哪几种？

案例讨论

深圳市安贸危险品储运公司清水河仓库火灾

深圳市安贸危险品储运公司（以下简称安贸公司），是中国对外贸易开发集团公司所属的中贸集团储运公司与深圳市危险品公司的联营单位，位于罗湖区清水河，与市区一山之隔，距国贸大厦直线距离仅4 000m。清水河库区共有10栋仓库，主要贮存硝酸铵、碳酸钡、高锰酸钾、过硫酸钠、漂白粉、染料、甲苯、乙酯、二甲苯、硫酸钠、火柴、打火机、双氧水等危险品。

1993年8月5日13时，清水河4号仓库突然发生大火。库内的工人发现火情后奋力扑救。13时15分，一名保安人员跑到笋岗消防中队报警。笋岗消防中队立即出动3辆消防车、10余名干部赶赴现场。刚到清水河路口时，4号仓库发生了爆炸。很快，市区上步、罗湖、田贝、福田4个消防中队的14辆消防车赶到现场。又急令沙头角、南头、宝安、蛇口等6个公安消防队与专职消防队的13辆消防车前去增援。紧接着又调宝安、龙岗两区各镇村和机场的42个专职消防队参战。临时火场指挥部命令兵分三路：一路抢救第一次爆炸死伤的人员；一路重点消灭爆炸起火的4号仓库，阻击向双氧水库蔓延的火势；一路用水冷却液化石油气、汽油、柴油库。14时25分，6号仓库发生了爆炸。由于各种化学危险品混存，遇水熄灭的物质和遇水加剧燃烧的物质混在一起，灭火的效果不理想，火势越来越猛，导致连续爆炸，爆炸又使火灾迅速蔓延。广东省公安消防部队请示广东省委调派了广州、珠海、佛山、惠州、东莞等10个市的消防支队的80多辆消防车前来增援，于19时50分将大火控制住。在这过程中，共发生2次大爆炸和7次小爆炸，有18处起火燃烧。经数千名解放军指战员、武警官兵、公安民警、消防民警等18个小时的艰苦奋战，于6日7时30分将大火基本扑灭，于8日22时彻底扑灭残火。

火灾中死亡18人，重伤136人，烧毁、炸毁建筑物面积39 000m^{2}和大量化学物品，直接经济损失达2.5亿元。

火灾是由安贸公司危险品4号仓库内的硫化钠、硝酸铵、高锰酸钾、过硫酸铵等化学危险品混储引起化学反应造成的。

此次火灾的主要教训如下。

(1) 违反消防法规，丙类物品仓库当作甲类物品仓库使用。1987年5月30日，中贸发储运公司持北京有色冶金设计研究院设计的图纸，以丙类杂品干货仓库使用性质向深圳市消防支队报请建筑防火审核。根据当时的规划，主要安排一些影响市容和有污染的项目，仓库初期主要存放丙类货物，有散装水泥库、煤场、木材场、其他丙类干货。1989 年，该仓库部分库房改储危险品，1 号仓库租给一家石油化工有限公司作为双氧水厂。1990 年 9 月，中贸发储运公司与深圳市爆炸危险品服务中心联合成立安贸公司，该库区共 10 栋仓房，安贸公司将 2～8 号库用于储存化学危险物品，清水河仓库则成为深圳市最大的化学危险品储存中心。改变使用性质后，该仓库违反了消防规范要求。一是仓库位置处于市区，危及城市安全，违反《建筑设计防火规范》《化学危险安全管理条例》《仓库防火安全管理规则》等。仓库周围有居民区，相距约 100m 处有深圳 4 家公司的液化气库和油库，这种环境显然不符合规范要求。二是该仓库改储甲、乙类物品后，库区建筑防火间距不符合规范要求。更有甚者，安贸公司在防火间距中私自搭建了 3 号仓和 6 号仓，使单体仓变成了连体仓，成为违章建筑。三是消防设施达不到要求。该仓库改为危险品仓库后，没有改善消防供水设施，消防储水池没有水，消防栓也不出水，又没有配置必要的灭火器材。8 月 5 日发生火灾后，无法扑救初期火灾，使火势蔓延导致爆炸。

（2）消防安全管理工作不落实。清水河仓库改为化学危险品储运仓后，安全管理工作没跟上。作为一个危险场所，没有按消防十项标准要求做好消防工作，安全管理较为混乱。

第一，消防干部安全素质差，对仓库违章现象没能及时发现、及时纠正，自防能力弱，使消防安全失控。

第二，化学危险品进库没有进行安全检查和技术监督，账目不清。由于安全制度不健全，化学危险品乱放、混储的现象就不可避免，易燃、易爆、腐蚀、有毒的化学危险品同库堆放，毗邻储存。如该仓库发生第一次爆炸的 4 号仓库内有过硫酸铵（一级氧化剂）40t、硫化钠（一级碱性腐蚀晶）60t、高锰酸钾（一级氧化剂）10t、碳酸钡（一级有机毒害晶）60t、火柴 3 000 箱、多孔硝酸铵 65t 等；发生第二次大爆炸的 6 号仓库内有硫化钠 60t、硫黄 15t、甲苯 4t、乙酯 60t、碳酸钡 60t、多孔硝酸铵 48t、保险粉 2t、甲酸甲酯 4t、磷酸 60t、亚硝酸钠 60t、氢氧化钾 40t。严重违反了安全规章。

第三，该仓库搬运工和部分仓管员是外来临时工，上岗前没经过必要的培训，文化素质较差，不懂各类化学危险品性质，平时不能做好消防安全工作，发生火灾后又不能采取有效措施控制火势，使小火酿成大灾。

第四，没有消防应急预案，发生火灾后，不但没有自救能力，而且不能积极配合消防队展开灭火。

（3）拒绝消防监督部门提出的整改意见，对隐患久拖不改。1989 年 9 月，深圳市消防支队两次检查该仓库时，发现 6 号仓库有甲、乙类物品，发出书面意见书要求整改。1990 年 4 月 30 日，深圳市消防支队对该仓库建筑进行验收，只有 1～5 号库房获得了合格证，6 号库房甲类物品没有证，但该公司照常使用。1991 年 2 月 13 日，消防支队到该仓库防火检查，发现该仓库储存大量甲、乙类物品，要求搬迁，安贸公司负责人以种种借口顶住不搬。1999 年 3 月 21 日，消防支队对该仓库进行检查后又发出《火险隐患整改通知书》，提出 9 条整改意见，要求在 4 月 10 日前整改完毕，但安贸公司置若罔闻没有进行整改。安贸公司多次对消防监督部门意见置之不理，有关部门对安贸公司不作任何处理，而且消防执法还受到行政干预。

（4）消防基础设施、技术装备与扑救特大火灾不适应。深圳市是缺水的城市，清水河地区更是缺水区，安贸公司仓库区虽然有消火栓，但压力达不到国家消防技术标准规定。发生火灾后，靠消防车运水灭火，远水救不了近火。消防队伍的装备也较落后，缺少隔热服和防毒面具。有些消防车已接近或到了退役年限，机件已老化，在灭火中常出故障。

思考题：

1. 清水河库区主要贮存硝酸铵、碳酸钡、高锰酸钾、过硫酸钠、漂白粉、染料、甲苯、乙酯、二甲苯、硫酸钠、火柴、打火机、双氧水等危险品，这些危险品的特点和注意事项是什么？

2. 清水河库区 10 栋仓库中，4 号仓库最先发生大火，然后是 6 号库发生爆炸。消防队员灭火的方法是否正确？为什么？

第 9 章 仓储基本作业

【学习目标】

掌握仓储作业的基本流程,理解货位选择的原则,能运用相关专业知识进行入库、上架、拣选、发放等作业,理解 TSP 算法在拣选路径中的应用。

【关键术语】

➢ 仓储作业(Warehousing Operation)

➢ 入库(Receiving)

➢ 上架(Putaway)

➢ 拣选(Picking and Sorting)

➢ 发放(Shipping)

导入案例

辽宁北方出版物配送有限公司的图书仓储管理

辽宁北方出版物配送有限公司隶属于辽宁出版集团，是国家新闻出版总署确定的全国6个跨地区、全方位、多功能国家级大型出版物物流中心之一，以经营图书、音像制品、电子出版物为主，设计的配送能力——每年各种出版物的配送额达15亿元，日均配送额达400多万元；公司库房现有15万个货位，存储15万种商品，有效总面积为1.7万平方米，并可以根据业务的需求增大库房面积。

辽宁北方出版物配送有限公司先期的库房管理不具有对库存进行动态调整、动态盘点功能，经常出现库存账实不符、一品多位等现象，而且需要耗费大量的人力、时间盘点库存，极大地制约了公司配送能力的提高。

为了弥补上述功能的不足，经过调研，公司决定引进北京南开戈德信息技术有限公司（以下简称南开戈德公司）的企业移动解决方案，对库存进行实时监控及调整，最终实现高效的物流管理，解决了包括库存整理、盘点管理、出库管理和入库管理在内的四大问题。

库存整理是图书物流的基本活动，在库房中由于库房管理的需求，经常需要对库存中的一些品种进行整理、转移。在没有应用无线射频（Radio Frequency，RF）系统之前，进行库存整理非常烦琐。首先需要打印要转移的品种清单，其次要进行实物的转移，最后还要应用计算机进行库存数据库的数据转移，故实物的转移与数据的转移不同步，如果操作员忘了进行数据的转移，则转移走的这批数据就成了死数据，造成账实不符。

采用了企业移动解决方案，库存整理就不存在上述问题，由于它的实时传输的特性，终端调整完毕之后，库存信息马上就得到了更新。系统可以支持商场货架、工具、固定资产及设备的反复排定和追踪管理，使实际现场的错误堆放或工具、货物的零散管理变得容易，使之有序、易于比较和修正现场与系统管理的信息差异，以及显示、查询设备、产品的使用历史资料及商品、易损耗品的零用及耗费清单。

像任何一个出版物物流公司一样，辽宁北方出版物配送有限公司也存在着盘点的问题。以往的盘点工作是集中静态盘点，在盘点期间公司要停止营业，而且需要大量的人力与时间，给公司造成了一定的经济损失。

采用了企业移动解决方案之后，由于RF系统的实时性和灵活性，动态盘点成为可能。辽宁北方出版物配送有限公司就把集中盘点工作分散到日常的工作中进行。在库房管理工作中，该公司采用了库房的区域化管理，每个区域有专人负责，该负责人不仅负责库房的日常工作，还要对库房的库存准确率负责，所以员工能自觉地对库存进行日常的盘点工作。

出库操作是配送公司的主要操作，出库包括销售出库及货源退货两个部分。在以前的出库操作中，需要先打印配货单据，由员工按照单据内容进行配货，配货完毕之后，需要回到控制台进行回告，如果实物与单据内容不符，则需要重新打印配货单，造成时间及耗材上的浪费。

南开戈德公司的企业移动解决方案的配货功能可以使员工实时接收任务，在配货的过程中进行无纸化作业，配货完毕之后只需要打印一次单据，大大节省了时间。

现在的南开戈德公司的企业移动解决方案在辽宁北方出版物配送有限公司只应用在库房管理工作中，并在实际应用过程中验证了它的实用性。所以，辽宁北方出版物配送有限公司在今后的工作中将继续完善该系统的应用，使之充分发挥作用。同时，辽宁北方出版物配送有限公司将有计划地、深层次地推广企业移动解决方案在公司的应用，完成从收货、入库、出库、发货的全面管理。

启发思考：

（1）辽宁北方出版物配送有限公司的仓储管理出现了哪些问题？

（2）南开戈德公司的企业移动解决方案的特点是什么？

（3）辽宁北方出版物配送有限公司引进系统之后，发生了什么变化？

9.1 仓储作业管理概述

仓储作业管理就是对仓储业务,如收发、结存等活动的计划、执行和控制。一个仓库保管着成千上万种的物料,需要拥有一定的劳动力和与之相适应的仓储技术和装备。仓储管理一方面执行着合理组织仓储生产能力的一般职能,对各种工作要素进行合理的管理,以提高其经济效益;另一方面又要正确处理仓库内外的各种关系,调动各方面的积极性和创造性,充分发挥物流重要节点的作用。

仓储作业组织就是按照预定的目标,将仓库作业人员与仓库储存手段有效地结合起来。

9.1.1 仓储作业组织的目标和管理的要求

仓储作业组织的目标是快进、快出、高效。
(1) 快进:要以最快的速度完成接货、验收和入库作业。
(2) 快出:货物在仓库停留时间尽可能短。
(3) 高效:高效库存管理和运作效率高。

仓库作业管理的要求做到"三化""三保""三清""两齐""四一致""五防"。
(1) "三化":仓库规范化、存放系列化、养护经常化。
(2) "三保":保质、保量、保安全。
(3) "三清":材料清、规格清、数量清。
(4) "两齐":库区整齐、工位整齐。
(5) "四一致":账、物、卡、证相一致。
(6) "五防":防火、防潮、防盗、防虫、防变形。

仓储作业要求连续性和节奏性。所谓连续性,就是各个环节不能脱节。如入库时人员设备过量,检验时人员设备不足都会引起脱节。所谓节奏性,就是节奏明确,以保证连续性。具体要求如下。

【9-1 拓展视频】

(1) 及时:到库物品必须在规定的期限内完成验收工作,及时验收,及时提出检验报告,以使物品尽快入库。
(2) 准确:仓储活动的信息一定要准确。
(3) 严格:作业流程要规范和严防危险的发生。
(4) 经济:经济性贯穿仓储活动的各个环节。

9.1.2 仓储作业管理的主要内容及作业流程

仓储作业管理的主要内容包括一个完整的仓储活动,即从物料入库开始,到物料从仓库发往客户为止的所有具体操作和管理控制活动。具体包括:①核单、验收入库;②物料分类摆放保管;③物料按单分拣、发放;④物料盘点;⑤呆废料处理;⑥退货处理;⑦物料账务处理;⑧安全维护;⑨资料保管。

仓储作业管理流程如图 9.1 所示。

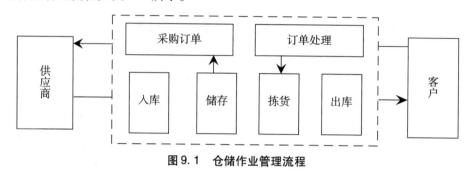

图 9.1 仓储作业管理流程

9.2 入 库 验 收

物料的入库验收（Receiving）是仓储管理工作的重要一环，也是仓储业务的第一个环节，所有物料在入库之前都需要进行验收，只有在验收合格后方能正式入库。由于物料验收工作是一项技术要求高、组织严密的工作，关系到整个仓储业务能否顺利进行，因此必须做到及时、准确、严格、经济。

9.2.1 入库验收作业的意义

入库验收是做好仓储管理工作的基础环节，其主要任务是检验入库物料的数量、品种、规格和质量，准确、及时地把好数量关、质量关和凭证关，做到物料入库有依据。其意义如下。

（1）有利于明确供需双方的数量和质量责任。
（2）有利于明确进料品质状况，避免对生产造成影响。
（3）有利于了解订单的完成情况。
（4）有利于为支付供方货款提供依据。
（5）有利于监督采购计划的执行。

9.2.2 入库验收作业的内容

一般来讲，每个企业由于管理架构不同，验收的内容也不尽相同。但入库验收作业都包括以下工作内容。

（1）核对供方送货单内容填写是否详细，是否已填物料名称、物料编码、订单编号和数量等内容。
（2）核对送货单与本企业采购部门下达的订单数量、品种和规格及交货期限是否相符。
（3）核对实物品种规格与送货单是否相符。
（4）抽查包装箱或容器内的物料数量是否与所贴标签一致。
（5）检验物料品质是否达到要求。

(6) 合格物料入库，建立物料账并建档。

品质检验包括内在品质和外观质量的检验。很多企业仓储部门只负责外观质量的检验，而内在品质，由于需要技术手段，一般交给企业内专门的技术部门检验。

9.2.3 入库验收作业的程序

入库通常是供应商利用电话或者网络预先通知，仓储方接到通知后，核对本公司采购订单指令。符合后，即做好货物入库的准备，不符合的则通知对方不能送货。

供应商将货物运送到仓库，并将入库申请单提交给仓库办公室，仓库办公室审核货物存储属性(判别是一般货物、保税货物还是监管货物)，通知仓库管理人员安排相关人员作业，作业人员包括叉车司机、理货员、仓管员(可由叉车司机兼任)、装卸队辅助工人等。

作业完毕以后由理货员登记作业数据(载体为"装卸作业理货单")，由统计员将其录入计算机，作为计算工人工资、客户收费及生成统计报表的基础数据。

给出载有实际操作数据的入库单，并交给客户确认，打印具有法律效力的仓单，入库程序结束。

物料入库验收流程包括接单接货验收准备，核对验收单证，确定验收比例，检验实物是否合格，以及对其进行签收，摆放，立牌，登账，建档，如图9.2所示。

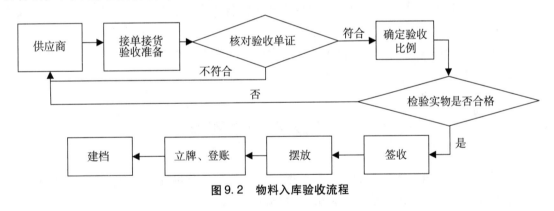

图 9.2 物料入库验收流程

9.2.4 物料入库验收的方法

货物经装卸作业环节被临时摆放到进货区，由理货员根据物品的验收标准验收。物料验收的主要作业内容如下。

(1) 质量验收：目的是查明入库物品的质量状况，发现问题，以便分清责任，确保到库物料符合订货要求。质量验收是通过感官检验和仪器检验等方法实现的。

(2) 包装验收：以物料的包装标准或者购销双方签订的合同为依据，具体验收的内容有包装是否牢固、是否破损、是否被污染、是否集装，包装标志、标记是否符合要求。

(3) 数量验收：根据客户提供的入库通知单上记载的物品名称、规格型号、唛头、数量等进行核对，以确保实际入库数量的准确无误。

在作业结束以后理货员将作业过程中的详细信息记载下来生成理货单，再由统计员输入计算机。

9.2.5 验收中发现问题的处理

物料验收中，可能会发现诸如证件不齐、数量短缺、质量不符合要求等问题，应对不同情况进行区别，及时处理。

（1）凡验收中发现问题等待处理的物料，应单独存放，妥善保管，防止混杂、丢失、损坏。

（2）数量短缺在规定磅差范围内的，可按原数入账，凡超过规定磅差范围的，应查对核实，做成验收记录和磅码单向供货单位办理交涉。凡实际数量多于应发料量的，可由采购部门向供货单位退回多发数，或补发货款。在物料入库验收过程中发生的数量不符情况，其原因可能是在发货过程中出现了差错，误发了物料，或者是在运输过程中漏装或丢失了物料等。在物料验收过程中，如果对数量不进行严格的检验，或由于工作粗心，忽略了物料数量的短缺，就会给仓库造成经济损失。

（3）凡质量不符合规定的，应及时通知采购部，并协助办理退货、换货事宜，或征得供货单位同意代为修理，或在不影响使用的前提下降价处理。物料规格不符或错发时，应先将规格对的予以入库，规格不对的做成验收记录交给采购部门办理换货。

（4）证件未到或不齐时，应及时向供货单位索取，到库物料应作为待检验物料堆放在待验区，待证件到齐后再进行验收；证件未到之前，不能验收，不能入库，更不能发料。

（5）凡属承运部门造成的物料数量短少或外观包装严重残损等，应凭接运提货时索取的货运记录向承运部门索赔。

（6）当入库通知单或其他证件已到，在规定的时间未见物料到库时，应及时向主管部门反映，以便查询处理。

9.3 货位分配与上架作业

物料验收以后，就要入库摆放，一般的摆放无非就是托盘堆垛和货架存储。摆放时先要确定物料的摆放区域，也就是进行货位分配(Slotting)。

9.3.1 货位分配

储存保管区是物料入库以后存放的区域，物料储存期长短不等，通常达数日、数月甚至数年。同时，物料摆放的位置影响着物料搬运作业是否便利，进而影响仓储作业成本。因此，货位分配在仓储经营中占有很重要的位置，需要加强对库存物品的控制、保管，提高储存区的空间利用率和储存作业效率。

1. 货位分配的影响因素

货位分配需要考虑存储物料的特性、外形体积、重量、价值，供应商，物料的进货时间及数量，出/入库的频率，存储设备、搬运与输送设备等。

2. 货位分配的类型

货物在入库时由于其不同的特性需要按不同的储存方式进行分配，以达到最好的储存效果。通常采用的储存方式有定位储存、随机储存、分类储存、分类随机储存、共同储存 5 种，如表 9-1 所示。

表 9-1 货位的储存方式

类型	特征或要求	优点	缺点
定位储存	① 多品种、少批量的物品； ② 重要物品需要存放在重点保管区； ③ 库房空间较大时； ④ 根据物品的重量及尺寸安排储位； ⑤ 不同物理、化学性质的货物须控制不同的保管储存条件，或防止不同性质的货物互相影响	储位容易被记录；可以按周转率高低来安排，以缩短出/入库的搬运距离；便于按物品的不同特性安排储位，降低物品之间的影响	库容利用率低，需要较大的储存空间，要求物品的储位容量必须大于其可能的最大在库量
随机储存	随机安排和使用储位，每种物品的储位可随机改变	与定位储存相比可节省 35% 的移动库存物品的时间，储存空间利用率可提高 30%。当出现物品种类少、批量或体积较大的货物，库存空间有限，需尽量利用储存空间情况时，可以考虑随机储存	① 增加物料出/入库管理及盘点工作难度； ② 周转率高的物品可能被储存在离出入口比较远的位置，增加了搬运的工作量和费用； ③ 如果存放的物品发生物理或化学的变化可能影响到相邻存放的物品； ④ 在立体仓库中，物料放在上部，底部空着，造成高层货架头重脚轻，不稳定
分类储存	所有物品按一定特性加以分类，每一类物品固定其储存位置，同类物品不同品种按一定的法则来安排储位	—	必须按各类物品的最大在库量设计，因此储存区域空间平均使用效率低于随机储存
分类随机储存	每一类物品都有固定储位，但每一个储位的安排是随机的	—	兼有定位储存和随机储存的缺点
共同储存	在确定知道各物品进出仓库时间的前提下，不同物品共用相同的储位，这种储存可以更好地利用储存空间，节省搬运时间	—	—

3. 货位编码

为了便于查找存储的物料，存储物料的货位需要准确、真实。因此需要给予每一货位唯一的编码：利用保管区中现成的参考单位，如建筑物第×栋、第×区段、第×排、第×行、第×层、第×格等，按相关顺序编码，如同邮政地址的区、胡同、号一样。较常用的编号方法为"四号定位法"。具体讲就是采用 4 个号码对库房或货场、货区或货架、货区排次或货架层次、物料位置顺序进行统一编号。四号定位法货位编码图例如图 9.3 所示。

如图 9.4 所示，货架的编号采用字母和数字结合的方式。由于柜台有 4 列，因此开头字母分别是 A、B、C、D，第二个字母是次一级的分类，数字是再次一级的分类。整个仓库的

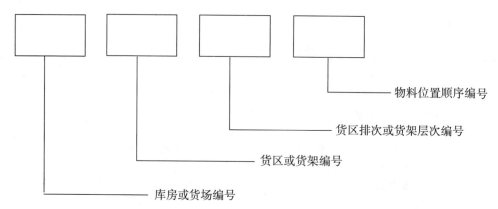

图 9.3　四号定位法货位编码图例

空间用得比较充分，柜台的排列很整齐，通道留得比较宽敞、合理，整个仓库的布置很符合明朗化的标准要求。货位编码：1CB2E5 中，1 为编号，CB 为货架号，2 为货架层次，E5 为位置顺序。

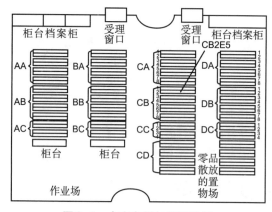

图 9.4　仓库布置与货架编号

4. 储位指派的基本思路

（1）随机储存策略与共同储存策略相配合。

例如利用"靠近出口法则"，把刚刚到达的物品指派到离出口最近的空储位上。

（2）定位储存策略与分类储存策略相配合。

① 以周转率为基础法则安排储位。这种方法要求首先按物品的周转率由大到小排序，并依次序分段，在分配储位时使周转率越高的物品离出口越近。

② 按物品相关性法则安排储位。相关性大的物品在订购时往往会被同时订购，所以，应尽可能存放在相邻的位置以缩短拣取货物的路径。

③ 按物品的体积、重量、特性指派储位。

④ 寿命周期比较短的物品，要遵循"先入先出"原则（先入库的货物先出库）安排储位。

⑤ 根据物品性质安排储位，对于特殊性质物料（如易燃物品、易被盗物品、易腐烂的物品、易污损的物品），应安排适合储存的储位。

9.3.2 储位管理的基本原则

储位管理与库存管理、商品管理一样，它们的管理方法就是对原理原则的灵活运用，但储位管理没有像库存管理、商品管理那样被明确定义，所以要了解储位管理，先要了解其基本原则。储位管理的基本原则有以下 3 个。

1. 储存位置必须很明确地被指示出来

先将储存区域进行详细规划区分，并标示编号，让每一项预备储放的物品均有位置可以储放。此位置必须是很明确的，而且是经过储位编码的，不能是边界含糊不清的位置。

2. 物品有效地被定位

依据物品保管区分方式的限制，寻求合适的储存单位、储存策略、指派法则与其他储存的考虑要因，把物品有效地配置在先前所规划的储位上。所谓"有效地"就是刻意地、经过安排地。例如，是冷藏的物品就该放入冷藏库，是高流通的物品就该放置在靠近出口处，这就是此原则的基本应用。

3. 异动要确实登录

当物品被有效地配置在规划好的储位上后，剩下的工作就是储位维护，也就是说物品不管是因拣货取出，或因产品汰旧换新，或是受其他作业的影响，只要物品的位置或数量有了改变，就必须确实地把变动情形加以记录，如此才能进行管理。由于此项变动登录工作非常烦琐，因此这个原则是进行储位管理最困难的部分，也是各物流中心储位管理作业成败的关键所在。

9.3.3 货位选择

1. 货位选择的原则

（1）面对通道原则。所谓面对通道原则，即物品面对通道来保管，将可识别的标号、名称等面向通道，促使物品易于辨识。为了使物品的储存、取出能够容易且有效率地进行，物品需要面对通道来保管。

（2）产品尺寸原则。在仓库布置时，我们要同时考虑物品体积大小及物品的整体形状，以便能提供适当的空间满足某一特定需要。所以在储存物品时，要有不同大小位置的变化，用以容纳一切不同大小的物品和满足不同容积的需要。

一旦未考虑储存物品单位大小，就可能造成储存空间太大而浪费空间，或者太小而无法存放物品；未考虑储存物品整批形状也可能造成整批形状太大无法存放（数量太多），或浪费储存空间（数量太少）。一般将体积大的物品存放于方便拿取和搬运的位置。

（3）重量特性原则。所谓重量特性原则，是按照物品重量的不同来决定储放物品的保管位置的高低。一般而言，重量重的物品应保管于地面上或货架的下层位置，而重量轻的物品则保管于货架的上层位置;若以人手进行搬运作业,则人腰部以下的高度用于保管重量重的和体积大的物品,而腰部以上的高度用来保管重量轻的和体积小的物品。此原则对采用货架,尤其是人手搬运的作业有很大的意义。

(4) 物品特性原则。物品特性不仅涉及物品本身的危险性质及易腐性质,同时也可能影响到其他物品。因此,在仓库布置设计时必须考虑。

① 易燃易爆物品的储存:须在具有高度防护作用的建筑物内安装适当防火隔间并将物品储存在温度较低的阴凉处。

② 易窃物品的储存:必须装在加锁的笼子、箱、柜或房间内。

③ 易腐品的储存:要储存在冷冻、冷藏或其他特殊的设备内。

④ 易污损品的储存:可使用帆布套等覆盖。

⑤ 怕潮湿和易霉变易生锈物品的储存:应放在较干燥的库房内。

⑥ 一般物品的储存:要储存在干燥及管理良好的库房,以满足客户的存取需要。

2. 具体货位的选择

(1) 依照物品特性来储存。

(2) 大批量使用大储区,小批量使用小储区。

(3) 能安全、有效储于高位的物品使用高储区。

(4) 笨重、体积大的物品储存于较坚固的层架的下部及接近出货区的位置,且高度不超过人体腰部。

(5) 重量轻的物品储存于有限的载荷层架。

(6) 将相同或相似的物品尽可能接近储放。产品相关性大小可以利用历史订单数据作分析。

(7) 小、轻、容易处理的物品使用较远的储区。

(8) 周转率低的物品尽量放于远离进货、出货区及仓库较高的区域。

(9) 周转率高的物品尽量放于接近出货区及仓库较低的区域(如货架的底层、楼库的一层等)。

(10) 易老化的物料应放在库房内部,不要靠窗,以避光照和粉尘。

(11) 互补性高的物品也应存放于邻近位置,以便缺料时可迅速以另一品种替代。

(12) 兼容性低的物品绝不可放置在一起,以免损害品质,如烟、香皂、茶不可放在一起;燃料油和油漆、炸药等易燃易爆物料不可放置在一起;强酸、强碱不能与高分子材料或金属材料放置在一起。

(13) 办公、服务设施的货位应选在低层楼区、阁楼、库房外等。

3. 楼库储存货位的选择

一般楼房仓库只建设3~5层,物料在楼库各层之间根据以下原则进行摆放。

(1) 地上楼库的第一层。地上楼库的第一层,在功能上与平库极为相似,所不同的是其顶部是二层的楼板,不受太阳光的照射,夏季库内温度低于平库,而且没有漏雨使物资受潮的危险。同时,由于楼库的第一层与相同建筑面积的平库相比,总散热面积有所减少,因此在冬季其库内温度要高于平库。由此可见，楼库的第一层的保管条件稍优于平库，其作业条件与平库也基本相同。因此，适合在平库内保管的物料，都可存入楼库的第一层。但通常为了方便作业，楼库的第一层主要储存要求一般保管条件、重量大、体积大和经常收发的物料，如钢材、金属制品、有色金属锭块、普通机械配件等。

（2）楼库的顶层。楼库的顶层（最上一层），在保管功能上也与平库相似，如屋顶受日晒、雨淋，库内温度变化比较大，库存物料有因漏雨而受潮的危险。不同的是其承重构件不是地坪而是楼板，防潮隔潮条件较好。同时，由于空间位置比较高，自然通风、采光和防尘等条件优于平库。从总体上看，楼库的顶层的保管条件比平库好，但其作业不便。所以楼库的顶层适用于重量小、体积小、不经常收发、要求保管条件不高的物料，如普通塑料制品、纤维制品、竹木制品等。

（3）楼库的中间层。楼库的中间层，其保管条件是最好的，是楼库的最佳层，是最优良的物料保管空间。所以多用于储存保管条件要求高的物资，如电工器材、电子器件、精密仪器仪表、精密量具、贵重金属等。

固特异英国公司仓储管理模式的转变

1994年以前，固特异英国公司（以下简称固特异GB）一直沿用着传统的仓储管理模式。它在伍尔弗汉普顿有一家轮胎生产工厂，成品进入中央仓库，用来不断补充4个分布在全国的中转仓的库存，通过中转仓，产品再直接进入分销网络和终端市场。这种操作系统的缺陷是：①库存分散（在各个中央仓和中转仓）；②资金占用；③劳动力成本高；④库存周转率低；⑤管理成本和物流成本高；⑥车辆使用率低。

所以，无论从成本还是从服务的角度来看，都不能让人满意，为了增加自身的竞争优势，固特异GB决定采用物流外包。经过反复审核，固特异GB选择了EXEL作为外包合作伙伴，并在中转仓采用了交叉站台的管理运作模式，一是集中所有的库存，增加库存的可视性；二是确保次日发送，提高运作的灵活程度，以减少仓储和运输成本及提高市场的反应速度。简言之，固特异GB的最终目的就是缩短生产到销售的前置期，减少单位成本，降低库存。

由于伍尔弗汉普顿的中央仓库空间有限，操作时间也比较紧张，因此管理层决定采用产品分类的方式。每天中央仓库将各类产品的订单集中进行整理，按产品品种进行编码，这些产品要满足各分销渠道的订单需求。在交叉站台仓库，将不同编码的货物根据目的地进行重新分拣、组合，次日运往不同的分销区域。

固特异GB有一个中央订单处理系统，从早上7点到下午5点接受各分销商的订单；储运部门在下午2点到4点半之间根据已经收到的订单做操作计划，并在5点15分前完成。操作计划包括分拣工作、车辆调度和人员安排。中央仓库在下午6点到晚10点之间编制产品条码，装到夜班货车上，发运到交叉站台仓库。在交叉站台仓库，将产品根据不同的送货点进行分散与重新整合，次日配送。夜班货车将空箱和空托盘运回中央仓库。

在交叉站台仓库，为达到加速货物流动和整车发运的目的，固特异GB充分利用了运输商的人力、车辆和设备。交叉站台运作模式是建立在良好的信息基础之上的，在未到达交叉站台仓库之前，每种货物的去向都由订单决定。所以在交叉站台，仓管人员在货物到达之前，根据订单的货物的流向，提前通知运输商到位；在出货口，不同发货方向的车辆排列整齐。一旦有送货车辆到达仓库，立刻卸货，根据订单进行拆分，拆分之后，装上应该发运方向的车辆上。这时，运输商将协助对装上车辆的货物的品种及数量进行清点和确认。

送货车辆在卸完货物之后，驶出卸货平台，这时会有新到达的车辆停靠进来。如此循环作业，发运车辆逐渐装满，运输商与仓管人员进行交接，次日发运各地。

固特异 GB 在采用了交叉站台的运作模式之后，关键绩效指标(Key Performance Indicator, KPI)有了明显改变。

（1）服务水平：次日发运率由过去的 87% 提高到 96%。

（2）库存价值：降低了 16%。

（3）库存周转率：提高了 14%。

（4）仓库面积：仓库面积减少了 12 500m²。

（5）车辆：利用率提高。

（6）人力成本：减少。

（7）单位成本：减少 12%。

9.4 拣选作业

仓库或配送中心在发货过程中，针对客户的订单，将每个订单上所需的不同种类的商品，取出集中在一起，包括拆包或再包装，即所谓的拣选（分拣、拣货）作业。

9.4.1 拣选作业的功能、流程、要求及原则

1. 拣选作业的功能

拣选作业是按订单将一种或多种存储货物取出，按顾客要求整理组合，包括拆包或再包装，并放置在指定地点的整套作业。

这里所说的订单是指拣选单、顾客订单、配送中心（Distribution Center, DC）发货单、车间发料单等，它们是拣选所依赖的信息。订单对手工作业来说是不可或缺的，订单中每种要拣取的货品单独一行列出，并列有数量，称为一个订单行或一笔，每次拣货员只能拣取一种货品，即一个订单行。现代仓库或配送中心面向商店、工厂等客户，一般来说每个订单只有一种货物的可能性很小，因此拣选面对的主要是多行订单。拣选作业包括查找（Searching）存储在不同地方的货物、向货物存储处的多次来回行走（Traveling）、提取货物（Extracting）和拣货确认等订单文件处理和其他工作。

从图 9.5 可以看出，拣选作业是仓库物料搬运和信息处理两种活动的综合，其目的在于正确且迅速地集合顾客所订购的商品。这也说明拣选作业的难度，既有搬运的费力过程，又要求信息的准确处理。同时拣选还与保管和发货作业紧密相连，相互影响。

从仓库或配送中心的运作成本分析角度来看，在整个仓库或配送中心的作业中，拣选作业可以说是人力、时间及成本投入最多的作业。相关统计资料显示，拣选作业中的人力数量投入占整个仓库或配送中心的 40%～50%，时间投入占 30%～40%，人工成本占整个仓库或配送中心作业成本的 15%～20%。在收货、发货、存储和拣选的总成本对比中，拣选成本比例最高，拣选作业所占的成本比例如图 9.6 所示。而对拣选作业进一步的动作分析表明，拣选作业各项动作的时间构成如图 9.7 所示。

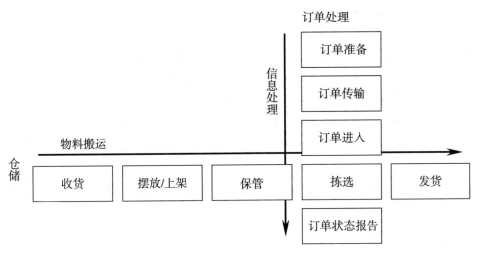

图9.5　拣选作业示意图

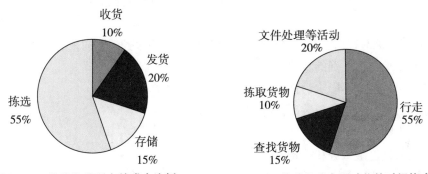

图9.6　拣选作业所占的成本比例　　图9.7　拣选作业各项动作的时间构成

2. 拣选作业的流程

完整的拣选作业流程：生成拣选信息→查找→行走→拣取→分类与集中→文件处理。

（1）生成拣选信息。拣选作业开始前，必须根据订单完成指示拣选作业的单据和信息。虽然有些配送中心直接将订单或公司的交货单作为人工拣选的工作单，但因此类订单容易在拣选作业过程中受到污损导致错误发生，更重要的是无法标示出产品的货位以指导拣货员缩短拣选路径，所以必须将原始的订单转换成拣选单或电子信息，以使拣货员或自动拣取系统进行更有效的拣选作业。根据拣选出货单位的不同、拣选信息表现手段的不同和对订单处理方式的不同，可以组合得到多种拣选方法。

（2）查找。仓库内货物存储有不同的位置，尤其是大型仓库货架等存储位置十分多，要找到所需的货物，必须进行查找。如第(1)步中已由 WMS 生成包含货位信息的拣选资料，或者有电子标签显示，那么查找很容易；否则必须建立规范的货位设置与管理方法，以简化查找。

（3）行走。在拣选时移动最频繁，按行走时有无货物可分为行走和搬运。进行拣选时，要拣取的货物必须出现在拣货员面前，这可以由"人至货"和"货至人"两类不同的方式来实现。

（4）拣取。当货物出现在拣货员面前时，接下来的动作就是接近货物、拣取与确认。确认的目的是确定拣取的物品、数量是否与指示拣选的信息相同。实际作业时所采取的方式为拣货员读取品名与拣选单对比，或利用电子标签的按钮确认，更先进的方法是利用无线传输终端读取条码由计算机进行对比，或采用货品重量检测的方式。准确的确认动作可以大幅度降低拣选的错误率，同时也比出库验货作业发现更及时有效。

（5）分类与集中。由于拣选策略的不同，拣取出的货品可能还需要按订单类别进行分类与集中，拣选作业到此告一段落。分类完成的每一批订单经过检验、包装等作业后才能发货出库。

（6）文件处理。手工完成拣选作业，并核对无误后，可能需要作业人员在相关单据上签字确认，如果在提取时已采用电子确认方式，就由计算机进行处理了。

3. 拣选作业的要求

从上述功能及成本分析可以看出，所谓仓库或配送中心作业的自动化、省力化，通常是以拣选作业及相应的存储和搬运方式为实施重点；此外，拣选的时程及拣选策略的应用，也往往是影响接单出货时间的主要因素。同样的，拣选的精确度更是影响出货品质的重要环节之一。

那么，现代物流对拣选作业究竟有什么要求呢？从客户服务的方向来看，主要有以下几点。

（1）无差错地拣出正确的货物。

（2）时间快，至少不影响后面的送货。

（3）拣选后进行必要的包装和贴标签。

（4）订单跟踪。

（5）完整的供应链服务和管理。

当然前两项是最基本的要求，后几项是客户提出的更高要求。现代物流服务要满足客户的要求，但又要有利润，作为成本占仓库总成本一半的拣选作业，该怎么做呢？

从拣选作业系统设计来说，可以用于满足上述要求的资源无非是人力、信息、空间、设备和技术。要满足现代仓储物流作业对拣选提出的越来越高的要求，就必须考虑设备、技术的选择和设施的详细布置，具体来说有以下问题。

（1）仓库内部布置和存储－拣选策略组合逻辑的研究，以提高拣选速度。

（2）人工－拣选单位的各种组合的对比与选择。

（3）空间质量或者说货物价值与空间成本的匹配。

这些问题我们将在后面相关内容中陆续展开。

再从拣选作业本身来说，它要达到什么样的要求呢？拣选作业除了少数自动化设备逐渐被开发应用外，大多靠人工劳力的密集作业，以下"七不一无"是我们努力的方向。

（1）不要等待——零闲置时间，以动作时间分析、人机时间分析方式改善。

（2）不要拿取——尽量减少人工搬运（多利用输送带、无人搬运车）。

（3）不要走动——作业人员或机械行走距离尽量缩短，分区拣货，货至人拣取或引入自动仓库等自动化设备。

（4）不要思考——拣选作业时尽量不要有对拣选物的判断，即不依赖熟练工，且降低差错率。

（5）不要寻找——加强储位管理，减少作业人员寻找的时间。如拣选的 WMS 自动查找储位和电子标签显示的功能。

（6）不要书写——尽量不要拣选单，实现无纸化作业（Paperless）。这要求有自动化的 WMS、掌上电脑（Personal Digital Assistant，PDA）手持条码扫描设备和机载拣选显示电脑等先进设备。

（7）不要检查——尽量利用计算机检查，同样也要有 PDA 手持条码扫描设备等。

（8）无缺货——做好商品管理、储位管理、库存管理、拣货管理。安全库存量、订购时机、补货频率等状况利用计算机随时掌握。

目前拣选作业的自动化程度低，主要还是靠人工作业。从拣选作业的动作分析来看，行走占据了拣选作业时间的最大比例，而它是不增值的活动，应当是拣选作业中重点关注的动作和改进提高的主方向。

4. 分拣作业合理化的原则

（1）存放时应考虑易于出库和拣选的原则。这是在仓库设计时就要考虑的存储策略。

（2）提高保管效率，充分利用存储空间。空间利用可采用立体化储存，减少通道所占用的空间和采用一些专门的保管和搬运设备。

（3）减少搬运错误。拣选时错误在所难免，除可用自动化方法外，还要求拣货员能减少目视取物操作上的错误。可采用工业工程的方法，在作业批次和货物的放置方面仔细研究。

（4）作业应力求平衡，避免忙闲不均的现象。这要求计划安排、事务处理和上下游作业环节的协调与配合。

9.4.2 拣选单位与行走方式

拣选先要考虑的是"货"这个对象本身，是什么样的货物呢？它的形状、形态、重量、体积是什么样的呢？进而考虑拣选单位，以及相应的拣选行走方式问题。

1. 拣选单位

拣选单位与存货单位基本对应，但可能会因用户需求的细分而趋于更小。一般来说，拣选单位可分成托盘（Pallet）、箱（Case）及单品（Bulk）3 种，即通常说的 PCB。以托盘为拣选单位的体积及重量最大，其次为箱，最小单位为单品。这 3 种是标准的包装形式。除此之外，还要考虑非标准的货物。因此，拣选单位可有以下 4 种。

（1）托盘：由箱叠码组成，无法用人手直接搬运，必须利用叉车或托盘搬运车等机械设备。

（2）箱：由单品所组成，可由托盘上取出，人工必须用双手拣取，体积一般在 $10cm^3$ ～ $1m^3$，单边长不超过 1m，重量在 1～30kg。

（3）单品：拣选的最小单位，单品可由箱中取出，人工可以用单手拣取，尺寸一般在 $10cm^3$ 以下，单边长不超过 20cm，重量在 1kg 以下。

(4)特殊品：体积大、形状特殊，无法按托盘、箱归类，或必须在特殊条件下作业，如大型家具、桶装油料、长杆形货物、冷冻货品等，都具有特殊的商品特性，存储和拣选时都必须特殊考虑。

按拣货单位划分的拣货方法有整盘拣货(P→P)、整箱拣货(P→C)、拆箱拣货(C→B)或(B→B)等。

注意这里的箱是货物常见的包装形式，可以由人工搬运，而且可以规则地堆码在托盘上，或者由传送带输运。箱子大量地堆在托盘上，拣选时一次只能搬一个箱子，拣取数量多时，就需要多次重复地来回动作，而且需要较大的空间容纳拣出的货物。这种作业可以描述为作业者(可以是人或机械手)的输入是一个订单行，输出动作1是提取一箱货物，动作2是将该箱货物转移到另一个地方(拣选小车、人上型叉车、传送带等)。还有就是单品拣选，单品有时是包装在箱子内的，拣选时必须拆箱，因此又称拆箱拣选(Splitting-case Picking)，不像整箱货物可以由机械自动处理，拆箱拣选只能依靠人工。根据这种人-机-物三者的组合特点，可以划分出不同的拣选方法。

拣选单位是根据订单分析出来的结果而决定的，如果订货的最小单位是箱，则不要以单品为拣选单位。对库存的每一品项，都要做以上的PCB分析，以判断出拣选的单位，但有些同类货物可能有两种或两种以上的拣选单位，则在设计上要针对每一种情况做分区的考虑。

拣选单位越小，拣选工作量越大。一般来说，在总库中央配送中心（Central Distribution Center，CDC）中拣选单位往往较大，而在区域配送中心（Regional Distribution Center，RDC）中拣选单往往是多品种小批量，拣选单位小，且要求时间短，拣选作业最繁重。图9.8是以箱为拣选单位的作业，左边是传送带，用于大量拣取，右边是拣选量小时的人上型叉车拣选。

（a）传送带　　　　　　　　（b）人上型叉车

图9.8　以箱为拣选单位的作业

图9.9是以单品为拣选单位的作业，图9.9(a)有两排传送带，靠近工人的一排拣选箱未装满，随工人移到下一个拣选位，里面一排是装满的物流箱，自动传送到包装区，注意传送带下面的料盒是存放不常用的货物的，即C类货物；而图9.9(b)是按电子标签辅助拣取系统(Pick-to-light)显示的件数拣选。

(a)   (b)

图 9.9 　以单品为拣选单位的作业

在仓库或 CDC 中，因为客户的订单大小不一，实际的拣选单位可能是 PCB 等的混合。例如在图 9.10 中，左上部的托盘货架用于存储大量货物，可以整托盘进出（拣选）；左中部是重力式货架，可用于以箱或单件作为单位的拣选；左下部重力式货架的托盘货物用于大量拣选，直接放到最右边的传送带上。拣货员无纸化拣选，接受语音指令或电子标签显示的指令。中间传送带上有一个物流箱，用于装拣取的数量不多的货物，然后手工推走。

图 9.10 　综合拣选单位作业

注意拣选单位与基本库存单位（SKU，或称为货品、品项）的联系与区别。对仓库里的 SKU，不但要按货物名称，还要按型号和规格来区分。例如可乐，内容都一样，但单件商品包装有 2L 的、1.25L 的、600mL 的、550mL 的和 330mL 的等多种包装规格。这里提到的 5 种包装规格，每一种在仓库里都是一个独立的 SKU。这还不是最多的，如服装，同一款式的服装，有男式、女式之分，有规格、型号之分，还有颜色、搭配之分，往往一款服装的 SKU 就有几十种。对拣选来说，SKU 是订单上的一行，也即一种货品。而拣选单位可能是上述 SKU 的最小单位。

2. 拣选行走方式

拣选与存储和发货直接相连，互相影响，无论是采用何种作业单位，这中间都伴随一系列的物料搬运作业。就拣选来说，必须考虑行走方式。行走方式主要有人至货、货至人两种方式。

（1）人至货方式。

人至货方式（Operator-to-stock，OTS）是最常见的，拣货员通过步行或搭乘拣选车辆到达货品储存位置。采用人至货拣选方式时，拣选货架是静止的，而拣货员带着活动的拣货车或容器到拣选区拣选，然后将货物送到静止的集货点，或者将拣选的货物放置到输送机械上。

人至货的系统构成简单、柔性高，可以不用机械设备和计算机支持，但所需的作业面积较大、补货不方便、劳动强度高。人至货系统的存储设备有托盘货架、轻型货架、橱柜、流动货架或高层货架等静态存储设备；拣选搬运设备有无动力拣选台车、动力牵引车、叉车、拣选车、有动力或无动力的输送机、拣选式堆垛机和计算机辅助拣选台车。

运送货到传送带时拣选工作在输送机两边进行，拣出的货物由作业者直接送到输送机，或用容器集中后送到输送机，由输送机送到集货中心。因有输送机的帮助，拣货员的行走距离短、劳动强度低，拣选的效率高，每人每小时可拣选1 000件货物。

输送机将拣选作业区分成两个部分，在拣选任务不是均匀分布在两边的货架时，不能协调两边拣货员的工作节奏，同时也造成系统的柔性差、补货不方便、所需的作业面积大等问题。

（2）货至人方式。

货至人方式（Stock-to-operator，STO）则相反，主要行走的一方为被拣货物，拣选人员在固定位置内作业，无须去寻找货位。托盘（或拣选架）带着货物来到拣选人员面前，供不同的拣选人员拣取，拣出的货物集中在集货点的托盘上，然后由搬运车辆送走。货至人方式可分为普通、闭环和活动3种。

① 普通的货至人方式，拣货员不用行走，拣选效率高、工作面积紧凑、补货容易、空箱和空托盘的清理也容易进行，可以优化拣选人员的工作条件与环境。不足之处在于投资大，拣选周期长。这种拣选方法的应用系统称为小件自动化仓储系统。

② 闭环货至人方式的拣选方法中载货托盘（即集货点）总是有序地放在地上或搁架上，处在固定位置。输送机将拣选货架（或托盘）送到集货区，拣选人员根据拣选单拣取货架中的货物，放到载货托盘上，然后移动拣选架，再由其他拣选人员拣选，最后通过另一条输送机将拣空后的拣选架送回。这种方法的优点在于：拣选路线短、拣选效率高、系统柔性好、空箱和无货托盘的清理容易、所需作业面积小、劳动组织简单。其缺点在于：为了解决拣选架的出货和返回问题，仓库、输送机和控制系统的投资大；因顺序作业，造成作业时间长等。提高这种系统的效率的关键在于：通过拣选任务的批处理，减少移动的拣选架的数量，缩短拣选作业的时间。

③ 活动货至人方式的拣选方法中拣货员（或拣选机器人、高架堆垛机）带着集货容器（集货点）在搬运机械的帮助下，按照订单的要求到货位拣选，当集货容器装满后，再到集货点卸下所拣选物。此系统一般由机器人拣选，但机器人取物装置的柔性较差，不能同时满足箱状货物、球状货物、柱状货物的拣取，这也就限制了它的应用。这种系统一般用在出库频率很高且货种单一的场合，是托盘自动仓库的主要方式。

拣货行走方式也与仓库的存储方式有关，表9-2是面对常见存储方式和拣选单位时拣选的搬运方式选择次序，这也是确定拣选作业空间的一个重要决定条件。

表9-2 常见存储方式和拣选单位时拣选的搬运方式选择次序

存储方式	空间高度	拣选单位	拣选物料搬运方式		
			选择1	选择2	选择3
托盘散存	低架	托盘	平衡重式叉车	手动托盘搬运车	—
选取式托盘货架	低架	托盘	各式叉车	电动托盘搬运车	自动导引搬运车
地面散存	低架	箱	手动托盘搬运车	大多数叉车	拣选传送带
选取式托盘货架各层均直接拣选	高架	箱	订单拣选车	各式叉车	阁楼式拣至传送带系统
双深式货架	高架	托盘	前移式叉车	可后推式货架和各式叉车	—
驰入式/贯通式货架	高架	—	托盘叉车	—	—
托盘流动式货架	高架	箱	拣选传送带	仅地面层可至托盘拣选	大多数平衡重式叉车
箱式流动货架	低架	箱	拣选传送带	机械手	自动拣选系统
旋转式货架	低架	箱	传送带	流动式货架	手推车
自动化立体仓库	高架	托盘	巷道堆垛机	—	—

9.4.3 拣选策略

订单拣选是仓库的一项基本服务,一般占仓库的近一半作业成本,是影响日后拣选效率的重要因素。订单拣选通常有4种策略,即摘果式(Discreet Picking)、播种式(Batch Picking)、分区式(Zone Picking)、波浪式(Wave Picking)。

1. 摘果式

摘果式也称单订单拣取(Single-Order-Pick),这种作业方式是要求拣选人员巡回于仓库内,一次将一个订单的所有货物从头到尾拣取挑出并集中的方式,是较传统的拣选方式。

如图9.11所示的4种货物拣选顺序 G-C-A-E,拣选订单、货品、数量和位置表见表9-3。可以看到,对1号订单,拣货员1对 G、C、A、E 4种要拣的货物,选择一种合适的路线,分别从规定的位置拣取合适的数量,完成该订单要求的所有取货才从货架中出来,再考虑第二个订单的拣选。就像爬到树上后,要将所有的果子摘完后才下来,故得"摘果式"之名。

注意:在图9.11中货架拣选的排数、列数和巷道数,以及平面图中表示出来的层数,这都是货架存储中应清楚的问题。

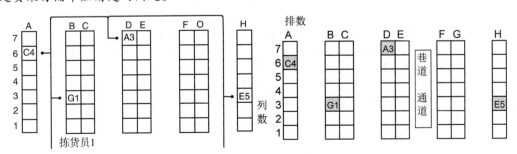

图9.11 摘果式拣选示意图

表9-3 拣选订单、货品、数量和位置表

拣货员号	订单号	SKU	数量	位置
1	1	G	1	B3
		C	4	A6
		A	3	D7
		E	5	H3
	2	G	1	B3
		C	3	A6
		D	5	C5
		F	2	G6
		E	3	H3
		B	4	E1

摘果式的优点：一个订单在拣选后一次完成，不必再分选、合并；作业方法单纯；提前期短；导入容易且弹性大；适用于大量订单的处理。

摘果式的缺点：商品品种多时，拣选行走路径加长，拣取效率降低；多个工人同时拣取不同的大数量订单时，会在通道处发生拥挤；拣选区域大时，搬运系统设计困难。

2. 播种式

播种式拣选是将所有订单所要的同一种货物拣出，在暂存区再按各用户的需求二次分配，一般是多人作业。图9.12所示，还是1号拣货员，采用播种式拣选，他要将1号和2号两个订单先合并（见表9-4），再拣取全部数量。图9.12中G1和A3为1号订单的，D5、B4和F2为2号订单的，C7和E8是两个订单都有的，拣货员一次将两个订单的所有货物全部拣出，最后退出拣选区，再分拣。一般不会在拣货的同时分拣，因为拣货车没有空间容纳分开放的货物，而且边拣边分拣易出错。

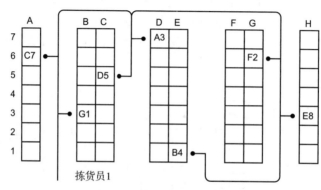

图9.12 播种式拣选示意图

表9-4 拣选订单、货品、数量和位置表

拣货员号	订单号	SKU	数量	位置
1	1	G	1	B3
	1, 2	C	7	A6
	1	A	3	D7
	2	D	5	C5
	2	F	2	G6
	1, 2	E	8	H3
	2	B	4	E1

播种式的优点：适合订单数量庞大的系统；可以缩短拣取时行走搬运的距离，增加单位时间的拣选量。

播种式的缺点：对订单的到来无法作出即刻的反应，必须等订单累积到一定数量时才做一次的处理，因此会有停滞的时间产生（只有根据订单到达的状况作等候分析，决定出适当的批量大小，才能将停滞时间减到最低）。拣取后还要分选，若数量多则很费时。

播种式拣选是多人先分订单，按分订单的原则不同可进一步分为以下4种。

(1) 合计总量原则。

将进行拣选作业前所有累积订单中的货品依品种类别合计总量，再根据此总量进行拣取，适合固定点间的周期性配送。

优点：一次拣出商品总量，可使平均拣选距离最短。

缺点：必须经过功能较强的分类系统完成分类作业，订单数不可过多。

(2) 时窗分批原则。

当订单到达至出货所需要的时间非常紧迫时，可开启短暂时窗，如5min或10min，再将此一时窗中所到达的订单做成一批，进行拣取。此分批方式较适合密集频繁的订单，且较能应付紧急插单的需求。

(3) 定量分批原则。

订单分批按先进先出(First In First Out，FIFO)的基本原则，当累计订单数到达设定的固定量后，再开始进行拣选作业。

优点：维持稳定的拣选效率，使自动化的拣选、分类设备得以发挥最大功效。

缺点：订单的商品总量变化不宜太大，否则会造成分类作业的不经济。

(4) 智慧型分批原则。

订单汇集后，必须经过较复杂的计算机程序，将拣取路线相近的订单集中处理，求得最佳的订单分批，可大量缩短拣选行走搬运距离。

优点：分批时已考虑到订单的类似性及拣选路径的顺序，使拣选效率进一步提高。

缺点：软件技术层次较高，不易达成，且信息处理的前置时间较长。

因此，采用智慧型分批原则的仓库或配送中心通常将前一天的订单汇集后，经过计算机处理在当日下班前产生明日的拣选单，但发生紧急插单处理作业时较为困难。

3. 分区式

分区式可以使各个工人分别在不同拣选区共拣一个订单的货物或多个订单的货物。每个工人只负责拣取他所在分区的货物。拣取的货物最后再分选、合并。每个拣货员负责一片存储区内货物的拣选，在一个拣选通道内，先将订单上所要货物在该通道内有的全部拣出，汇集一起后再分配。

举例来说，如图 9.13 所示，分区式拣选先分区，按表 9-5 对合并后的订单分割后，1 号、2 号拣货员分别负责 1 区、2 区的拣选。所有订单合并后，1 号拣货员负责拣取 1 区的货物，即图 9.13 中的 G1、C7、D5 和 A3；而 2 号拣货员负责完成 2 区货物 B4、E8 和 F2 的拣取。

从例子中可以看到，分区式主要是分区播种式，要多个拣货员才能完成拣选任务。

优点：每区可采用不同的技术和设备。如果快出货物在最易拣区，能减少拣选时间。

缺点：分区拣选难以平衡各区工人的工作量和拣选速度。

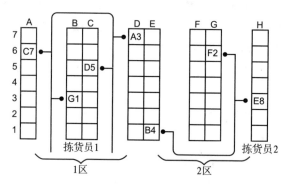

图 9.13 分区式拣选示意图

表 9-5 拣选订单、货品、数量和位置表

拣货员号	订单号	SKU	数量	位置
1	1	G	1	B3
	1, 2	C	7	A6
	1	A	3	A3
2	2	D	5	C5
	2	F	2	G6
	1, 2	E	8	H3
	2	B	4	E1

4. 波浪式

波浪式按照某种特征将要发货的订单分组，如同承运商的所有订单为一组，一次完成这一组订单，下一波再拣选另一组的。它只适用于自动拣选机械的拣选，如 UPS 自动仓库拣选系统就是采用这种方式。

总之，摘果式拣选和播种式拣选代表了串行和并行两种不同的方式，是两种最基本的拣选方式。比较而言，摘果式拣选弹性较大，临时性的产能调整较为容易，适合于客户少样多量订货，订货大小差异较大，订单数量变化频繁，有季节性趋势且货品外形体积变化较大、货品特性差异较大，分类作业较难进行的仓库或配送中心。播种式拣选通常适用于订单大变化小，订单数量稳定，且货品外形体积较规则固定，以及流通加工之类的仓库或配送中心。

4种拣选策略比较见表9-6。

表9-6 4种拣选策略比较

拣选方式	每订单拣选人数	每拣货员处理订单数
摘果式	单人	单订单
播种式	单人	多订单
分区式	多人	单订单/多订单
波浪式	多机器	多订单

9.4.4 拣选信息

拣选信息是拣货操作开始前最重要的准备工作，也是完成订单必不可少的环节。拣选信息的表现手段主要有以下几种。

1. 传票拣选

传票拣选是最原始的拣选方式，是直接利用客户的订单或公司的交货单作为拣选指示。一般采用摘果式作业，即依据订单，拣货员对照货物品名寻找货物，再拣出所需数量，对多品种订单拣货员需来回多次起立才能拣足一个订单。

2. 拣选单拣选

拣选单拣选是目前最常用的方式，是将原始的客户订单信息输入WMS后进行拣选信息处理，打印拣选单。如WMS具备货位管理功能，拣选单的品名就按照货位编号重新编号，以使拣货员行走路径最省，同时拣选单上有货位编号，拣货员按编号寻找货品。对于不识货的新手，拣选单一般按作业分区和拣货单位分别打印、分别拣货后，在出货暂存区分选集货等待出货，这是一种最经济的拣货方式，但必须与货位管理配合才能发挥其效益。拣选单示例如图9.14所示。

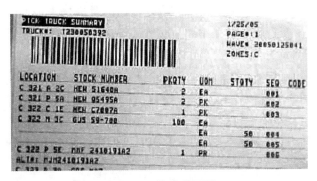

图9.14 拣选单示例

3. 拣选标签

拣选标签与拣选单的不同之处在于，拣选标签的数量与分拣数量相等。拣选标签按要出货的箱（件）数打印，与订购数量一致，每次拣货时标签贴完表示拣货完成，是一种防错的拣货方式。标签上还印有条码可用来自动分类。这种方法一般用于高单价的货物，可按店拣货和按货物类别拣货。依拣货单位的不同，有整箱拣货标签、单品拣货标签和送货标签等。它的缺点是环节较复杂，成本较高。

4. 电子标签辅助拣选

电子标签辅助拣选是一种计算机辅助的无纸化的拣货系统，它在每一个货位安装数字显示器，利用计算机控制将订单信息传输到数字显示器装置上，作为拣货信息指示，拣货完成后按确认键。以电子标签取代拣选单，在货架上显示拣选信息，减少了寻找时间，是较好的人机界面。每个电子标签有一个灯，灯亮表示有待拣货物。

电子标签系统包括电子标签货架、信息传递装置、计算机辅助拣选台车、条码、无线通信设备等，在现代配送中心经常应用。它适用于播种式或分区式拣选，但在货品种类多时不适合，较适应于 ABC 分类的 AB 类货物上。

5. RF 辅助拣选

RF 辅助拣选是比电子标签更先进的技术，它利用 RF 技术，通过 RF 终端机显示拣选信息，显示的信息量更多，且可结合条码技术使用，实现拣选和 WMS 系统信息的及时更新。

RF 辅助拣选的原理是利用集成 RF 和条码扫描的 PDA 终端将订单信息由 WMS 主机传输到 PDA 终端，拣货人员依此信息拣货，并扫描货位上的条码，如信息不一致，终端会报警，如一致就会显示拣货数量，拣货完成后，按确认键即完成拣货工作，同时信息利用 RF 传回 WMS 主机将库存数据扣除，它是一种即时的无纸化系统。

RF 辅助拣选方式可用于摘果式和播种式，因为作业弹性大，所以适用于 SKU 多的场合，常用于多品种小量的订单拣选，它的拣货生产率约为每小时 300 件，而拣货差错率只有 0.01% 左右。RF 辅助拣选的缺点是总体投资大，整个仓库信息化水平要求高。与 RF 辅助拣选类似的还有以 IC 卡作为信息传输的辅助拣选方式。

6. 自动拣选

自动拣选主要是 AS/RS，即自动仓库的拣货方式。自动仓库按货物大小可分为托盘自动仓库和小件自动仓库，它们的存取货都是自动进行的，对拣选来说属于货至人的方式。AS/RS 由计算机系统控制，在仓库通常采用波浪式拣选策略，一波拣取多个订单的全部货物，并分类集中整理好（配套自动分拣系统），可以直接进行发货。

托盘自动仓库是最常见的自动拣选方式，它是采用自动巷道堆垛机及配套的输送机械来完成拣货作业的，如图 9.15 所示。自动仓库都采用高架形式来利用空间。当计算机将拣选信息传入时，巷道堆垛机移至指定货位，取出整托盘货物，送到地面输送机械系统，再传输到相应位置，甚至可以与自动导引搬运车结合起来，送到真正需要的位置。它是以托盘作为拣选单位的。

图 9.15　托盘自动仓库的自动拣货

若拣选单位比托盘小，可采用小件自动仓库(Mini-load AS/RS)，它采用计算机控制的自动旋转货架来实现货至人的自动拣选。图 9.16 所示的水平式旋转式货架，它有多层多列的货位，每个货位放置一种货物。当联机计算机将拣选信息传入时，待拣货物的货位自动旋转至前端的窗口，方便拣货员拣取。这种方式省却了货物的寻找与搬运，但仍需人工拣取动作。但因旋转整个货架，动力消耗大，只适用于轻巧货物，如电子行业的零部件。

图 9.16　水平式旋转式货架

总之，自动拣选方式基本或全部由机械取代人工，设备成本非常高，因而常用于高价值、出货量大且频繁的 A 类货物上。自动拣货效率非常高，拣货差错率非常低。

9.4.5　拣选作业效率分析

从拣选作业的成本和时间比例可以看出拣选效率的重要性，前面已经讲述了各种单位、策略和方法，这里介绍几个与效率有关的概念。

拣选面(Pick Face)是货物存储地前的一个二维面，是货物提取的地方，也是存储的货物向拣货员展示的地方。如通常货物存储方式有散放、利用小型货架和托盘货架等，相应的拣选面分别是货物、小型货架的整个前面和托盘货架的货格的某一层。拣选面提供的货物种类数越多，它所需要的拣选行走就越少，从行走所占的时间比就知道拣选效率的情况。

拣取密度(Pick Density)是一个拣货员沿拣选通道行走单位距离时的拣取数量。此拣取密度可以应用到订单上,拣取密度高的订单每次拣取所花的时间少,因此拣取更经济。但因为订单并不能提前得到,它的拣取密度也没法先确定,对实际拣选工作没有帮助。但是,定义SKU密度解决了这一问题。

SKU密度是指单位行走距离中拣取的SKU数(品种数)。如果SKU密度高,拣取密度也就高。因此将最常用的SKU存储在一起,可以增加拣取密度,至少在局部SKU集中的地方如此。于是拣货员可以在更小区域内拣取更多SKU,这也意味着更少的行走。

另外一种提高拣取密度的方法是采用播种式拣选。显然如果都是单行订单,批量播种式拣选更经济。若是多行订单时,播种式也更经济,因为拣货员一次行走可以将多个订单需要的同一种货物都拣出来,只要后来分拣的时间比多行走几次花费的时间短就可以。采用播种式拣选时要确定订单数批量,即将多少订单累计在一起才开始分拣。如果是拣货数量大的订单,就没有必要采用播种式了,因为它一次行走的拣取密度已经很高了。

拣货时还有一类情况是回放货物。例如,不是采用人上型叉车的P→C拣货等,拣出货物后,要将托盘放回原处,即使托盘拣空了,也要处理。这时候要安排回库工(Restocker)。一般的经验是每五个拣选工配一个回库工,但也要根据实际货物流动状况进行调整。

回库工可做的工作还有去掉托盘上的热缩包装和打开箱盖封装等,以便于拣选时更方便。

9.4.6 拣选方法

根据拣选单位、策略和方式的不同,可以总结出如图9.17所示的拣选策略运用组合图,从左至右是拣选系统规划时所考虑的一般次序,任何一条可能的组合线路就是一种可能的拣选方法。

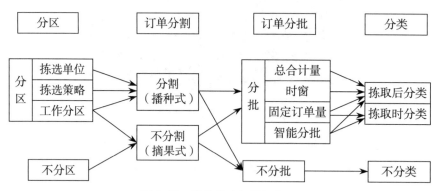

图9.17 拣选策略运用组合图

一个拣选订单可以由一个拣货员全部完成(摘果式),或者由多个拣货员同时来完成(分区播种式)。前面介绍的拣选策略具体选择要考虑多种情况,如果在拣选开始前,所有订单的情况是已知的,就可以事先确定有效的拣选策略;若是实时到达的且必须及时分拣以满足发货要求,就没有时间来考虑效率了。摘果式简单直接,效率不太高;播种式效率较高,但管理协调工作量大且拣后还要分选。

可以用"流动时间"这个统计指标来衡量一个订单从到达系统直到装车发运前的总时

间。一般来说，减少流动时间是提高的方向，因为这意味着订单能流动得更快，提高服务质量和响应度。

衡量拣货员工作效率的指标有每人时拣取次数，一般可用拣选发货装车的数量来估算。如果某一车不够装，可让该拣货员继续为该车拣货，还不行就增加拣选工。对于大订单且货物分布在仓库各处的，就宜采用分区策略，但最后需要集中分选。

对于为零售店服务的配送中心来说，订单数多、品种多、量不定，拣选如同流水线，每个拣选面如同工作站，此时宜为一人看管多个工作站，但这样就有一个如同流水线平衡的工作平衡问题，需要用工业工程的专门方法测定研究。也可以采用自组织型的工作方法，如水桶传递队列(Bucket Brigade)的方法。

现代制造业考虑到客户的大规模定制(Mass Customization)模式，要求零部件按照装配顺序，有时间性、方向性、顺序性地正确配送到工位。这给为制造业服务的配送中心拣货和配送服务提出了更高的要求。例如，汽车装配每 $1\sim 2h$ 配送一次，因为前后装配车的颜色不同，就要求诸如反光镜等零部件按照装配顺序摆置配送。幸好这种配送的拣货信息由计算机网络传递可提前得到，拣货作业计划组织有一定提前期。

从前面分析可以看到，拣货作业的效率是受整个仓库物流系统规划与运作综合影响的，这就要求我们对拣选相关作业应给予重视，从整体来考虑物流系统的人、机、料、法、环诸方面，以及设计和改进包括拣选在内的物流作业。

拣货后作业主要是检查与包装。包装作业由人力来完成，难以自动化，但作业在相对固定位置上，且包装时也是对拣货作业是否完成和作业质量的检查。例如，订单精确率就是一个重要指标，若包装检查阶段没有发现拣货的错误，最终只能是在客户那里才发现，显然会给客户留下工作质量不高的印象，至少收回或补正是一件麻烦的工作，甚至会带来索赔等一系列问题。

包装碰到的一个问题是顾客一般希望以最小可能的包装容器数量收到全部订货，这样可以减少运输和搬运成本。但是这需要对同一顾客的多个订单有一个累计和暂存的过程。现代物流，如快运等行业最终发货包装贴有条码，以这些作为进入配送、运输环节跟踪和查询的依据。

9.4.7 拣选批量问题

采用播种式拣选时，订单要合并成一定的批量。形成批量的方法有多种，下面介绍一种对无分区确定拣选批量的方法，它采用两步：第一步，按平衡分拣工作来估算最佳批量 d^*；第二步，按先到先服务的原则，订单累计达到 d^* 后就作为一批，依次往下，直到分完。

批量大小按总工作量最小来确定，这里总工作量是全部拣选和分类整理的时间总和。下面以图 9.18 所示的为例介绍这种方法。图 9.18 中货物由一个或多个拣货员提取放到传送带上，再送至发货区。

设 o 为单位时间内的平均订单数量；u 为订单的平均品种数；t_1 为在能到达所有储位的拣货路径上所花费的行走时间；因为在发货区要按订单分类整理货物，t_2 为步行跨越发货区的时间。问题的决策变量为一个批量中的平均订单数 d。

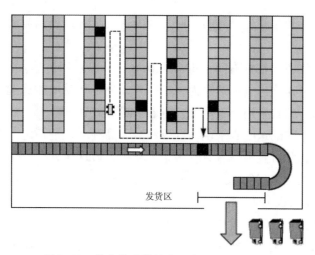

图 9.18 带有传送带的仓库内的播种式拣选

假设货物品种是均匀分布的,且每一批量由多个品种组成,则拣取一个批量所花费的时间大约为 t_1。因为 o/d 是单位时间内的平均拣取次量,所以单位时间内拣选作业所花费的时间是 ot_1/d。另外在发货区分类整理所花费的时间是 $\alpha uot_2 d$,其中 $\alpha \in (0,1)$,是由实验或仿真确定的参数。则可建立以下整数规划模型来求 d 的最优解。

$$\min c(d) = \frac{ot_1}{d} + \alpha uot_2 d \tag{9-1}$$

$$\text{s. t.} \quad d \geqslant 0, \text{ integer} \tag{9-2}$$

其中目标函数(9-1)为单位时间内的总工作量,该问题的最优解可由以下方法求出。

第一步,令函数 $c(d)$ 的一阶导数为 0,求出该函数的最小点 d':

$$d' = \sqrt{\frac{t_1}{\alpha u t_2}} \tag{9-3}$$

第二步,如果 $c(\text{int}(d')) < c(\text{int}(d')+1)$,则 $d^* = \text{int}(d')$,否则 $d^* = \text{int}(d')+1$,$\text{int}(d')$ 为对 d' 取整。

因此 d^* 随着存储区的大小增加而增加,随订单中平均品种数增加而减少。

【例 9-1】某公司的仓库布局类似于图 9.18,其中共有 15 个巷道,每条长 25m、宽 3.5m。每托盘所占区域为 $(1.05 \times 1.05)\text{m}^2$。拣货车辆速度是 3.8km/h,步行跨越发货区的时间约为 1.5min。每天处理的订单数平均为 300 个,每订单的平均品种数为 10 个。经实验确定的参数 α 为 0.1,则

$$t_1 = \frac{1.05 + 25 \times 30 + 3.5 \times 15 + 1.05 \times 28}{3\,800} \times 60 \approx 13.15\text{min}$$

$$d' = \sqrt{\frac{t_1}{\alpha u t_2}} = \sqrt{\frac{13.15}{0.1 \times 10 \times 1.5}} \approx 2.96$$

最后,因为 $c(2) > c(3)$,所以 $d^* = 3$。

9.4.8 最短路径

在配送作业中经常需要分析最短路径,在拣选中也经常遇到最短路径问题。例如,在集

中调度配有 RF 终端的叉车时就需分析最短路径。这一问题可描述如下。

设有 M 辆叉车在库内作业,第 i 辆叉车的状态用 $S(i)$ 表示。$S(i)=0$ 表示空闲,$S(i)=1$ 表示正在工作,只有空闲的叉车才能接受新的作业指令。假设现在库内某点 $P(x_p, y_p)$ 招呼叉车为之服务。此时,各辆叉车的位置为 (x_i, y_i),$i=1, 2, \cdots, M$。因为货架采用巷道式布置,库内各点的通道为直角形,各点之间的距离为直角距离,即 x 轴方向距离和 y 轴方向距离之和,即各辆叉车离 P 点的距离为 $D(i) = |x_i - x_p| + |y_i - y_p|$。集中调度的原则是在所有可用叉车(即 $S(i)=0$)中选择离 P 点距离最近的叉车去完成这项作业任务,即寻求

$\min D(i)$ $\{i=1, 2, \cdots, M | S(i)=0\}$

求得的 i 值即为应指派的叉车号。

最短路径是图论中的一个经典问题,可以用迪杰斯特拉算法求解,或用矩阵法或动态规划法求解,但大规模的问题要用计算机求解。有关详情可参阅运筹学书籍。

9.4.9 拣选路径问题——TSP 问题

拣选作业时间组成中,行走所花费时间最多,要克服这种不增值活动所消耗的成本就要考虑拣选路径的优化问题。另外,行走时间还影响到顾客服务水平,行走所花费的时间越短,货物越可以更快地发给顾客。

对于托盘整进整出的情况来说,行走和提取货物比较简单,因为每次作业都以托盘为单位,而托盘的存储位置是已知的,从而拣选路径是确定的。但因每次行走一趟要拣选多种货物,就会存在路径的选取问题。从优化角度看,不但要考虑下一步到哪里,还要考虑总行走距离最短,并且不希望路径重复。例如,在巷道式托盘货架仓库中,拣货员随拣选式堆垛机运行和升降到指定的货格拣取货品。要求在一次运行中根据货单途经若干点完成全部拣货作业返回巷道口。要求选择总运行时间最少、总距离最短的路径,以提高效率,缩短整个拣货作业的时间。此外还有配送过程中单一车辆的路线优化问题和 AS/RS 中巷道堆垛机拣货时的顺序提取问题。

1. 拣货路径优化问题

上述问题的实质是 TSP(Traveling Salesman Problem)问题,也称货郎担或旅行销售商问题。它可以叙述如下:从一个起始点出发到达所有要求服务的 n 个点,而且只到达一次,再回到起始点。已知任意两点之间 i、j 间的距离为 d_{ij},要求在所有可供考虑的路线中选择路径最短的旅行路线。

TSP 问题的示例图形描述如图 9.19 所示。

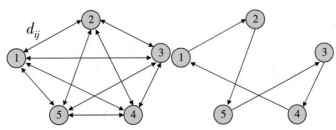

图 9.19 TSP 问题的示例图形描述

TSP 的数学模型为

$$\min z = \sum_{i=1}^{n}\sum_{j=1}^{n} d_{ij}x_{ij} \qquad (9-4)$$

$$\text{s. t.} \begin{cases} \sum_{i=1}^{n} x_{ij} = 1(j = 1,2,\cdots,n) \\ \sum_{j=1}^{n} x_{ij} = 1(i = 1,2,\cdots,n) \\ u_i - u_j + nx_{ij} \leq n - 1 \\ x_{ij} = 1,0 \\ i,j = 1,2,\cdots,n(i \neq j) \end{cases}$$

这里 $x_{ij} = 1$ 表示从 i 直接去 j,否则 x_{ij} 为 0。第 3 个约束条件是为保证路径无子回路(Subtour)的,其中 u_i 为连续变量($i = 1, 2, \cdots, n$),也可以取整数值。

求解 TSP 问题时,对于小型问题还可以求得最优解,最简单的方法是枚举法。但是对于大型问题,由于枚举法的列举次数为 $(n-1)!$ 次,它的数量是非常庞大的。仓库中的拣选路径问题是 TSP 问题的一种特殊情况,因为行走受巷道限制,通常只能走直角距离,这种特殊的结构称为 Tchebychev 最短路,使它有可能由计算机迅速找到最优解。例如,某仓库中每一巷道都只有一个入口,最佳路径就是按顺序走遍所有要拣货的位置,如图 9.20 所示。如果巷道中断,即出现十字交叉形通道,可以用拉特利夫(Ratliff)和罗森塔尔(Rosenthal)提出的动态规划算法求出最优解,这时最复杂的情况还是通道数量的线性函数。但是随着十字交叉的增多,可行的走法状态就迅速增加,动态规划问题就无法求解了。

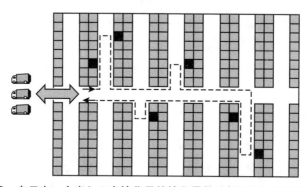

图 9.20　在只有一个出入口内拣货员的拣货最佳路径(黑色代表要拣货物)

整数规划的分支定界法也可以解决部分 TSP 问题,但也只能是小规模地求解。如果模型中去掉"无子回路"的约束,它就是线性的指派问题(Linear Assignment Problem,LAP)了,可以用匈牙利算法求出最优解。因此先求出 TSP 对应的 LAP 问题,可以为 TSP 问题提供一个下界,再用分支定界法求解。总之,TSP 模型是一个非线性规划 NP – Hard 问题,对于大规模问题无法获得最优解,只有通过启发式算法(Heuristic)才能获得近似解。

启发式算法不仅可以用于各种复杂的 TSP 问题,也适用于中小规模问题。它的不足在于,它只能保证得到可行解,而各种不同的启发式算法所得到的结果也不完全相同。尽管有启发式算法,TSP 问题还是难以求解的,因为它的计算求解所花费的时间长,好的结果还难以描述。

2. TSP 的解法

（1）S形算法（S-shape Heuristic）。

如果仓库里每一个通道内至少有一种货品要拣取，就可采取 S 形算法，如图 9.21 所示。

当然，S 形可以改进，对没有货品要拣取的通道可忽略不走，但考虑回路问题，奇数条无拣通道多走一点。因为 S 形行走在同一通道内可往两边拣货，因此通道可以在其他条件允许下窄一些。但一个拣货员同时行走这么多条通道可能效率不高，仓库里常会采用分区拣选，此时通道可能需要多人通过，不能太窄。

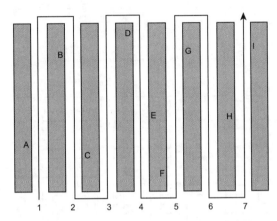

图 9.21　S 形算法（此处 3 号和 6 号通道属于多走的无用功）

（2）最大径距法（Largest Gap Heuristic）。

对于拣选路径的具体 TSP 问题，用径距（Gap）代表上下两个要拣取货品的距离，显然这要用直角距离，这一距离可能是在同一通道内，也可能以两个相近通道直角距离计算。拣货员先到离 I/O 口最近的边通道，拣取所需的货物，然后退出该通道再按通道的最大径距确定下一个要进入的通道。以下通过一个例子来展示最大径距法。

【例 9-2】某果汁公司仓库及按 S 形算法的路径如图 9.22 所示，假设行走时间与距离成正比。按最大径距法算出的拣选路径如图 9.23 所示，而最佳拣选路径如图 9.24 所示。

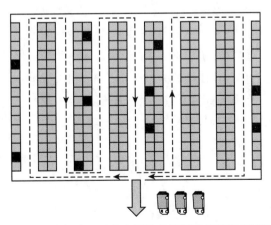

图 9.22　某果汁公司仓库及按 S 形算法的路径示意图

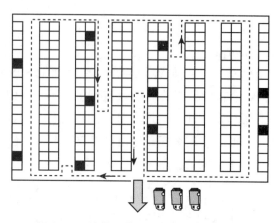

图 9.23 按最大径距法算出的拣选路径

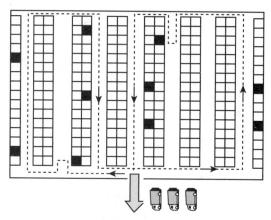

图 9.24 最佳拣选路径

(3) 最近插入法。

最近插入法（Closest Insertion Algorithm）是由罗森克兰茨（Rosenkrantz）和斯特恩斯（Stearnes）等人在 1977 年提出的一种 TSP 算法，它的主要步骤如下。

① 找到 d_{1k} 最小的节点 v_k，形成一个子回路 $T = \{v_1, v_k, v_1\}$。

② 在剩下的节点中，寻找一个离子回路中某一节点最近的节点 v_k。

③ 在子回路中找到一条弧 (i, j)，使 $d_{ik} + d_{kj} - d_{ij}$ 最小，然后将节点 v_k 插入节点 v_i 与 v_j 之间，用两条新的弧 (i, k)，(k, j) 代替原来的弧 (i, j)，并将节点 v_k 加入子回路中。

④ 重复前面的步骤，直到所有的节点都加入子回路中。此时子回路就演变成了 TSP 的一个解。采用最近插入法可以方便地用计算机求解，其程序如下。

```
Initialization:
    S_p = <1>;S_a = {2,…,N};  c(j) =1,j({2,…,N};  n=1;
While n < N do
    n = n+1;
Selection step:
    j* = argmin_{j(S_a} {c_{j,c(j)}};
```

$$S\_a = S\_a \ \{j*\};$$
Insertion step:
$$i* = \operatorname{argmin}\_{\{i=1\}}\wedge|S\_p| \{c\_\{[i],j*\} + c\_\{j*,[i \bmod |S\_p|+1]\}$$
$$\quad - c\_\{[i],[i \bmod |S\_p|+1]\}\};$$
$$S\_p = <[1],\cdots,[i*],j*,[i*+1],\cdots,[n]>;$$
$$j(S\_a, \text{if } c\_\{j,j*\} < c\_\{j,c(j)\} \text{ then } c(j) = j*;$$

说明：i 表示已构造子回路中的第 i 个位置，如果距离是对称的并满足三角不等性，此解成本不会超过最优解的 2 倍。

（4）其他解法。

TSP 问题早在 19 世纪就已提出，经过多年的研究，各种启发式算法很多，它的突破是 1954 年由乔治·丹齐格等提出来的割平面法。随后解决点的规模稳步增加，甚至美国宝洁公司 1962 年为 33 个城市的巡游路径的最佳走法最高悬赏 1 万美元。基于割平面法，开发了计算机程序后更是进步迅猛。TSP 及其延伸问题是目前多个学科研究和应用的一个热点，可广泛用于路线安排、集成电路、通信网络、太空探索、基因研究等诸多领域，来自运筹学、数学、物理学、计算机科学、生物学、化学和心理学的各种算法层出不穷，如模拟退火算法、遗传算法和蚁群算法等，但还没有通用的有效解法，以致美国麻州的克雷（Clay）数学研究所曾悬赏 100 万美元寻求它的通用解法。

协和代码（concord）是一种公开的解决对称性 TSP 问题的、以 C 语言缩写的多种算法的代码集，可以用来计算上万级节点的超大规模各种 TSP 问题。

3. 拣选路径优化与应用

拉特利夫和罗森塔尔已经给出了拣选路径最优化的算法，只要给定仓库的全部货位就可以迅速找到最短的路径。这里对该算法进行简化，即加上限制：已通过的通道不再去。这样虽然得到的是非常接近最优解的解，但是它易于编程和解释。假设任一拣货员只有在拣完一个通道后才去下一个通道，就可以用动态规划方法，将拉特利夫和罗森塔尔的算法编程求解。图 9.25 是一个求最佳拣选路径的 Java 程序。

使用该程序可以一次输入一个或一批订单资料，得到可视化的最优拣选路径，并用于分析瓶颈和障碍，还可反过来评价仓库布置和订单批量策略。实际应用之前只要将仓库布置简化为图 9.26 所示的货架仓库转换后的网络图，其中每个点代表沿着通道的一个货位，行走时只能沿通道进行。

计算机优化求解要值得应用其值必须是易于实现解的结果，但作为 WMS 目前还没有能处理仓库货位的几何布置图，更不用谈优化了。而且知道了最优路径还有一个如何实施的问题，拿着纸质拣选单的可能比 RF 终端的更好，因为 RF 终端目前信息很少，不足以显示全部路径。但相信在大型配送中心采用拣选路径优化还是有前景的。以下几点方法值得在仓库作业中应用。

（1）将主要拣选路径设置为直接的、较短的，且拣货员记得住的路线。

（2）对分区作业的拣货员确定路径规则，便于提高效率。

（3）按主要拣选路径作业方便的要求安排货物的储位。

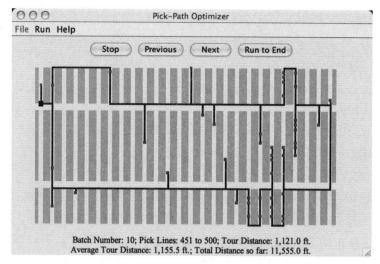

图 9.25　最佳拣选路径的 Java 程序

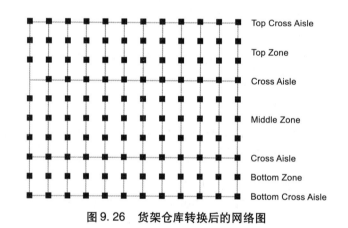

图 9.26　货架仓库转换后的网络图

9.5　发　放　作　业

物料发放也称发货,是一种为生产和销售提供服务并实施监督的管理活动。

物料发放从形式上可分为两种:一种形式是传统的操作方法,即物料需求部门依据生产需要或生产计划,到仓库来领取物料,在现代物料管理的情形下,对间接需求物料或新产品开发所需物料仍然沿用这种方法,也称领料;另一种形式即针对制造系统的物料需求计划所产生的直接需求或销售订单,仓库管理部门将物料经过拣选送交至物料需求部门,称发料。

1. 物料发放应遵循的原则

(1) 根据订单或生产作业计划和物资消耗定额,由有关负责人员发领料凭证,以及根据销售情况由营销部签发的发货凭证或由管理信息系统指令，仓库管理员依据发放指令，经核实无误后方可发放。

（2）实行限额发放制和先进先出的原则。在管理水平和管理手段足够高的情况下，也可采用后进先出的原则。否则，应严格执行先进先出的原则。

（3）实行以坏换新、废旧回收制度。对以坏换新的物料，应及时回收，回修回用，以利于充分利用和节约物料。

（4）实行补发审核制度。凡是工废料，以及超额补发时，必须办理审批手续后方可补发。

（5）物料发放出库时，必须严格检查有关单据和审批手续；物料发放后，应及时登记入账，并整理有关凭证资料。

2. 物料发放作业内容

一般来讲，物料发放作业流程，涉及物料和成品的发放，也涉及退料和成品退货的作业内容，如图9.27所示。

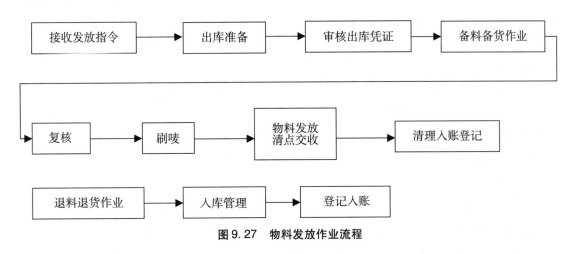

图9.27　物料发放作业流程

3. 物料发放时的要求

（1）物料须按质按量准确及时地发放，应做到"三早""四注意"。"三早"：发料准备早、缺货反映早、申请检验早。"四注意"：注意先进先出、注意限额发放、注意物料质量、注意规格型号。

（2）仓库人员在根据发放凭证发放时，应填写实发数量，并及时登记账卡。

（3）凡超过限额或计划外的发放，应履行审批手续。

（4）出库凭证（表9-7）不准涂改，若有变更则须有使用单位主管签章证明，更不允许仓管人员代开出库凭证。

表9-7 出库凭证

×××物流有限公司送货单

编号：

工单编号：		送货日期：		
送货资料	客户名称 产品名称 合同编号			客户签收：
交货明细	数量：	单价：	金额：	数量
	其中： 1. 总件数： 2. 每件数量： 3. 尾数：			
备注	总共送货	次	本次送货为 第 次	签收人
	截至本次累计交货数量			
	本次送货中含损耗数量			

注：本单一式四联：第一联，留底；第二联，交仓库；第三联，交会计；第四联，交客户。

（5）领发货品时，双方必须同时在场当面点清。

（6）对于已经检查的库存已久的物料发放，需要进行质量的重新检验。

（7）为了防止错发、重发和漏发，要求做到"三核对""五不发"。"三核对"：出库单与实物相核对、出库单与物卡相核对、物卡与实物相核对。"五不发"：无计划（订单）不发、手续不齐不发、涂改不清不发、规格型号不对不发、未验收入库不发。

4. 送货路径

车辆路径问题（Vehicle Routing Problem，VRP）的研究目标是：对一系列顾客需求点设计适当的路线，使车辆有序地通过它们，在满足一定的约束条件（如货物需求量、发送量、交发货时间、车辆容量限制、行驶里程限制、时间限制等）下达到一定的优化目的（如里程最短、时间尽量少、车队规模尽量小、车辆利用率高等）。

【例9-3】某家电超市次日需要为10个顾客配送当日购买的产品，已知顾客的配送量、该超市的配送中心、10个顾客住址之间的距离（邻接距离），见表9-8，其中P为超市的配送中心，A~J为10个顾客的位置，其路网图如图9.28所示。10位顾客的配送量见表9-9，并且该超市有2t及4t两种载重量的配送货车，且每辆车一次送货总行走距离不超过30km。当日晚上该超市应如何安排第二天的配送计划，使总运输路线最短？（采用节约-插入算法计算）

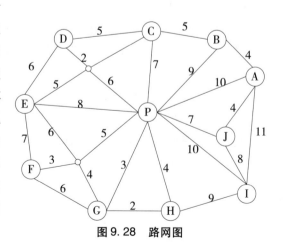

图9.28 路网图

表9-8 邻接距离　　　　　　　　　　　　　　　　　　　　　　　　　单位：km

	P	A	B	C	D	E	F	G	H	I	J
P	—	10	9	7	8	8	8	3	4	10	7
A		—	4	9	14	18	18	13	14	11	4
B			—	5	10	14	17	12	13	15	8
C				—	5	9	15	10	11	17	13
D					—	6	13	11	12	18	15
E						—	7	10	12	18	15
F							—	6	8	17	15
G								—	2	11	10
H									—	9	11
I										—	8
J											—

表9-9 配送量　　　　　　　　　　　　　　　　　　　　　　　　　单位：t

顾客	A	B	C	D	E	F	G	H	I	J
配送量	0.7	1.5	0.8	0.4	1.4	1.5	0.6	0.8	0.5	0.6

解：第一步，以配送中心为起点，将其与其他各点连接，得到 $n-1$ 条线路，如 $P-i-P$（i 为顾客点 A、B、C、…）。

第二步，对不违背限制条件的所有可连接点对 (i,j) 计算节约值为：$S(ij) = CP_i + CP_j - C_{ij}$，见表9-10。

表9-10 节约值

	A	B	C	D	E	F	G	H	I	J
A	—	15	8	4	0	0	0	0	9	13
B		—	11	7	3	0	0	0	4	8
C			—	10	6	0	0	0	0	1
D				—	10	3	0	0	0	0
E					—	9	1	0	0	0
F						—	5	4	1	0
G							—	5	2	0
H								—	5	0
I									—	9
J										—

第三步，将计算出的节约值 $S(ij)$ 按从大到小的顺序排序，见表9-11。

表9-11 节约值排序（降序）

连接点	节约值	连接点	节约值	连接点	节约值	连接点	节约值
A-B	15	E-F	9	F-G	5	B-E	3
A-J	13	I-J	9	G-H	5	D-F	3
B-C	11	A-C	8	H-I	5	G-I	2
C-D	10	B-J	8	A-D	4	C-J	1
D-E	10	B-D	7	B-I	4	E-G	1
A-I	9	C-E	6	F-H	4	F-I	1

第四步，按上述顺序 $S(ij)$，逐个考察端点 i 和 j，若满足条件，即 i 和 j 不在一条线路，且均与点 P 相邻，就将弧 (i, j) 插入线路中，可插入的弧见表9-12。

表9-12 可插入的弧

连接点	节约值	连接点	节约值
A-B	15	E-F	9
A-J	13	F-G	5
B-C	11	H-I	5
D-E	10		

第五步，返回第四步，直到考察完所有可插入弧 (i, j)。

经过以上步骤可得到车辆路线图，如图9.29所示。

线路Ⅰ：P-J-A-B-C-P，路程 $L_1 = 27$km，载重量 $W_1 = 3.6$t。

线路Ⅱ：P-D-E-F-G-P，路程 $L_2 = 30$km，载重量 $W_2 = 3.9$t。

线路Ⅲ：P-H-I-P，路程 $L_3 = 23$km，载重量 $W_3 = 1.3$t。

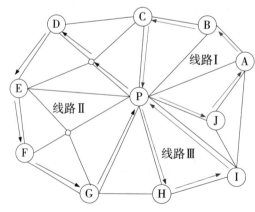

图9.29 车辆路线图

9.6 仓储管理系统

企业的仓储系统是伴随着企业的采购、生产、销售所发生的仓储操作系统,而仓储管理信息系统(Warehouse Management System,WMS)是指控制仓储操作系统的信息系统,其作用是将仓储各种功能加以控制并使之效率化。图 9.30 为 WMS 入库验收流程图。

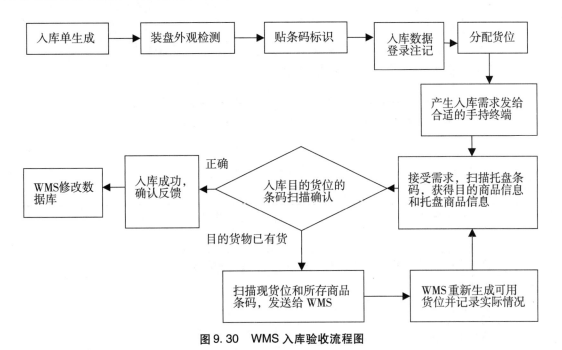

图 9.30　WMS 入库验收流程图

企业的仓储活动是由接到顾客订货的接单处理开始的,因此接单信息是仓储活动的最根本信息。进一步根据接单信息,与现有商品的库存信息加以对照。商品的库存不足时,一方面,制造厂商通过生产指令信息进行生产(或由批发商根据进货指令办理进货);另一方面,通过出货信息将商品搬移到出货地点出货。为使仓储管理部门能够有效管理与控制仓储活动,必须收集交货完成通知、仓储成本、仓库、车辆等仓储设施与机器的操作率等各项数据,以作为仓储管理的基本信息。

当采购单开出之后,入库进货管理员即可依据采购单上预定入库日期,做入库作业排程、入库站台排程,而后于商品入库当日,当商品进入时做入库资料查核、入库品检,查核入库货品是否与采购单内容一致,当品项或数量不符时即做适当的修正或处理,并将入库资料登录建档。图 9.31 为 WMS 中的入库单据管理界面。表 9-13 为某保税仓库货物入库核准单。

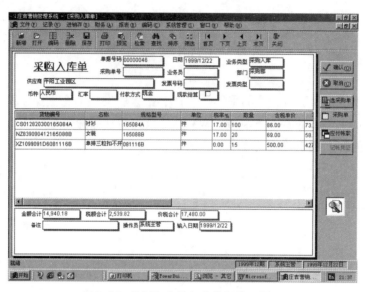

图 9.31　WMS 中的入库单据管理界面

表 9-13　某保税仓库货物入库核准单

海关编号：

××物流有限公司联系人	×××	电话	022-8398××××
用货单位名称			
入库核准单号	IN-DTLC-2005-0001	一次海关单编号	BAX02346567
出库形式		⊙先报后提　先提后报	
贸易方式	保税工厂	保存期限	2022 年 3 月 1 日入库
商品名称	单位	数量	币种	总价
研磨剂	千克	10	美元	100
合计：		10		100

备注：

以上情况属实报请海关审批

保税仓库签章栏	海关审批栏
签字盖章	签字盖章
年　月　日	年　月　日

第一联：保税仓留存；第二联：海关专用联；第三联：客户提货联；第四联：审批联；第五联：核销联。

商品的出货作业主要包含依据客户订单资料印制出货单据、定出货排程、印制出货批次报表、出货商品的地址标签及出货检核表。排程人员决定出货方式、选用集货工具、调派集货作业人员，并决定所运送车辆的大小与数量。仓库管理人员或出货管理人员决定出货区域的规划布置及出货商品的摆放方式。WMS 出库流程如图 9.32 所示。

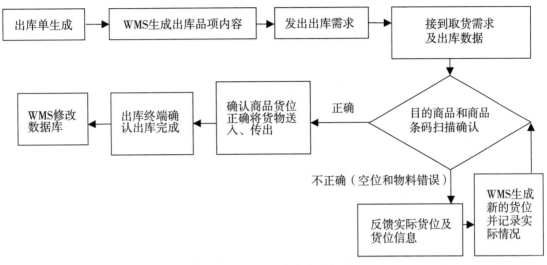

图 9.32　WMS 出库流程

对于 WMS，发货管理作为仓库作业管理中的一个有机组成部分，是与其他功能一起综合管理的。在 WMS 中可按规定的发货管理方法进行各种操作和管理，如自动出库、拣选出库、商品查询、货位查询和库存检查等功能，而且有详细的发货单据管理功能。图 9.33 为某 WMS 发货管理界面。

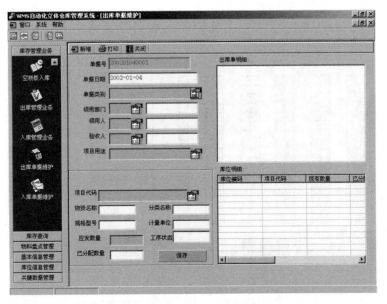

图 9.33　某 WMS 发货管理界面

本章小结

本章为仓储基本作业，主要介绍仓储作业的基本流程：入库、上架存放、拣选、发放。

本章主要讲解了 WMS 的构成模块，并重点对仓储作业的基本流程进行了一一讲解。尤其是拣选，可以研究的问题很多，主要选择拣选策略和配送路径进行了分析。

本章练习

一、判断题

1. 仓管人员应对验收入库的物资分类摆放并为每一种规格物资建立一张随物卡。随物卡又称物料卡、料卡、料签。（　　）

2. 分拣是配送中心作业活动中的核心内容，其任务是按照客户的订单要求及时将商品送达到客户手中。（　　）

3. 入库作业的原则为集中作业、保持顺畅、合理安排。（　　）

二、简答题

1. 物料验收入库包括哪些作业？
2. 物料发放包括哪些作业？
3. 确定拣选方法要考虑哪些因素？
4. 拣选和货物存储方式有什么关系？
5. 请采用 S 形算法画出下图中两个仓库的最佳拣货路径，你还能用其他的方法吗？你能将它们转化为网络图吗？

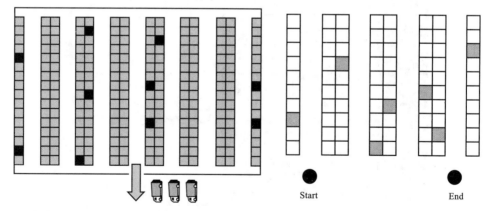

三、设计题

2022 年 3 月 10 日，某公司收到从上海送来的奶粉 100 箱（500g/包，10 包/箱），定价 30 元/包；咖啡 80 罐，定价 60 元/罐。现办理入库手续，将物品存入库房 A。请设计并填制入库单。

案例讨论

北京奥运物流系统的可视化仓库管理

2008年，北京奥运物流中心的管理和监控采用数字化和可视化技术，以保障奥运物流安全、高效、平稳地运作。

奥运物流是指为举办奥运会所消耗的物品（包括商品和废弃物）从供应地到接收地的实体流动过程。奥运物流的内容可以从服务的客户群、与奥运赛事的关系、地域范围、时间范围、服务形态、服务项目内容等不同角度进行分类分析，从而形成奥运物流的多维立体架构，也说明奥运物流管理的复杂性。

为精确、准时完成奥运物流，2008年北京奥运物流采用"奥运精益物流系统"具体实施管理运作。"奥运精益物流系统"的主要特点之一是物流信息化，而其精髓是可视化。奥运物流可视化智能监控信息平台的系统结构分为3个组成部分：①可视化仓库管理系统，对计划存储、流通的有关物品进行相应的可视化监控管理，主要包括对存储的物品进行接收、发放、存储、保管等一系列管理活动；②可视化在途货物监控系统，对在途物资进行可视化监控管理，主要包括对运输车辆路线优化和物资的跟踪、管理、查询等一系列活动；③查询监控系统，对奥运物资的状态进行查询监控，主要包括物资的跟踪和查询等一系列活动，以满足奥运物流服务及时性、安全性、准确性的需要。

奥运物流可视化智能监控信息平台，可准确定义奥运物流信息平台的边界，合理划分奥运物流信息平台与其他信息系统的合作关系，确定奥运物流信息平台的控制功能和信息流向，实现与奥运物流活动中各物流单位之间的实时信息交流和宏观监控协调。通过可视化的系统管理可以更加简明、直观地对物资进行监控。

2007年3月8日，位于顺义空港物流园的北京奥运物流中心（Olympic Logistics Center，OLC）正式启动。奥运物流中心为奥运物流提供5个方面的服务：①众多奥运物资的仓储基地；②实施奥运物资安检的场所；③奥运会各种物资、各种运行车辆的编制、调度中心；④北京奥林匹克运动会组织委员会实施物资追踪、资产管理的重点区域；⑤奥运物资通关、检验检疫的场所。

比赛地物资的仓储与比赛器材配送管理是奥运物流中心的核心业务之一。2008年，北京奥运会中27个项目的比赛集中于北京的5个赛区。根据不同的配送方向和配送量，各种体育器材、比赛用品、技术设备、医疗设备、安保设备、通信设备、电视转播、新闻报道设备和奖牌、奖章等物资的仓储发放必须采用精确、准时、智能化、可视化的仓库管理模式进行支持。

可视化管理系统是一套全方位的仓库管理工具，一方面，它作为仓库管理系统，按照常规和用户自行确定的优先原则来优化仓库的空间利用和全部仓储作业；另一方面，实现了仓库管理的可视化，能够及时、准确地掌握物品的位置、状况、活动等信息，实现仓库供应保障辅助决策，从而提高仓库管理水平和质量。它可以与企业的计算机主机联网，由主机下达收货和订单的原始数据，通过无线网络、手持终端、条码系统和射频数据通信等信息技术与仓库的员工进行联系。

思考题：

1. 奥运物流可视化智能监控信息平台的系统架构是什么？
2. 奥运物流可视化智能监控信息平台的作用是什么？

第10章 库存概述

【学习目标】

掌握库存的内涵,能识别库存的种类,能运用库存的指标对仓储管理水平进行判断。

【关键术语】

- 库存(Inventory)
- 周转库存(Cycle Stock)
- 安全库存(Safety Stock)
- 独立需求(Independent Demand)
- 相关需求(Dependent Demand)

海尔的零距离、零库存

海尔认为，企业之间的竞争已经从过去直接的市场竞争转向客户的竞争。海尔客户关系管理（Customer Relationship Management，CRM）联网系统就是要实现端对端的零距离销售。海尔的企业资源计划（Enterprise Resource Planning，ERP）系统和CRM系统都是要拆除影响信息同步沟通和准确传递的阻隔。ERP是拆除企业内部各部门的"墙"，CRM是拆除企业与客户之间的"墙"，从而达到快速获取客户订单、快速满足客户需求的目的。

传统管理下的企业根据生产计划进行采购，因为不知道市场在哪里，所以是为库存采购，企业里有许许多多"水库"。海尔现在实施信息化管理，通过3个准时制生产方式（JIT）打通这些水库，把它变成一条流动的河，不断地流动。JIT采购就是按照计算机系统的采购计划，需要多少，采购多少。JIT送料指各种零部件暂时存放在海尔立体库，然后由计算机进行配置，把配置好的零部件直接送到生产线。海尔在全国建有物流中心系统，无论在全国什么地方，海尔都可以快速送货，实现JIT配送。库存不仅仅是资金占用的问题，最主要的是会形成很多的呆坏账。当今电子产品更新很快，一旦产品更新换代，原材料和产成品价格跌幅均较大，产成品积压的最后出路就只有降价，所以会形成现在市场上的价格战。海尔用及时配送来满足客户的要求，最终消灭了库存的空间。海尔的做法符合高质量创新发展的要求，正如党的二十大报告中提到的，着力提升产业链、供应链的韧性和安全水平，推动经济实现质的有效提升和量的合理增长。

启发思考：
（1）海尔的库存问题主要体现在哪些方面？
（2）3个JIT如何能够实现零库存？

10.1 对库存的基本认识

库存表示用于将来目的，暂时处于闲置状态的资源。一般情况下，人们设置库存的目的是防止短缺，就像水库里储存的水一样。同时，它还具有保持生产过程连续性、分摊订货费用、快速满足客户订货需求的作用。

企业经营中的各个环节都存在库存，也正是因为库存的存在，才使采购、生产和销售各环节独立运行成为可能。库存可以调节各个环节之间由于供求品种和数量不一致而发生的变化，把采购、生产和销售等环节连接起来并起到润滑剂的作用。

企业不同的管理部门对库存的看法，见表10-1。

表10-1 企业不同的管理部门对库存的看法

部门类型	目标
库存管理	保持最低的库存水平以减少资金占用、节约成本
销售	维持较高水平的库存和尽可能多的商品品种来提高客户满意度
制造	对同一商品进行长时间的大批量生产，降低单位产品的固定费用
采购	降低单位购买价格，希望维持大的库存量
运输	趋向大批量运送，运用运量折扣来降低单位运输成本

为了实现最佳库存管理，需要协调和整合各个部门的活动，使每个部门不仅以实现本部门的功能为目标，还要以实现整个企业的效益为目标。

如果把视野从单个企业扩大到由供应商、制造商、批发商和零售商组成的供应链范围来考虑库存，就会发现有问题的库存量将大大增加。组成供应链的各个企业之间的关系在过去是买卖关系，不习惯互相交流信息，不习惯互相协调库存管理，更不用说在整个供应链水平上进行信息共享和协调管理了，这样就损害了整个社会的福利。例如，过去组成供应链中的各企业之间对各供应商及时、准确交货的承诺并不完全信赖，因而它们的库存量会超过实际需求量，以防出现供应商延期交货或不能交货的情况，这种超过实际需求量的库存常常被称为"缓冲库存"，过多的库存量势必会加大企业的运营成本，有效地管理库存，成为企业的一个重要的利润源泉。当今，库存管理在供应链的环节中发挥着越来越重要的作用。

【10-1 拓展知识】

10.2 库存的内涵及产生

根据国家标准 GB/T 18354—2021《物流术语》，库存（Inventory）是处于储存状态的物品。

通俗地说，库存是指企业在生产经营过程中为现在和将来的耗用或者销售而储备的资源。广义的库存还包括处于制造加工状态和运输状态的物品。

由于各种原因，企业持有库存，以满足下游的需求，表 10-2 列举了企业持有库存的原因。

表 10-2 企业持有库存的原因

产生库存原因	进一步理解
需求预测失误	需求的不准确性，企业需要保持一定的缓冲或安全库存，以满足未预料的、大于预期的需求
供货的不确定性和延迟	由于在供货过程中出现的不确定性和交货的延迟，需要预留一部分库存以满足需求方的需求
最小订货批量	供应商最小订货批量或生产批量与最优经济订货批量可能并不相等，这就要求企业补齐两者之间的差额
交货间隔	从订货到交货有一定的间隔，在间隔期内需要有一定的库存来满足要求
战略性存储	企业针对战略性物资，有时需要一定的储备，以应对紧急需求
采购价格优势	企业为了获得一定的价格折扣，需要大量采购，从而使库存增加
预留或预防性库存	当存在季节性需求高峰，而供应能力约束又使供方无法满足高峰需求时，需要建立这种库存

10.3 库存的利弊

库存对一个企业有双重的影响：一是影响企业的成本，库存越多，成本越高；二是影响物流的效率，库存水平越高，则保障供应的水平也越高，生产和销售的连续性就越强。库存既可以平滑生产需求也会增加物流总成本。随着供应链管理思想和库存管理技术的提高，这个问题将被更合理地解决。"零库存"管理思想成为更多企业所追求的物流管理目标。

10.3.1 库存的作用

库存的作用表现在以下几个方面。

1. 库存能够让企业实现规模经济

库存能够让企业实现规模经济，降低缺货成本，分摊生产准备费用，同时库存能够提高企业的服务质量，增强企业的顾客忠诚度，给企业带来更多的客户，进而增加企业的订单，给企业扩大规模生产提供有利条件，实现规模经济。库存既能使销售型企业争取到数量折扣，还能分摊订货费用。

2. 库存能够平衡供应与需求

在采购材料、生产用料、在制品及销售物品的物流环节中，库存起着重要的平衡作用。采购的材料会根据库存能力，协调来料收货入库。同时对生产部门的领料应考虑库存能力、生产线物流情况（场地、人力等），平衡物料发放，并协调在制品的库存管理。另外，对销售产品的物品库存也要视情况协调各个分支仓库的调度与进货速度等。库存能够预防不确定性的、随机的需求变动及订货周期的不确定性。企业按销售订单与销售预测安排生产计划，并制订采购计划，下达采购订单。由于采购的物品需要一定的提前期，这个提前期是根据统计数据或者是在供应商生产稳定的前提下决定的，但存在一定的风险，有可能会延迟交货，最终影响企业的正常生产，从而造成生产的不稳定。为了降低这种风险，企业就会增加材料的库存量。

库存能够维持销售产品的稳定，销售预测型企业对最终销售产品必须保持一定数量的库存，其目的是应对市场的销售变化。这种情况下，企业预先并不知道市场真正需要什么，只是按市场需求的预测进行生产，因而产生一定数量的库存是必要的。

3. 库存能够平衡流通资金的占用

库存的材料、在制品及产成品是企业流通资金的主要占用部分，因而库存量的控制实际上也是进行流通资金的平衡。例如，加大订货批量会降低企业的订货费用，保持一定的在制品库存与材料会节省生产交换次数，提高工作效率，但这两个方面都要寻找最佳控制点。

4. 库存能够消除供需双方地理位置上的差距

消除供需双方地理位置上的差距是库存的客观要求，一种产品的供应地和产出地大多数情况下是不在同一个地区的，对于一些需求比较频繁的产品来说，每当需求地有产品需求后，才从产出地进一次货,这势必会大幅增加采购成本、运输成本及时间成本。而仓储可以很好地解决这一问题。一次采购较多的产品,存在仓库中,当有需求时从仓库中提取产品,这样可以提高服务质量,提高对客户的响应度,也能节约大量的成本。

10.3.2 库存的弊端

客观来说,任何企业都不希望存在任何形式的库存,无论原材料、在制品还是产成品,企业都想方设法降低库存。库存的弊端主要表现在以下几个方面。

(1)占用企业大量资金。库存产品会占用企业大量的流动资金。

(2)增加了企业的产品成本与管理成本。库存材料的成本增加直接增加了产品成本,而相关库存设备、管理人员的增加也加大了企业的管理成本。库存的维持费用,如场地费用等,也会影响企业的利润。

(3)掩盖了企业众多管理问题。如图 10.1 所示,库存掩盖了企业众多管理问题,如人为超量生产或超量采购、供货批量大或周期长、设备/模具故障率高、盘点不准及产品质量不稳定。用比较形象化的比喻来说,这就好像高水位掩盖了海水下的礁石,一旦海水退去,这些礁石就暴露出来了,容易造成触礁事故。库存的作用及其弊端之间有一个折中、平衡的问题,这就是库存管理所要研究和解决的问题。

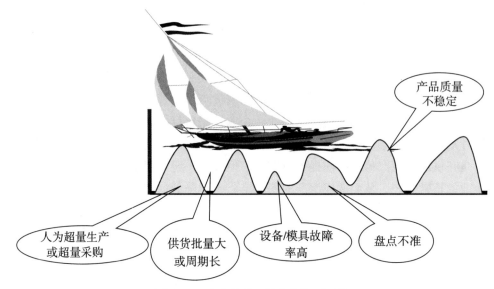

图 10.1　库存掩盖下的企业管理问题

10.4　库存的种类与库存控制的目标

10.4.1　库存的种类

库存按不同的分类方式可分为不同类型，具体分类介绍如下。

1. 按在生产过程和配送过程中所处的状态划分

按在生产过程和配送过程中所处的状态，库存可分为原材料库存、在制品库存、维修库存、产成品库存。

2. 按作用划分

按其作用，库存可分为周转库存、安全库存、调节库存、在途库存。

（1）周转库存是由采购批量周期性形成的。采购批量越大，单位采购成本就越低，这种由采购批量周期性购入的库存称为周转库存。周转库存和订货周期、订货批量有关。由于周转库存的大小与订货频率成反比，因此需要在库存成本和订货成本之间进行权衡选择。

（2）安全库存是为了防止由于不确定因素影响订货需求而准备的缓冲库存，安全库存用于满足提前期需求。安全库存可分为应对供应商的延迟交付、货物质量、返工等问题而设置原材料、外购件、MRO(Maintenance, Repair, Operation)件的安全库存，为应对设备故障、员工病事假等不确定性而设置在制品安全库存，为应对无法预知的需求和生产事故而设置产成品缓冲库存。

（3）调节库存是为调节市场需求或供应的不均衡、生产速度与供应速度不均衡、各个生产阶段的产出不均衡而设置的。

（4）在途库存是指从一个地方到另一个地方处于运输过程中的物品，发生在运输过程中的库存，它与供应商、客户、企业内部各运送点相连。它与地理位置和运输模式有关。企业所要管理的在途库存，主要有采购在途、销售在途、内部转移在途等。对于集团性企业，因为各个分支机构分布较广，管理内部转移的在途库存也变得重要起来。如果不管理在途库存，则有可能造成一边出库，但另一边未入库的现象，这部分库存不论是从财务上还是从实物上，集团内都看不到，导致库存数据不准、库存管理出现漏洞。所以管理在途库存在当前尤其重要。

3. 按生成的原因划分

按其生成的原因，库存可分为投资库存、季节性的库存。

（1）投资库存不是为了满足当前的需求，而是出于其他原因，如由于价格上涨、物料短缺或是为了预防罢工等而囤积的库存。

（2）季节性的库存是投资库存的一种形式，是指生产季节开始之时累积的库存，目的在于保证稳定的劳动力和稳定的生产运转。

4. 按企业库存管理的目的划分

按企业库存管理的目的，库存可分为经常库存、加工库存和运输过程库存、沉淀库存、促销库存。

（1）经常库存也称周转库存，这种库存是为满足客户日常的需求而产生的。经常库存的目的是衔接供需，缓冲供需之间在时间上的矛盾，保障供需双方的经营活动都能正常进行。

（2）处于流通加工或等待加工而暂时被存储的商品叫作加工库存。处于运输状态（在途）或为了运输（待运）而暂时处于存储状态的商品叫作运输过程库存。

（3）沉淀库存或积压库存是指因商品质量出现问题或发生损坏，或者是因没有市场而滞销的商品库存，超额存储的库存也是其中部分。

（4）促销库存是指为了与企业的促销活动相配合而生产的预期销售增加所建立的库存。

5. 按商品需求的重复程度划分

按商品需求的重复程度，库存可分为单周期库存和多周期库存。

（1）单周期库存也叫一次性订货，这种需求的特征是偶发性和商品生命周期短，因而很少重复订货，如报纸，很少有人会订过期的报纸来看。

（2）多周期库存是在长时间内需求反复发生，库存需要不断补充，在实际生活中，这种需求现象较为常见。

10.4.2 库存控制的目标

库存控制的目标有两个：一是降低库存成本；二是提高客户服务水平。这两者之间是一个相互制约、相互权衡的关系。降低库存，意味着企业有可能停工待料、销售下降，必定带来客户服务水平的下降；而保持高水平的客户服务水平，也就是使客户尽可能快地获得产品，这就需要维持一个较高水平的库存，致使库存成本提高。传统上的库存控制方法比较注重库存总成本的下降，而随着当今买方市场的形成和竞争的日趋激烈，越来越多的企业开始重视提高客户服务水平。

具体而言，库存控制要回答以下问题：如何使库存成本最优？怎样避免产生不必要的库存？如何使生产和销售计划相平衡，以满足交货要求？怎样避免销售损失，提高客户满意度？归根结底，就是要确定什么时候订货、每次订货订多少，以及确定库存检查周期等问题。

10.5 库存成本的构成

库存成本一般可分为库存持有成本、订货成本、库存缺货成本3个主要部分，如图10.2所示。

1. 库存持有成本

库存持有成本具体包括运行成本、机会成本和风险成本3个部分。运行成本主要包括仓储成本，库存越高，仓储面积越大，仓储成本也就越高。此外，运行成本还包括仓库中的设备投资成本和日常运行费用（水、电、人工等）。机会成本主要是库存占用的资金所能带来的机会成本，库存作为企业的资产是通过占用企业的流动资金而获得的，而任何企业都有其一定的资金投资回报率，即库存占用的资金如果不用于库存而去经营其他投资所能获得的平均收益，这一比例因行业的不同和企业的不同而有所不同，一般为10%～16%。企业因为要持有一定的库存而丧失了流动资金所能带来的投资收益，即为库存的机会成本。风险成本，顾名思义，是从风险的角度来考虑的，为了减少库存的损失，大多数企业会为其库存的安全上保险，其费用就是库存成本。同时企业可能会因为库存的不合理存放而造成损耗或报废，如食品过期、存放过程中破损、产品滞销、失窃等，这些损失同样是库存的风险成本。

2. 订货成本

订货成本是指企业为了得到库存而需要承担的费用。订货成本包括与供应商之间的采购活动费用、货物的运输费用等，订购或运输次数越多，订货成本就越高；如果库存是企业自己生产的，则订货成本体现为生产准备成本，即企业为生产一批货物而进行的生产线改线的费用。

【10-2拓展知识】

3. 库存缺货成本

库存缺货成本是指由于库存供应中断而造成的损失。它包括原材料供应中断造成的停工损失成本、产成品库存缺货造成的销售机会丧失带来的损失、企业采用紧急采购来解决库存的中断而承担的紧急额外采购成本等。

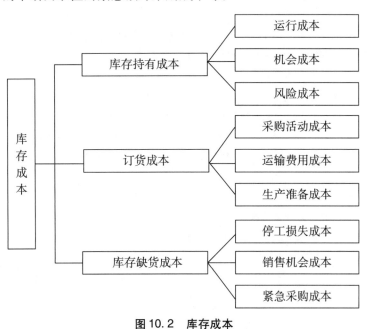

图10.2　库存成本

本 章 小 结

本章为库存概述，主要介绍了库存的基本定义、库存的利弊、库存的种类和库存成本的构成。本章为第11章现代库存管理的方法奠定了基础。

本 章 练 习

1. 库存的定义是什么？
2. 库存的功能有哪些？
3. 库存按作用分类有哪些类型？
4. 独立需求库存和相关需求库存的区别是什么？
5. 库存成本结构包括哪些内容？

案例讨论

服装库存的困惑：服装行业季度末的退货率为什么这么高？

服装行业流行一则很苦涩的笑话：如果有10个服装厂的老总从18层的高楼上跳下来，您不必担心他们会被摔死，因为下面有厚厚的"库存"在垫着。

某公司目前订货流程：服装展销会→客户订单→内部销售→(生产)→计划→面料需求→面料采购→生产→发货→省级代理→二级代理→消费者。

客户(省级代理)一般一次性下单量为整个季度预测销售量的50%。

服装厂一般按所销售预测的20%采购面料。

转季时，省级代理可以把订单总量的15%按原价退货给厂家。

转季时，二级代理可以把订单总量的15%甚至全部订单总量按原价退货给省级代理。

现有省级代理大约15家，每家省级代理下辖数量不等的二级代理商。该服装厂年销售额大约2亿元，每个季度末经省级代理退回的服装价值大约1 000万元，一年大约4 000万元；退回的服装要么授权各级代理在季度末打折销售，要么干脆报废；面料方面，每个季度末因为过季而降价/报废带来的损失也大约有500万元。

思考题：
1. 每个季度末的成衣退货为什么这么多？
2. 如何减少由于过季而带来的成衣退货/面料报废？

第11章 现代库存管理的方法

【学习目标】
　　掌握 ABC、JIT、VMI、JMI、CPFR 5 种重要的库存管理方法,理解供应链库存管理模式。

【关键术语】
- 重点控制法(ABC)
- 准时制生产方式(JIT)
- 供应商管理库存(VMI)
- 联合库存管理(JMI)
- 合作计划、预测与补给策略(CPFR)

> **导入案例**
>
> 中国通信产业服务有限公司江西物流分公司的库存管理
>
> 　　中国通信产业服务有限公司江西物流分公司以综合信息服务商为主要服务对象,为客户提供供应链管理一体化服务和第三方现代物流服务,为各类通信设备、有线终端、无线终端、线路器材提供代理采购、招标、仓储、配送、质量检测、逆向物流、售后服务等专业化服务,与客户携手共创第三利润源。经营项目:通信物资代理采购、代理招投标、销售;通信业务的代营、代办及产品分销;质量检测、仓储管理、物流配送;网络设备维护、通信设备维修、通信终端维修、有线终端和手机销售及售后服务;通信技术开发、服务、咨询、系统集成;房屋租赁等。
>
> 　　中国通信产业服务有限公司江西物流分公司拥有齐全的供应链管理服务专业资质,在全国通信服务供应链管理业内占领先地位。其获得资质主要包括ISO 9001质量管理体系认证、AAAA级综合服务型物流企业资质、中国星级仓库(五星)资质、质量检测CNAS认证、CMA计量认证资质、通信建设项目招标代理甲级资质、中国通信协会通信网络设备维修企业资质(配套设备甲级资质、有线网络设备甲级资质、无线网络设备乙级资质)。
>
> 　　中国通信产业服务有限公司江西物流分公司现在主要为江西省电信公司提供供应链管理服务,以管理江西电信省级配送中心一体化供应商管理库存(Vendor Managed Inventory,VMI)物流服务为核心业务,拓展其他增值物流服务,比较成熟的物流服务项目有仓库代管、增值物流服务、代理招标、非通贸易、质量检测、逆向物流服务、手机维修。
>
> **启发思考:**
> (1) 中国通信产业服务有限公司江西物流分公司采用什么样的库存管理方法?
> (2) VMI具有哪些特点?

　　为了更好地管理库存,实现安全库存量与成本之间的平衡,需要采用多种管理方法,下面介绍几种常用的库存管理方法。

11.1　重点控制法

　　重点控制法(ABC)是意大利经济学家帕累托于19世纪首创的,已广泛用于存货管理、成本管理与生产管理中。

　　存货ABC分类的标准主要有两个:第一个是金额标准;第二个是品种数量标准。第一个标准是最基本的,而第二个标准仅作参考。首先,根据统计资料,以每种物品的年使用量乘以单价,得出全年每种物品的总价值;其次,按每种物品的全年总价值的大小进行排列;再次,计算出每种物品全年总价值占全部物品总价值的百分比;最后,依各种物品所占的百分比分出类别。

　　重点控制法(ABC)的基本点是:根据货物的价值、数量进行分类,将企业的全部存货分为A、B、C 3类。占据物品价值70%、数量10%的分为A类;占据物品价值20%、数量20%的分为B类;占据物品价值10%、数量70%的分为C类。

　　上述A、B、C 3类存货中,由于各类存货的重要程度不同,一般可以采用下列控制方法。

　　(1) 对A类存货的控制,要计算每个项目的经济订货量和订货点,尽可能适当增加订购次数，以减少存货积压，也就是减少其昂贵的存储费用和大量的资金占用；同时，还可以为该类存货分别设置永续盘存卡片，以加强日常控制。

（2）对 B 类存货的控制，也要事先为每个项目计算经济订货量和订货点，同时也可以设置永续盘存卡片来反映库存动态，但对其要求不像 A 类那样严格，只要定期进行概括性的检查就可以了，以节省存储和管理成本。

【11-1拓展视频】

（3）对 C 类存货的控制，由于它们数量众多，而且单价又很低，存货成本也较低，因此，可以适当增加每次的订货数量，减少全年的订货次数，对这类物资日常的控制方法，一般可以采用一些较为简化的方法进行管理，常用的是"双箱法"。所谓"双箱法"，就是将某项库存物资分装两个货箱，第一箱的库存量达到订货点的耗用量，当第一箱用完时，就意味着必须马上提出订货申请，以补充生产中已经领用和即将领用的部分。

11.2 准时制库存管理方法

准时制生产方式（Just In Times，JIT），又称无库存生产方式，它是作为一种先进的生产方式，通过看板等工具的应用，保证了生产的同步化和均衡化，实行"适时、适量、适物"的生产，效果明显。

JIT 的基本原理是以需定供、以需定产，即供方（上一环节）根据需方（下一环节）的要求，按照需求方的品种、规格、质量、数量、时间、地点等要求，将生产物资或采购物资，不多、不少、不早、不晚且质量有保证地送到指定地点。

看板管理是 JIT 生产方式中最独特的部分，是 JIT 生产现场控制技术的核心，将传统生产过程中前道工序向后道工序送货，改为后道工序根据看板向前道工序取货。看板管理方法按照准时化生产的概念把后道工序看成用户，只有当后道工序提出需求时，前道工序才允许生产，看板充当了传递指令的角色。

【11-2拓展知识】

JIT 库存，是按需储存，这种按需储存的方式以需求为动力，拉动储存计划，需方需要什么品种，需要多少，什么时候需要，什么地点需要，完全由需方向供方发出指令，供方根据需方的指令，将需方的品种、需求的数量，在所需的时间内运送到指定的地点。不多送也不少送，不早送也不晚送，运送的品种要保证质量，不能有废品。这种供应方式的优点是实现生产线现场零库存：生产线需要多少，就供应多少；实现最大化的节约；最大限度地降低废品损失。

11.3 供应商管理库存

11.3.1 VMI 产生的背景

供应商管理库存（Vendor Managed Inventory，VMI）是指供应商的上游企业基于下游客户的生产经营、库存信息，对下游客户的库存进行管理。VMI 的基础特征是链条化、网络化、信息化，信息系统就像整个供应链上 VMI 的神经网络。VMI 通过信息网络系统的电子数据交换，使供应链上的各个企业能够实时获取、处理、反馈各种外部与内部信息，能够在最短时间内作出反应，提高了供应链上所有企业快速反应和及时联动的能力，将满足客户需求的提前准备时间减到最少，使企业利润最大化。

VMI 是 20 世纪 80 年代由 P&G 和 Wal-Mart 创造并率先使用的一种库存策略，通过实施 VMI 策略，两家公司在各自的行业里取得了核心竞争力，并在随后发展迅猛。

在传统的供应链中，企业的库存是各管各的。供应链中的每个企业各自存在自己的库存管理策略。因此，企业各自必然存在不同库存控制策略，生产或销售需求就不可避免产生扭曲，随着供应链的叠加效应，就会形成需求失真的现象，即供应链中的"牛鞭效应（Bullwhip Effect）"，因此供应商会加大库存成本和增加供应风险。随着产品的寿命周期越来越短，产品的类别越来越多，需求的不确定性就越来越大，客户对服务的要求就越来越高，传统的供应链各自为政的库存管理模式就会显得格格不入。

VMI 的管理模式正是在这样的背景下产生的。VMI 的实施加快了整条供应链应对末梢市场的反应灵敏度和速度，能够较快较准确地获取末梢市场的需求信息，因此，可以降低供应商与客户因市场需求快速变化而产生的过高的库存量，达到降低库存、减少成本的目的，使整个供应链的物流总成本达到最优化。VMI 打破传统的各自为政的库存管理模式，以系统的、集成的管理思想进行库存管理，使供应链系统能够获得同步化的运作。

11.3.2 采用 VMI 的必要性

1. 降低供应链上产品库存，抑制"牛鞭效应"

"牛鞭效应"是供应链管理的基本原理之一，指的是供应链上的一种需求变异放大现象。当供应链上的各企业只根据来自其相邻的下级企业的需求信息进行生产或销售决策时，需求信息的不确定性会沿着供应链信息的传递逆流而上，产生逐级放大的现象。产生"牛鞭效应"的原因主要有 6 个方面：需求预测修正、订货批量决策、价格波动、短缺博弈、库存责任失衡和环境变异。"牛鞭效应"扭曲了供应链内需求信息的传递，降低了供应链反应能力，增加了物流成本，降低了企业利润。在 VMI 模式下，供应商管理库存拥有对下游客户库存的管理权，这种合作伙伴模式不受客户订单影响，直接规避了需求放大的现象，反而能更准确地预测需求。

2. 降低供应链总物流成本

VMI 的实施，使原来企业自己管理的库存量持续下降到合理水平，一方面，企业自身的库存占用资金得到释放；另一方面，供应商由于库存的减少，对原材料等的采购占用的资金也在一定程度下降。因此，供应链上的库存成本大大降低。VMI 信息系统打破了传统的企业各自为战的库存管理模式，其通过实施库存信息共享，保证供应链快速响应客户需求，很大程度上缓解了需求的不确定性的放大效应，平衡了库存水平与顾客服务水平之间的冲突。VMI 的实施，补货频率相对以前会有所提高，且补货时间会更加准确，整个供应链的协调将支持供应商保证生产需求的平稳，运输配送成本也会有所下降。总体来说，VMI 的实施降低了供应链整体物流成本。

3. 提高客户服务水平

VMI 在为客户提供库存管理的同时，还承担了自动补货、JIT 配送等业务，大大地提高了反应速度及供应链的柔性。供应链中，环境随时在变化，不确定因素随时存在，供应链的柔性可以认为是具有整个供应链以最低的成本、最短的时间及最高的服务水平，快速响应市场变化、突发问题和顾客个性化需求的能力。VMI 在为客户补货、配送协调性方面大大提高了服务水平，使企业产品更新换代也非常快，VMI 中运输过程更好地改善了顾客服务。

4. 其他优势

VMI 的实施可加快项目实施的进程；剔除不合格供应商，减少供应商的数目；加强和供应商的战略伙伴关系并减少采购总量；通过集采模式降低总体采购单价；通过改进供应商与企业之间、供应商与客户之间的库存管理流程减少采购时间；由于客户对供应商授信，加深了两者的交流；通过与供应商合作帮助客户提高产品质量和性能；降低库存存货过期质变、呆滞的风险；降低采购、订单处理、运输、仓储、配送、到货签收、付款、单据处理等交易成本；提高供应链的持续改进的能力等。

11.3.3 现行 VMI 运作模式

1. "供应商 – 零售商" VMI 模式

"供应商 – 零售商" VMI 模式通常存在于供应链的上游企业的制造商作为供应商的情形中，制造商对它的客户（如经销商、零售商）实施 VMI。当零售商（经销商）把销售、需求订单等相关信息按照约定的补货周期（1 天、3 天或 1 周等）通过 Internet 在同一个物流信息系统中传输给供应商（制造商）后，供应商（制造商）根据接收到的销售信息进行需求预测，或者是直接根据零售商（经销商）的需求订单信息，然后将该需求信息输入物料需求计划系统，系统会自动根据企业现有的库存量和零售商（经销商）仓库的库存量，生成补货订单，安排生产计划，然后供应商（制造商）进行排产。生产出的产品经过仓储、分拣、包装、流通加工，然后配送给零售商（经销商）。这种模式下，供应商（制造商）实施 VMI 是一对多的情况，由供应商（制造商）在众多零售商（经销商）中选择比较适中的配送点做 VMI 仓库，以达到配送路径最优，"供应商 – 零售商" VMI 模式如图 11.1 所示。

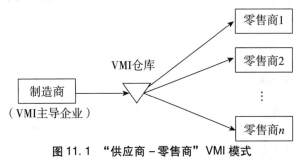

图 11.1 "供应商 – 零售商" VMI 模式

2. "供应商 – 制造商" VMI 模式

"供应商 – 制造商" VMI 模式通常存在于制造商的上游企业的供应商是供应链上实施

VMI 的情况中，这些供应商可能是原材料、半成品、零部件等，制造商要求它的供应商在该制造商工厂附近设置 VMI 仓库，并按照 VMI 的方式向制造商自动补充库存，或者制造商直接在自己的仓库中管理各个供应商的库存。在这种模式下，制造商可能有几百家供应商为其供应原材料、半成品、零部件。这种模式常见于汽车制造商、家电制造商等，让各个供应商都在制造商的附近建立仓库，然后由各个供应商自行管理并补货显然是不经济的。因此，可以在制造商的附近建立一个 VMI HUB，统一由制造商管理或者由各个供应商分区自行管理，加入 VMI HUB 具有以下效果：①起到库存缓冲作用；②增加了其他增值服务。这种模式下，实施 VMI 是多对一的情况。"供应商 – 制造商" VMI 模式如图 11.2 所示。

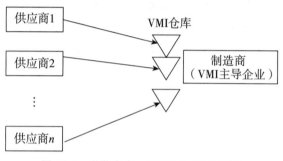

图 11.2 "供应商 – 制造商" VMI 模式

3. "供应商 – 3PL – 制造商" VMI 模式

在"供应商 – 制造商"模式中，不论是对制造商还是对它的供应商来说，它们的核心竞争力都是生产制造，而不是物流管理。显然，让制造商或是它的供应商去管理 VMI HUB 都是不专业、不经济的。

因此，让一家专业化程度较高且是以物流管理或供应链管理为核心竞争力的第三方物流企业来管理这个 VMI HUB 是最合适的。"供应商 – 3PL – 制造商"模式引入了一个第三方物流企业，由第三方物流(Third-Party Logistics, 3PL)提供一个统一的物流信息管理系统，统一管理控制各个供应商的原材料、零部件、半成品库存并执行相关指令，负责完成向制造商生产线上配送原材料、零部件、半成品的工作，而供应商则根据 3PL 的物流信息系统的库存信息、订单信息定时定量向 VMI HUB 补货，并按照约定的周期(每周、每月或每季度)根据 3PL 的出库单与制造商按时结算。这种模式下，实施 VMI 是多对一再对一的情况。"供应商 – 3PL – 制造商" VMI 模式如图 11.3 所示。

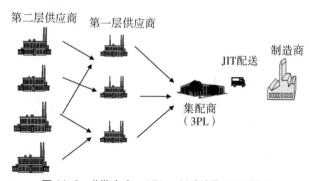

图 11.3 "供应商 – 3PL – 制造商" VMI 模式

4. "供应商-3PL-零售商" VMI 模式

在"供应商-3PL-零售商" VMI 模式下,零售商的分布广而散,销售商品的范围很广,且供应商和零售商的地理位置一般相对来说比较远,若从供应商处直接向零售商补货,需要提前很长时间上报需求。而各个供应商在有多个零售商终端店铺的中心位置租用或建造一个 VMI HUB,由这个 VMI HUB 直接负责向附近的多个零售商终端补货,然后各个供应商根据安全库存情况直接向 VMI HUB 自动补货。但是如果 VMI HUB 由供应商管理,由于距离供应商的制造厂比较远,且供应商多且杂,管控起来不方便也不现实;另外,若由零售商统一管理,这又不是其擅长的核心销售业务。基于上述原因,第三方物流管理 VMI HUB 最为合适,或者 VMI HUB 直接由第三方物流企业提供,此种模式是由"供应商-3PL-制造商" VMI 模式继续深化演变而来的,3PL 作为供应链的一个物流服务商为客户、客户的供应商、客户的客户提供全供应链一体化综合物流服务,不再是简单地为生产制造商的供应商代管库存,这种模式也适用于非生产制造业。例如,工程单位的建材物料需求,实施的不再是统一的工厂,而是面向各个不同的施工单位。此种模式下 3PL 不只是提供集中仓储服务,同时还承担向供应商循环提货和向客户的客户配送到点的责任。而费用结算则是由客户的客户签收回单后统一向客户结算,同时,供应商也向客户结算物资款。"供应商-3PL-零售商" VMI 模式如图 11.4 所示。

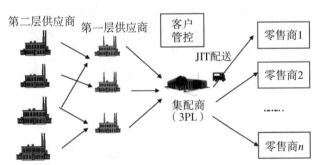

图 11.4 "供应商-3PL-零售商" VMI 模式

此模式的优点有:①3PL 推动了供应商、制造商/客户、零售商/客户的客户,实现了 3PL 之间的信息共享;②根据三方的合作协议,3PL 的信息中立使物流发生时的货物所有权也同步转移;③3PL 除能够提供库存管理、装卸搬运、流通加工外,还可以代表制造商向供应商下达采购订单、向供应商提货、向零售商/客户的客户提供配送等服务。

基于 3PL 的 VMI 信息流和物流传递如图 11.5 所示。

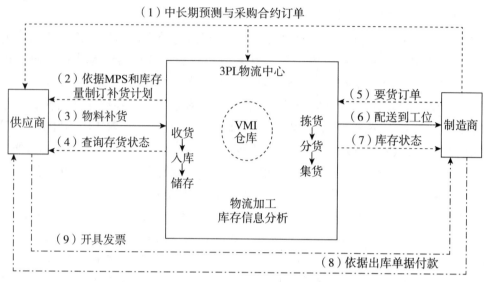

图 11.5 基于 3PL 的 VMI 信息流和物流传递

11.3.4 VMI 实施存在的问题

VMI 模式虽然能够给供应链上各方带来很多利益，但是，一方面由于 VMI 模式在我国大中型企业中使用得比较多，而小型企业则使用得比较少，且相关的实施标准和足够强大的信息管理系统都没有配套发展，不足以匹配企业的业务发展需求；另一方面不是所有企业都适应 VMI 这种模式，某些企业在实施过程中也碰到了一些难题。具体表现在以下几个方面。

1. 认识问题

VMI 是一种新型的供应链库存管理方法，其研究和应用虽然已经相对成熟，但目前国内除了大型知名企业外，有些小型企业对 VMI 的认识还不够，企业只注重先进的思想理论学习，缺乏一定的有借鉴意义的具体实施操作，且很多企业对实施 VMI 短期带来的转换成本无法正视而减弱了实施 VMI 的积极性。

2. 标准问题

一方面，实施 VMI 至少需要各供应商对货物物流包装单元、货物信息电子化实行统一标准，才能更方便地将各个供应商的货物统一管理；另一方面，目前国内很多中小型企业还未使用制造资源计划（Manufacture Resource Planning，MPR Ⅱ）、ERP 等软件，尤其是 EDI 的使用还不够普及，因为企业都有各自的信息系统，但是对接的标准却不统一，数据也无法低成本共享。

3. 投资问题

一方面，实施 VMI 需要投入大量软硬件设施设备，如仓库、货架、叉车、货车、信息系统等，而且具有风险性。但是，目前很多企业未充分认识和理解 VMI 是如何实施和控制的，没看到风险很大。投资很大，损失也很惨重。

4. 利益分配问题

在 VMI 模式下，虽然供应商或者 3PL 承担了 VMI 责任，客户得到了利润，但是自己却并未获得，造成了付出与收益的不对等，从而导致供应商或 3PL 实施 VMI 的积极性不高。

5. 信息共享问题

信息共享是 VMI 实施过程中最关键的问题。信息如果不共享，VMI 实施的基础就不存在，更别谈利益共享的问题了。

6. 信任问题

VMI 实施的基础是加强供应链上各方的信任，利用优势互补，增强整个供应链的竞争优势，没有充分的信任，就不能达成合作。这种信任不仅基于对信息的共享，还有利益分配。

11.3.5　VMI 的发展方向

未来 VMI 的发展趋势是企业整体外包，3PL 承接，并尽可能地整合供应链资源，实现纵向一体化 VMI 物流服务。如果发展到在供应链管理的环境下，3PL 在各自的供应链中提供纵向一体化 VMI 服务，并与其他供应链产生竞争与整合，此时，单个第三方物流公司可能会因承担了多个供应链的 VMI 一体化服务，而不能够承担巨大的业务体量和信息体量，第四方物流就可能产生并协助各个供应链之间的 VMI 物流服务，就会形成横向一体化 VMI 物流服务，最终随着社会的信息网络和物流网络的发展，VMI 服务也有可能形成网络化。

案例

美国达可海德（DH）服装公司的 VMI 系统

为了增加销售、提高服务水平、减少成本、保持竞争力和加强与客户的联系，美国达可海德（DH）服装公司（以下简称 DH 公司）实施了 VMI 的战略性措施。

在起步阶段，DH 公司选择了分销链上的几家主要客户作为试点单位。分销商的参数、配置、交货周期、运输计划、销售历史数据及其他方面的数据，被统一输进了计算机系统。

VMI 系统建立起来后，客户每周将销售和库存数据传送到 DH 公司，然后由主机系统和 VMI 接口系统进行处理。DH 公司用 VMI 系统，根据销售的历史数据、季节款式、颜色等不同因素，为每一个客户预测一年的销售和库存需求量。

为了把工作做好，DH 公司应用了多种不同的预测工具进行比较，选择出其中最优的方法用于实际管理工作。在库存需求管理中，他们主要做的工作是：计算可供销售的数量、计算安全库存、安排货物运输计划、确定交货周期、计算补库订货量等。所有计划好的补充库存的数据都要复核一遍，然后根据下一周（或下一天）的业务，输入主机进行配送优化，最后确定出各配送中心装载/运输的数量。DH 公司将送货单提前通知各个客户。

DH 公司将 VMI 系统进行了扩展，并且根据新增客户的特点采取了多种措施，在原有 VMI 管理软件上增加了许多新的功能。

（1）某些客户可能只提供总存储量的 EDI 数据，而不是当前现有库存数。为此，DH 公司增加了一个简单的 EDI/VMI 接口程序，计算出客户需要的现有库存数。

（2）有些客户没有足够的销售历史数据用来进行销售预测。为解决这个问题，DH 公司用 VMI 软件中的一种预设的库存模块让这些客户先运行起来，直到积累起足够的销售数据后再切换到正式的系统中去。

（3）有些分销商要求提供一个最低的用于展示商品的数量。DH 公司与这些客户一起工作，一起确定他们所需要的商品和数量（因为数量太多会影响库存成本），然后把 VMI 中的工具设置好，以备今后使用。

经过一段时间的运行，根据 DH 公司信息系统部的统计，分销商的库存减少了 50%，销售额增加了 23%，取得了较大的成效。

11.4 联合库存管理

联合库存管理（Jointly Managed Inventory，JMI）是解决供应链系统中各节点企业的相互独立库存运作模式导致的需求变异放大现象，提高供应链的同步化程度的一种有效方法。JMI 和 VMI 不同，它强调双方同时参与，共同制订库存计划，使供应链中的每个库存管理者（供应商、制造商、分销商）都从相互之间的协调性考虑，保持供应链相邻的两个节点之间的库存管理者对需求的预期保持一致，这样就消除了需求变异放大现象。JMI 比较典型的模式有以下几种。

（1）地区分销中心 JMI 模式：在这个模式中，各个销售商只需要少量的库存，大量的库存由地区分销中心（配送中心）储备，减轻了各个销售商的安全库存及服务水平的压力，地区分销中心起到了 JMI 的功能，既是一个商品的 JMI 中心，也是需求信息的交流中心和传递枢纽。

（2）供需 JMI 模式：将渠道中各方包括供应商、制造商、销售商原有各自的独立库存转变为双方或多方联合库存的供应链库存管理模式。

（3）第三方物流 JMI 模式：这种模式下，由第三方物流公司提供仓储配送管理，它是一种既为渠道各方提供联合库存管理又承担送货的业务模式。

基于协调中心的 JMI 是一种联邦式供应链库存管理策略，是对供应链的局部优化与控制。多级库存优化与控制是对供应链的全局性的优化与控制，它有两种方式：一是分布式策略；二是集中式策略。

11.5 合作计划、预测与补给策略

合作计划、预测与补给策略（Collaborative Planning, Forecasting and Replenishment，CPFR）是一种协同式的供应链库存管理技术，它建立在 JMI 和 VMI 的最佳分级实践基础上，同时抛弃了二者缺乏供应链集成等主要缺点，同时又能降低分销商的存货量，增加供应商的销售量。它应用一系列处理过程和技术模型，覆盖整个供应链合作过程，通过共同管理业务过程和共享信息来改善分销商和供应商的伙伴关系，提高预测的准确度，最终达到提高供应链效率、降低库存和提高客户满意度的目的。

CPFR 的最大优势是能及时准确地预测由各项促销措施或异常变化带来的销售高峰和波动，从而使分销商和供应商都做好充分的准备，赢得主动。CPFR 采取了多赢的原则，始终

从全局的观点出发,制定统一的管理目标及实施方案,以库存管理为核心,兼顾供应链上其他方面的管理。基于 CPFR 的供应链总体模型图如图 11.6 所示。因此,CPFR 更有利于实现伙伴间更广泛深入的合作,帮助制定面向客户的合作框架,以及基于销售报告的生产计划,进而消除供应链过程约束等。

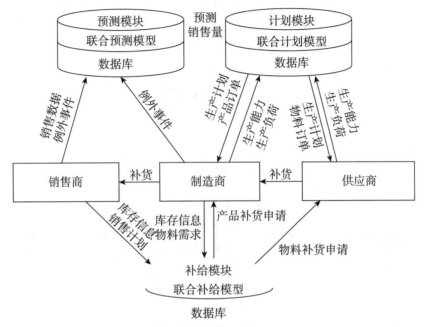

图 11.6 基于 CPFR 的供应链总体模型图

根据供应链中各节点企业的合作程度的高低,可以看出供应链库存管理模式的演进,即经历了从单纯的交易处理到企业的协同计划决策的过程,从而逐渐地转移到整体的供应链库存管理上来。整个供应链的库存不再隶属于供应链中的某一企业或核心企业,其管理控制权由供应链整体协同计划决定。这种控制权的转移表明供应链中库存所有权与控制权的分离,从而保证供应链中各库存主体从系统协作的思想出发,进而保证整体库存成本的削减、风险的降低和供应链的稳定。

知识链接

供应链库存对比

美国北加利福尼亚的计算机制造商电路板组装企业,采用每笔订货费作为其压倒一切的绩效评价指标,该企业的精力集中在减少订货成本上。这种做法本身并没有不妥,但是它没有考虑这样做对整体供应链的其他制造商和分销商的影响,结果该企业维持过高的库存以保证大批量订货生产。而印第安纳州的一家汽车制造配件厂却在大量压缩库存,因为它的绩效评价是由库存决定的。结果,它到组装厂与零配件分销中心的响应时间变得更长和波动不定。组装厂与分销中心为了满足顾客的服务要求不得不维持较高的库存。这个例子说明,供应链库存的决定是各自为政的,没有考虑整体的效能。

本章小结

本章主要介绍了 5 种现代库存管理重要方法，包括重点控制法（ABC）、准时制生产方式（JIT）、供应商管理库存（VMI）、联合库存管理（JMI）及合作计划、预测与补给策略（CP-FR）。这些方法有些是通用的，有些必须具备一定基础和条件才能适用。

本章练习

一、计算题

请用重点控制法（ABC），依各种物品所占的百分比分出类别，简要说明 A、B、C 3 种类别的管理方法，并填在表 11-1。

表 11-1　ABC 物料分类库存管理

项目	年使用量（件）	单价（元/件）	需用资金量（元）	资金占比（%）	使用量占比（%）
甲 1	40	500			
乙 1	20	60			
丙 1	400	5			
丁 1	30	70			
戊 1	200	10			
甲 2	250	40			
乙 2	600	2			
丙 2	50	30			
戊 2	80	250			
合计	1 670				

二、简答题

1. 采用 VMI 的必要性有哪些？
2. 供应链下的库存管理具有哪些特点？

案例讨论

A 公司的生产管理

A 公司是国内重型汽车行业的骨干企业，属于国家大型企业。公司始建于 1968 年，经过几十年的发展，目前具有完整的产品设计、生产制造、检测调试和监测系统，产品覆盖军用越野车、重型载货车、高档客车 3 大类 15 个系列 150 个品种。

1. A 公司现行的生产方式

A 公司现行的生产方式源于 20 世纪 80 年代机械工业部所制定的传统模式，虽经历改革开放和市场经济的洗礼，有一定的变化，但现在仍采用的是计划与市场相结合的方式。A 公司现行的生产方式由其生产任务决定。A 公司现在的产品分为军品和民品，军品严格按计划生产，即上一年年底决定下一年的年生产任务，下一年按计划生产，每年的计划通常数量变化不大，变化部分也就是军品品种、数量的极小变动；民品分为按计划生产和按订单生产两类。民品的计划主要依靠计划员按经验凭直觉进行协调，制定出各月的生产任务并投入生产。所谓的直觉是根据前一个月的销售状况估算的一个趋势值。民品的订单则是面向市场的部分，这一部分在销售公司与客户签订的合同中或谈成意向后下达的生产任务。

2. A 公司目前的状况

（1）生产情况。

A 公司在现行的生产方式下，生产任务相对均衡，当没有销售指标时，车间继续进行生产以减轻生产任务集中时的压力，这时车间以生产一定数量的各类成品车和大量的半成品车为生产任务，这样不会产生生产任务时松时紧、加班作业和休假轮换的情况，但也造成了库存的增加和资金的占用。A 公司的成品车，包括二类车的装配完成后，买方在订单合同中往往对某些大件，如生产厂家、出厂批次等因自己的喜好或习惯有一些特殊的要求，常常将已入库的成品或半成品返回总装线拆卸后进行重装，这样不但会使工序增加、成本提高，而且常会因一些破坏性的拆除或磕碰而产生一些不必要的损失。

（2）库存情况。

A 公司零件库存按外购件和自产件分类存放，外购件指由协作厂、合作厂采购来的零部件，它存放于配套库。在 A 公司，自产零件种类较多，但多为一些小件、通用件和技术难度不太大的零件。绝大多数的大件来自协作厂。采购件与自产件的比重为 7∶3。

配套库的分类按 ABC 分类进行，2022 年一季度各类别的品种单价如表 11-2 所示。

表 11-2　2022 年一季度各种类别的品种单价

品种类别	单价
A 甲类件（重要大件）	单价≥1 000 元
B 乙类件（次要中件）	100 元≤单价＜1 000 元
C 丙类件（小件）	单价＜100 元

另外，在 2021 年的年终报表中，A 公司的工业总产值为 96 267 万元，销售收入为 97 639 万元，资金总额达 168 773 万元，库存资金占用为 23 268 万元，净利润为 1 455 万元。其中库存包括产成品车、半成品车、零配件库存等。

（3）供应商情况。

A 公司的协作厂和合作厂分布在全国各地，东北、华东、华南、西南均已涉及。个别的合作厂分布在公司周围较近的区域。根据统计，在 A 公司的总装线上，60% 为外购件，在内装线上 75% 以上零件为外购件。

（4）质量情况。

对公司 2022 年 1—4 月延误生产问题出现的频率高低和轻重统计如下：A 类件共缺少 10 种 84 件；B 类件共缺少 14 种 176 件；C 类件共产生质量问题 31 件/次，装配线出现问题 2 次。

这些问题的出现常常导致公司每月都有一定数量的车未能按计划下线和入库，延误公司产品交货时间。

思考题：
1. 按照接受任务的方式和企业组织生产的特点分析 A 公司的生产方式属于什么类型。
2. A 公司目前面临的主要问题是什么？
3. 从 A 公司的库存看，企业的库存量过大一般会带来哪些问题？
4. 针对 A 公司面临的问题，提出你认为适合的改善建议。

参考文献

蔡临宁,2003. 物流系统规划:建模及实例分析[M]. 北京:机械工业出版社.

丁立言,张铎,2002. 仓储规划与技术[M]. 北京:清华大学出版社.

甘卫华,2018. 江西物流转型呼之欲出[J]. 物流时代周刊,520(7):78-81.

甘卫华,2018. 进阶的供应链[J]. 物流时代周刊(499):46-48.

甘卫华,成成,2012. 基于解释结构模型的铁路低碳物流影响因素分析[J]. 价格月刊(9):71-74.

甘卫华,傅维新,徐静,2019. 现代物流基础[M].4版. 北京:电子工业出版社.

甘卫华,徐綦鹤,黄雯,等,2015. 基于SLP和生产物流的F公司车间设施布局改善[J]. 华东交通大学学报,32(3):55-62.

甘卫华,章涵,2015. 汽车制造业多级物流服务供应链的供应商选择[J]. 现代制造工程(2):66-72.

高晓亮,王浩伦,甘卫华,2017. 绿色供应商选择的梯形模糊软集群决策模型[J]. 计算机工程与应用,53(1):265-270.

高晓亮,伊俊敏,甘卫华,2006. 仓储与配送管理[M]. 北京:清华大学出版社,北京交通大学出版社.

李柏勋,周永务,黎继子,2011. 多供应链间库存互补系统动力学仿真模型[J]. 工业工程与管理(2):27-33.

任芳,2019. 京东的物流科技探索之路[J]. 物流技术与应用,24(12):109-111.

王波,陶庭义,2013. 汉英日物流辞典[M]. 北京:中国财富出版社.

王浩伦,甘卫华,2016. 一种产品服务系统商业模式择优方法[J]. 技术经济,35(2):71-79.

王浩伦,甘卫华,何德顺,2015. 基于ANP-TOPSIS的企业战略SWOT决策方法研究[J]. 科技管理研究(1):141-145.

王浩伦,徐翔斌,甘卫华,2015. 基于三角模糊软集的FMEA风险评估方法[J]. 计算机集成制造系统,21(11):3054-3062.

王旭坪,马超,阮俊虎,2013. 考虑公众心理风险感知的应急物资优化调度[J]. 系统工程理论与实践,33(7):1735-1742.

王转,程国全,2003. 配送中心系统规划[M]. 北京:中国物资出版社.

张晓川,2005. 物流学:系统、网络和物流链[M]. 北京:化学工业出版社.

张旭凤,2013. 库存管理[M]. 北京:北京大学出版社.

赵川,张浩,2017. 基于系统动力学的连锁零售多级库存优化与仿真[J]. 中国流通经济,31(10):73-80.

赵会军,2018. 铁路物流园区供应链服务运作模型及实现途径研究[J]. 铁道运输与经济,40(10):33-37.

赵林度,曾朝辉,2008. 供应链与物流管理教学案例集[M]. 北京:科学出版社.

中国物流与采购联合会,中国物流学会,2012. 中国物流管理优秀案例集[M]. 北京:中国财富出版社.

左忠义,邵春福,金晓琼,2009. 基于ISM的交通运输系统结构优化分析[J]. 大连交通大学学报,30(2):34-38.

DE KOSTER R, LE-DUC T, ROODBERGENA K J, 2007. Design and control of warehouse order picking: A literature review[J]. European Journal of Operational Research, 182(2):481-501.

GHIANI, GIANPAOLO, 2004. Introduction to logistics system planning and control[M]. England: John Wiley & Sons.

KOSTER R DE, LE-DUCA T, ROODBERGEN K J, 2007. Design and control of warehouse order picking: A literature review [J]. European Journal of Operational Research, 182 (2): 481-501.

LI J X, MOGHADDAM M, NOF S Y, 2016. Dynamic storage assignment with product affinity and ABC classification: a case study [J]. The International Journal of Advanced Manufacturing Technology, 84 (9-12): 2179-2194.

SAHA S, SARMAH S P, MODAK N M, 2018. Single versus dual-channel: A strategic analysis in perspective of retailer's profitability under three-level dual-channel supply chain [J]. Asia Pacific Management Review, 23 (2): 148-160.

WEIDINGER F, BOYSEN N, 2018. Scattered storage: how to distribute stock keeping units all around a mixed-shelves warehouse [J]. Transportation Science, 52 (6): 1412-1427.

YU Y G, DE KOSTER R B M, 2013. On the suboptimality of full turnover-based storage [J]. International Journal of Production Research, 51 (6): 1635-1647.